Dr. H.C. Yarrow

Indianische Totenriten

North American Indian Burial Customs

Arun

Copyright © 2010 by Arun-Verlag für die deutsche Ausgabe.
Arun-Verlag, Engerda 28, D-07407 Uhlstädt-Kirchhasel
Tel.: 036743-233-0, Fax 036743-233-17
email: info@arun-verlag.de, Internet: www.arun-verlag.de
Übersetzung: Biene van de Laar.
Lektorat: Heinz Tophinke.
Buchgestaltung: Stephan Pockrandt.
Gesamtherstellung: Hubert & Co., Göttingen.

ISBN 978-3-86663-041-3

Inhaltsverzeichnis

Vorwort des Verlegers

Dieses Buch füllt eine Lücke, die schon immer in der Indianerfachbuchliteratur klaffte. Acht lange Jahre ging ich mit diesem Projekt schwanger, bis ich endlich den verlegerischen Mut fand, dieses aus historischer, ethnologischer als auch anthropologischer Sicht extrem wichtige Werk in deutscher Sprache zu präsentieren.

Die Übersetzung greift auf die Ausgabe von 1879 zurück, die für das Smithsonian Institute verfasst wurde. Die „Anmerkungen des amerikanischen Herausgebers" meinen die zusätzlichen Anmerkungen, die Dr. V LaMonte Smith für die Ausgabe hinzugefügt hat, die 1988 bei Eagle´s View Publishing Company erschienen ist.

An dieser Stelle sei auch der Übersetzerin Sabine van de Laar für den aufwendigen und informativen Anmerkungsapparat gedankt, der die Anmerkungen von Dr. Yarrow hervorragend ergänzt.

Dank auch an Heinz Tophinke für sein fachkundiges wie sensibles Lektorat, welches uns einen deutschen Text schenkte, der den Spagat schafft, sprachlich so nah wie möglich am 130 Jahre alten Originaltext zu bleiben und gleichzeitig unseren heutigen Lesegewohnheiten so weit wie nötig entgegen zu kommen.

Zugleich wurden diesem Buch einige Abbildungen samt Erläuterungstext hinzugefügt, die in den amerikanischen Ausgaben nicht enthalten waren, aber thematisch gut passen.

Hierbei soll erwähnt werden, dass ich mit Kultur, Mythologie, Spiritualität und Geschichte der amerikanischen Ureinwohner nicht etwa über Karl May oder J. F. Cooper in Berührung kam, sondern im Alter von 14 Jahren über das Buch von Dee Brown: Begrabt mein Herz an der Biegung des Flusses. Eigentlich war diese Lektüre wie eine Initiation, habe ich doch dieses Buch mit Tränen in den Augen gelesen so wie nachher keines mehr. Es hat mein Weltbild geprägt, meine politische Grundausrichtung beeinflusst, meine Ablehnung des christlich-kapitalistischen Amerika in jede meiner Zellen eingebrannt. Eine weitere Prägung setzte mein damaliger Englischlehrer, als er im Unterricht die Besetzung von Alcatraz und die Forderungen des American Indian Movement auf den Tagesplan setzte und wir Reden von Dennis Banks und Russell Means übersetzten.

Als Verleger möchte ich mit diesem Buch jedoch mehr erreichen als nur die Übermittlung historischer Daten. Wir finden hier eine fundierte Sachinformation über einige der letzten heidnischen, nichtchristlichen, naturreligiösen oder ökospirituellen tribalen Kulturen, deren Jenseitsverständnis und deren Totenriten. So soll man das Buch nicht nur aus historischem Interesse lesen, sondern auch als spirituelle Anregung annehmen, um sich im liberalisierenden Bestattungsmarkt der EU nicht in „moderner" Beliebigkeit, „amerikanischem" Pop oder skurrilen Exzessen zu verlieren, sondern zeitgemäße Antworten auf der Basis alter Traditionen zu geben.

Es darf hierbei nicht übersehen werden, dass der Autor die damals vorherrschende Sichtweise der weißen US-Regierung wiedergibt. Der Einfluss des von Missionaren und Jesuiten gepredigten Christentums ist überall bemerkbar. Die koloniale, oft rassistische, immer aber überhebliche Denkweise findet sich auf jeder Seite. So bitte ich darum, dieses Buch mit kritischem Verstand und eingedenk seiner Entstehungszeit zu lesen. Es bleibt jedem selbst überlassen, wo man die christlichen Einflüsse und Verfremdungen in Glaube, Sitte und Zeremonie sieht, also was traditionell indianisch ist und was auf die Missionierung zurückgeht. Es sei angemerkt, dass den *Natives* erst 1978 offiziell die volle Religionsfreiheit zugesprochen wurde, sie also vorher der christlichen Missionierung schutzlos ausgeliefert waren.

Hierzu einige Beispiele, wie man dieses Buch auch lesen kann:

• Die sitzende Grabbestattung wird zwar bemerkt und genauestens beschrieben, aber man hat keine Erklärung hierzu. Bei Rätsch (Schamanismus und Tantra in Nepal, S. 32) z. B. kann man nachlesen, dass die Bestattung eines Schamanen in Nepal auch heute noch genau so vorgenommen wird.

• Auf Seite 90 lesen wir den Bericht von J. W. Spencer über die Sitte der Sauk und Fox, ihre Toten in Bäumen zu bestatten, den er beendet mit: „Zweifellos verbindet sich irgendein sonderbarer Aberglauben mit dieser Tradition...". Seinem beschränkten christlichen Weltbild kommt es gar nicht in den Sinn, dass es für einen naturspirituellen Menschen keine sinnvollere letzte Ruhestätte geben kann, als sich im Wipfel eines Baumes in die Elemente aufzulösen und zur Großen Mutter zurück zu kehren. Doch wie zeitlos schön die naturnahen Riten sind und welch ungeheure symbolische Wirkkraft ihnen innewohnt, derer sich selbst moderne westliche Stadtkulturen nicht entziehen können, erfahren wir gerade jetzt wieder am Erfolg des Kultfilms Avatar.

• Auf Seite 115 behauptet Colonel Norris, dass das Kreuz „kein heidnisches, sondern ein christliches" Symbol ist. Er wusste es wohl nicht besser. Durch eine Vielzahl guter Bücher zur Spiritualität der Indianer und den Arbeiten von z. B. Barbara Walker wie auch Marija Gimbutas sind wir heute besser informiert. So wurde das Kreuz in der christlichen Kunst nicht vor dem 6. Jh. n. Chr. dargestellt, vorher galt es als heidnisches Symbol in Europa bis weit nach Asien hinein (vgl. Minucius Felix, 3. Jh. n. Chr.). Kreuze, die ein spiralförmiges „weibliches" Labyrinth penetrieren, finden wir in den prähistorischen Felsbildern auf Kreta, in Tintagel/Cornwall, auf der finnischen Insel Weir, ja selbst in der Kathedrale von Chartres. Das Kreuz war unseren Vorfahren Symbol des phallischen Lebensbaums, umrundet von einem Oval oder einem Kreis als Symbol für das Weibliche, deutete es die Heilige Hochzeit an. Bei den Hindus heißt es Kiakra, in Irland oder Schottland nennt man es Keltisches Kreuz und bei den Lakota finden wir es als Medizin- und Lebensrad in den heiligen Farben Rot, Schwarz, Weiß und Gelb.

Dieses Wenige mag genügen. Ich wünsche Ihnen – so oder so – eine angeregte Lektüre und einen Erkenntnisgewinn.

Stefan Ulbrich
Verleger
Engerda, 2010

Bestattungsriten

Durch die Auswirkungen der Zivilisation und anderer Einflüsse verschwinden die urtümlichen Sitten und Gebräuche der Ureinwohner Nordamerikas erschreckend schnell. Angesichts dieser Tatsachen ist es die Pflicht aller, die an der Bewahrung dieses Brauchtums interessiert sind, die noch verfügbaren Daten in der verbleibenden Zeit gewissenhaft zu sammeln. Dies ist umso wichtiger, als in den vergangenen zehn Jahren (1869-1879) ein geradezu überwältigendes Interesse an der ethnologischen Forschung erwacht ist. Der Wunsch nach mehr Wissen in diesem Bereich wächst stetig an. Eine kluge und liberale Regierung erkannte dies und unterstützte die Anstrengungen derjenigen, die an solchen Studien teilhaben, mit großzügigen Zuwendungen aus öffentlichen Kassen. Auch fehlt es nicht an Ermutigung durch hunderte wissenschaftlicher Gesellschaften in aller Welt. Auch die Presse, das Sprachrohr des Volkes, ist immer bereit, ethnologische Informationen, die ihren gut ausgebildeten Reportern zukommen, in alle Welt zu tragen. Weitere Forschungen anzuregen und all jene zu unterstützen, die sich gerne an dieser gedeihlichen Arbeit beteiligen, ist die Absicht dieser Studie über die Bestattungsriten der nordamerikanischen Indianer. Damit verbunden ist die Hoffnung, dass noch viele Menschen durch dieses Buch auf die umfangreiche und rühmliche Liste all jener kommen, die bereits einen Beitrag leisteten.

Offenbar erregt das gewählte Thema großes Interesse, da die fremdartigen Bräuche verschiedener Nationen und die große Bedeutsamkeit, welche Totenritualen beigemessen wird, einen nachgerade unverzichtbaren Bestandteil aller Arbeiten bilden, die sich mit den unterschiedlichen Völkern unserer Erde befassen. In der Tat wird keinem anderen Bereich der ethnologischen Forschung mehr Aufmerksamkeit zuteil. Angesichts dessen scheint es fast müßig, eine weitere Untersuchung zu diesem Thema vorzulegen, denn nahezu jeder Autor, der über die indianischen Stämme schreibt, erwähnt auch die eine oder andere Beobachtung über Bestattungsbräuche. Leider sind diese Aufzeichnungen aber weit in der Fachliteratur verstreut, und zudem mangelt es vielen dieser Berichte an Beweisen. Der Autor sah sich vor der Aufgabe, sich widersprechende Aussagen zu sammeln und in Einklang zu bringen sowie dieses Wissen insgesamt zu veröffentlichen, was zu einer gewaltigen Flut von Informationen führte. Es schien zu diesem Zeitpunkt wenig wünschenswert, sich auf Diskussionen über die Gründe einzulassen, die dazu führten, dass eine bestimmte Art der Bestattung oder der dabei stattfindenden Zeremonien gewählt wurde. Ziel dieses Buches ist lediglich, illustrative Beispiele zu liefern und um weitere Beiträge von anderen Beobachtern zu bitten. Trotz der riesigen Menge an Material, die bereits vorliegt, bleibt immer noch viel zu tun, und sorgsame Studien sind erforderlich, bevor eine gründliche Analyse der Bestattungsbräuche auch nur ansatzweise vorgenommen werden kann. Aufgrunddessen und der Natur des zusammengetragenen Materials ist diese Studie eher als Sammlung denn als originäres Werk zu betrachten, hat der Autor doch kaum mehr geleistet als den Faden zu liefern, der die bereits bestehenden Beiträge zusammenheftet.

Für den hier verfolgten Zweck möge die folgende, vorläufige Bezeichnung der Bestattungsarten dienlich sein, auch wenn spätere Forschungen Ergänzungen erforderlich machen sollten.

Kategorisierung der Bestattungsarten

1: *Körperbestattung* in Mulden, Erdgräbern oder –gruben, Steingräbern oder -kisten, Hügeln, Höhlen, unter oder in Blockhütten, Wigwams, Häusern oder Hütten

2: *Einbalsamierung* oder *Mumifizierung* mit anschließender Bestattung auf Gerüsten, in der Erde, in Höhlen, Hügeln, Särgen oder Beinhäusern

3: *Urnenbestattung*

4: *Halboffene Bestattung* in hohlen Bäumen, Stämmen oder Pferchen oder bedeckt mit Steinen, Erde oder Rinde

5: *Einäscherung* oder teilweise Verbrennung, die zumeist direkt auf dem Erdboden, seltener unterirdisch stattfand. Verbliebene Knochen und Asche wurden in Erdlöchern und Urnen sowie Behältern auf Gerüsten und Bäumen beigesetzt oder verstreut.

6: *Oberirdische Bestattung*: der Körper wurde in Hütten, Häusern, Blockhütten oder Zelten zurückgelassen oder auf die Erde oder Gerüste gelegt. In manchen Fällen wurden Körbe benutzt, um die sterblichen Überreste von Kindern in Bäume zu hängen.

7: *Wasserbestattung* mit direkter Versenkung im Wasser oder in treibenden Kanus.

Diese Bezeichnungen lassen sich womöglich weiter unterteilen, scheinen aber zunächst für alle praktischen Belange ausreichend zu sein.

Die in diesem Werk verwendete Bezeichnung *Bestattung* ist in ihrem ursprünglichen Sinn zu verstehen. Das Wort ist abgeleitet von *bistaten*: an einem Ort verhüllen, die letzte Ruhestätte bereiten.

Sämtliche Beschreibungen der Bestattungen und der damit einhergehenden Zeremonien wurden ungekürzt wiedergegeben, um den Erzählfluss nicht zu unterbrechen. Die jeweiligen Berichte wurden lediglich hinsichtlich der Rechtschreibung korrigiert.

Körperbestattung

Schachtgräber

Die gebräuchlichste Bestattungsart nordamerikanischer Indianer ist die Erdbestattung in Schächten, Gruben und Körpergräbern, die auf unterschiedliche Weise erfolgen kann. Die nachfolgende Beschreibung ist ein ausgezeichnetes Beispiel für diese Tradition.

Eine der schlichteren Formen wurde von Schoolcraft[1] festgehalten:

„Die Mohawk[2] im Bundesstaat New York heben eine runde Grube aus, in die der Körper aufrecht oder hockend platziert wird. Danach wird sie mit Holz abgedeckt, um das Grab abzustützen und zu verhindern, dass der Körper gequetscht wird. Darüber häufen sie einen runden Erdhügel. Der Leichnam wird in seine schönsten Kleider gehüllt; sein Wampum[3] und andere Gegenstände werden mit ins Grab gegeben. Die Angehörigen erlauben weder Gras noch Unkraut auf dem Grabhügel, sie besuchen den Toten regelmäßig und beklagen ihren Verlust."

Bei Jones[4] findet sich folgender interessanter Bericht von Lawson[5] über die Bestattungsbräuche der Indianer, die einst North und South Carolina bewohnten:

---

1) Schoolcraft, Henry: History of the Indian Tribes of the U.S., 1853, Kap. 3, S. 193
Henry Rowe Schoolcraft (1793-1864) war amerikanischer Geograph, Geologe und Ethnologe. Berühmt wurde er aufgrund seiner Studien über die Ureinwohner Amerikas sowie die Entdeckung der Quelle des Mississippi. Seine erste Frau Jane Johnston war sowohl von schottisch-irischer als auch Ojibwah-Abstammung. Sie wurde als erste indianische Schriftstellerin und Dichterin anerkannt.

2) Die Mohawk gehören seit 1570 zum Irokesenbund. Ihr Eigenname lautet Tsonontowaja, „Volk vom großen Berg". Sie kämpften zunächst für die Engländer und flohen nach Kriegsende nach Kanada. Sie stellen im Six-Nations-Reservat im kanadischen Ontario ihre 800 Jahre alte Zigarettensorte her, die als älteste der Welt gilt. Wie alle anderen Irokesenstämme sind sie seit Ende des 19. Jahrhunderts am Bau von Hochhäusern beteiligt (Empire State Building, World Trade Center), da sie offenbar schwindelfrei sind.

3) Aufwendig gefertigter Zeremoniengürtel, dessen Muster Mythen, Verträge, Stammes- und persönliche Geschichte bergen. Als heilig angesehen und als Geschenk hoch geachtet.

4) Jones, Charles Colcock, Antiquities of Southern Indians, Particularly of the Georgia Tribes, 1873, S. 108-110 ff.
Charles Colcock Jones jun. (1831-1893) war der Sohn einer Pflanzerfamilie in Savannah. Er veröffentlichte fast einhundert Bücher, Schriften und Artikel, darunter auch zwei Werke über die Indianerstämme des Südostens in den Jahren 1859 und 1873. Letzteres wurde international bekannt und ist bis heute ein Klassiker. Außerdem sammelte er mehr als 20.000 archäologische und anthropologische Funde.

5) Lawson, John, The History of Carolina, 1714, S. 181
John Lawson (1674?-1711), britischer Forscher und Autor, spielte eine wichtige Rolle bei der Gründung der Kolonie Nordkarolina und ihrer ersten beiden festen Siedlungen. Im Jahre 1700 kam er in Charleston in Südkarolina an Land und startete nur drei Monate später seine erste Forschungsreise, die ihn vom Santee River fast tausend Kilometer weit durch die unbekannte Wildnis bis zum Pamlico River führte. Sein Buch, das in mehreren Auflagen unter verschiedenen Titeln erschien („A New Voyage to Carolina", „The History of Carolina", „Lawson's History of Carolina") und sowohl ins Französische wie ins Deutsche übersetzt wurde, zog viele Auswanderer nach Karolina. 1711 wurden Lawson und sein Begleiter Christopher von Graffenried von einer Gruppe Tuscarora gefangen genommen. Von Graffenried wurde freigelassen, Lawson hingegen gefoltert und getötet. Die daraus resultierenden Spannungen mit den Weißen lösten den blutigen Tuscarora-Krieg aus.

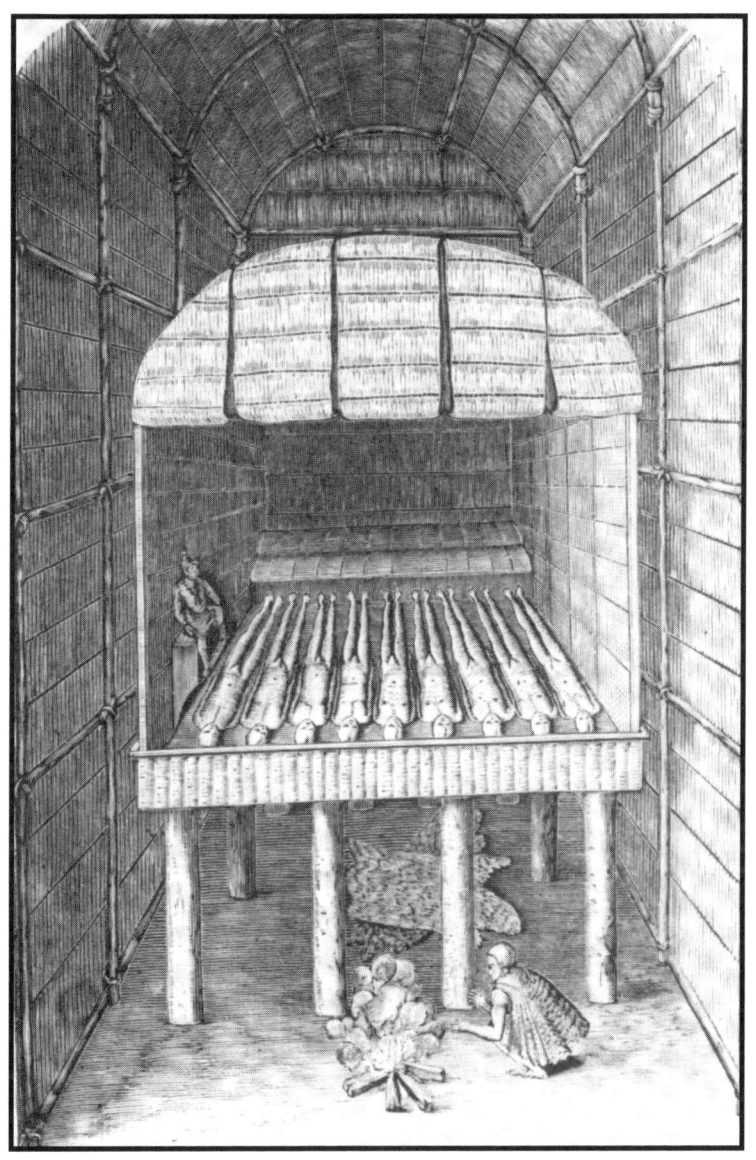

(Abb. 1) Quiogozon oder Beinhaus

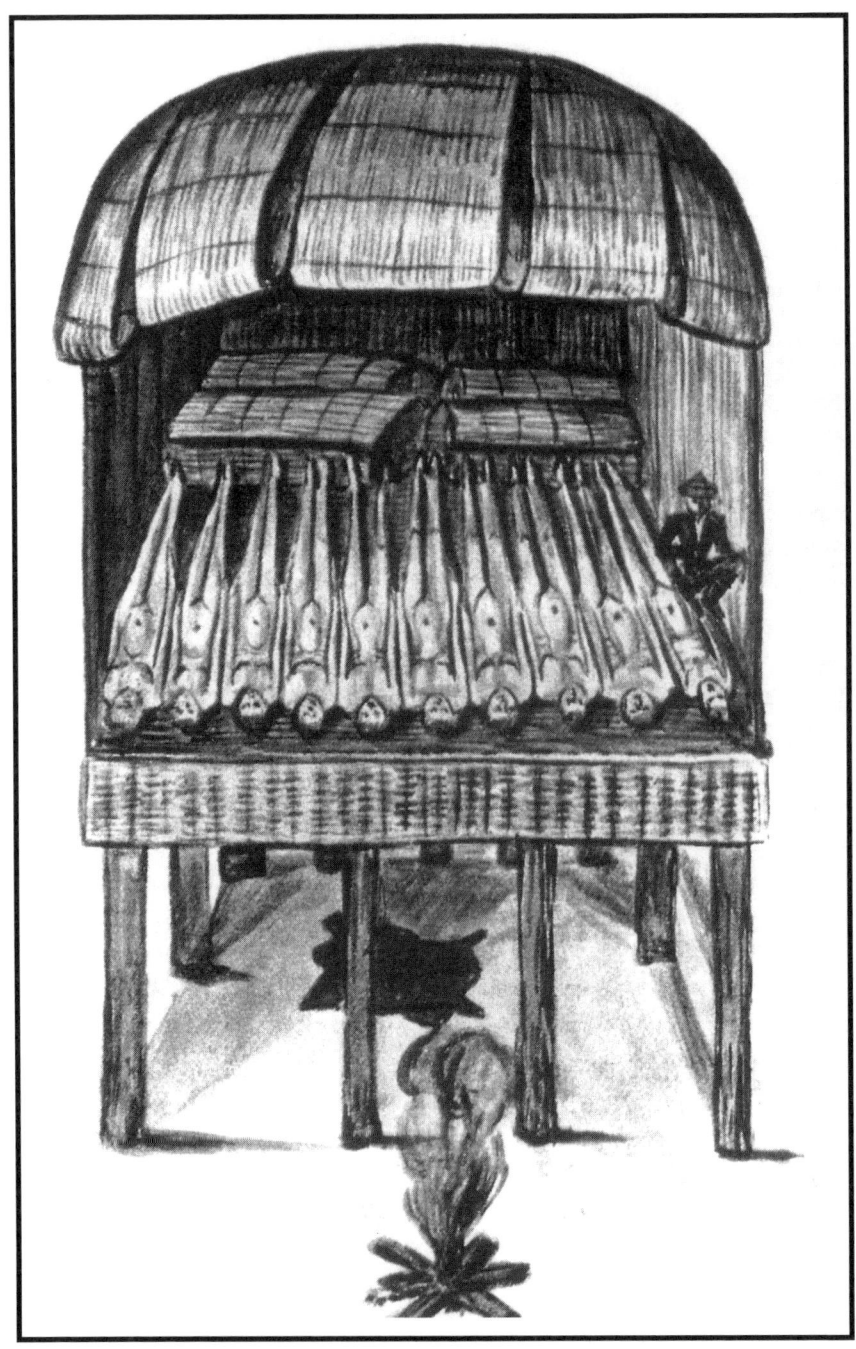

(Abb. 2) Totenhaus der Powhatan-Häuptlinge
John White, um 1580. Britisches Museum, London.

„Bei den Stämmen dieser Region wurde die Bestattung von besonderen Zeremonien begleitet, wobei Aufwand und Feierlichkeit vom Rang des Verstorbenen abhingen. Der Tote wurde zunächst auf ein geflochtenes Geviert gebettet, das in einer Totenhütte abgestellt wurde, wo er für einen Tag und eine Nacht verblieb, bewacht und beklagt von den nächsten Verwandten, die sich die Haare rauften. Jene, die das Begräbnis leiten, begeben sich ins Dorf und fordern von den ersten jungen Männern, die sie treffen, Decken und Mäntel ein, die dem Anlass angemessen erscheinen. In diese wird der Tote eingehüllt und sodann mit Matten aus Schilf oder Rohr bedeckt. Der Sarg besteht aus geflochtenem Schilf oder Rohr, dessen Enden fest verschnürt sind. Ist alles für das Begräbnis gerichtet, so wird der Tote von dem Haus, in dem er ruhte, auf einer Schlepptrage zum Pfirsichgarten gezogen und dort in einem weiteren Flechtgeviert abgelegt. Auf Matten lagern die Familie und der Stamm des Verstorbenen mit eigens geladenen Gästen. Der Medizinmann oder Schamane mahnt zur Stille und hält dann die Totenrede, in der er die Heldentaten des Dahingeschiedenen, seinen Mut, seine Geschicklichkeit, seine Liebe zum Land der Ahnen, seinen Besitz und seinen Einfluss preist. Er weist auf die Lücke hin, die durch den Tod verursacht wird, und nennt die Pflichten, welche denjenigen obliegen, die in die Fußstapfen des Verschiedenen zu treten suchen. Er malt die Freuden aus, die ihn im Land der Ahnen erwarten und beendet seine Rede mit einem Hinweis auf die wichtigsten Traditionen des Stammes."

Man sollte sich vergegenwärtigen, dass dieser Brauch sich überall in der zivilisierten Welt bis heute erhalten hat – ein Brauch, der nach Meinung vieler „mehr geehrt wird durch seinen Bruch als durch seine Befolgung"[6].

Nach Lawson „wird der Tote schließlich von vier jungen Männern aus dem Geviert zum Grab getragen. Ihnen folgen die Verwandten, die Freunde, die Alten und der ganze Stamm zur Grabstätte, die etwa zwei Meter tief und zweieinhalb Meter lang ist. An ihrem Kopf- und Fußende ist jeweils eine Gabel aus Weich- oder Kiefernholz fest in den Boden geschlagen (diese beiden Gabeln sind dazu gedacht, einen waagrechten Giebelast zu halten, wie schon bald deutlicher wird). Bevor der Tote ins Grab gesenkt wird, bedeckt man den Boden mit einer dichten Schicht aus Baumrinde. Danach wird der Verstorbene mit zwei Lastgurten bedächtig hinuntergelassen. Sodann wird in die Gabeln ein Ast gelegt und mit einer großen Menge von Kiefernschindeln, die etwa einen Meter in der Länge messen, von den Längsrändern des Grabes aus zum Giebelast eine Art spitzes Hausdach geformt. Die Schindeln werden sehr dicht gepackt und mehrfach mit dicken Schichten Rinde abgedeckt. Schließlich wird die Erde des Grabaushubes darübergehäuft und festgeklopft. Durch diese Konstruktion liegt der Tote wie in einem Gewölbe und nichts vermag ihn anzutasten."

Nach einer gewissen Zeit wird der Leichnam wieder freigelegt, die Knochen werden gereinigt und in einem *Quiogozon* genannten Beinhaus bestattet.

Abbildung 1 zeigt nach DeBry und Lafitau, was frühere Autoren als *Quiogozon* oder Beinhaus bezeichneten und in anderen Teilen dieses Buches erneut zur Sprache kommen wird. Die Berichte sind widersprüchlich, was ihren Wert erheblich beein-

---

6) Shakespeare, Hamlet, Akt 1, Szene 4

trächtigt, denn ein Beobachter schreibt von dort abgelegten Knochen, ein anderer von getrockneten Körpern.

Aus dem nächsten Bericht, vorgelegt von M. B. Kent, der sich auf die Sauk und Fox[7] (*Oh-sah-kii-waki*[8]) der Nehema-Reservation in Nebraska bezieht, geht hervor, dass diese Indianer ihre Verstorbenen sehr sorgfältig bestatteten. Es galt zu verhindern, dass die Toten direkt mit der Erde in Berührung kamen. Dies war bei einer ganzen Reihe von Stämmen von Bedeutung, wie auch aus den folgenden Beispielen hervorgeht.

„*Altes Ritual*: Der Körper wurde in einem etwa zweieinhalb Meter tiefen Grab bestattet: Der Kopf lag nach Osten ausgerichtet und das Begräbnis wurde baldmöglichst nach dem Tode vorgenommen. Das Grab wurde vorbereitet, indem der Boden vor Ablegen der Toten eine Rindenabdeckung erhielt. Eine hölzerne Abdeckung wurde gefertigt und in gewisser Höhe über den Toten befestigt. Die Abdeckung bestand aus mehrfach gespaltenen Stämmen, bis der Kontakt mit den Weißen es ermöglichte, gesägte Bretter zu verwenden. Die Toten werden immer in eine Decke gehüllt und hergerichtet, als begäben sie sich auf lange Reise. Ein Sarg findet keine Verwendung.

Modernes Ritual: Der Stamm beerdigt seine Toten mittlerweile in selbstgefertigten Särgen. Die Toten liegen aber immer noch mit dem Kopf nach Osten.

Altes Totenritual: Jeder Verwandte des Verstorbenen musste einen Gegenstand in das Grab werfen, entweder Nahrung, Kleidung oder andere materielle Güter. Es gab diesbezüglich keine Regeln, sondern lediglich die Bedingung, irgendetwas hineinzuwerfen – und sei es nur ein Stück verschmutzten oder alten Stoffes. Nachdem die Verstorbenen ins Grab gesenkt waren, forderte ein Krieger sie auf, sich unverzüglich westwärts aufzumachen; dort würden sie bald die Spuren von Mokassins erspähen, denen sie bis an einen großen Fluss folgen sollten. Dieser Fluss des Todes werde von einem Stamm überspannt, der sich gerade vor ihnen erstreckte, wenn sie im Leben ehrlich, aufrecht und gut gewesen waren, so dass sie ohne Schwierigkeiten hinüber schreiten könnten. Hatten sie aber ein Leben voller Boshaftigkeit und Sünde geführt, so wäre der Stamm verzogen und bei dem Versuch, den Fluss zu überqueren, würden sie abstürzen und für immer verloren sein. Der Krieger wies auch darauf hin, dass sie nach der sicheren Überquerung vom Großen Vater willkommen geheißen würden und ihr altes Gehirn herausgenommen werde. Sie bekämen ein neues und würden nach Erreichen der Ewigen Jagdgründe ein glückliches und ewiges Leben führen. Nach dieser Ansprache kamen alle zum Totenschmaus zusammen; dabei wurde ein Teil der Nahrung verbrannt, um den scheidenden Geistern Reiseproviant mit auf den Weg zu geben.

Moderne Totenriten: Heute wird nur mehr selten etwas mit ins Grab gegeben, und es wird beim Totenschmaus auch keine Nahrung mehr verbrannt, wenngleich das Fest selbst immer noch stattfindet. Die Ansprache des Kriegers an die Toten wird

---

7) Die Sauk und Fox sind eng verwandt mit den Kickapoo. Sie bewohnten Teile der heutigen Bundesstaaten Illinois, Iowa und Wisconsin.

8) Eigenbezeichnung auf Algonkin.

(Abb. 3) Gefäß in Eulenform
Weeden Island-Kultur, späte Waldlandzeit, 400-900 n. Chr., Nördl. Florida. Keramik.
Höhe: 18,4 cm. The Detroite Institute of Arts.
„Auf die kunstvollen Grabhügelfelder der Florida-Indianer der mittleren Waldlandzeit
folgte die Tradition der Weeden Island-Kultur. Die Grabhügel dieser Kultur waren große
Gemeinschaftsgräber mit Beigaben reich verzierter Keramik, für die dieser kleine Krug
ein Beispiel ist. Die stilisierte Eule mit ihrem aufwärts gekrümmten Schnabel war ein
beliebtes Motiv für Gefäße in Tierform. Der Krug zeigt charakteristische
‚Punkt-und-Strich'-Ritzzeichnungen und ein aufgestempeltes Punktmuster.“

ebenfalls weggelassen. Ein fester Bestandteil aller Zeremonien, seien es Begräbnisse oder religiöse Belange, ist jedoch ein gemeinsames Festessen mit Musik und Tanz.

Alte Trauerriten: Die weiblichen Verwandten lassen ihr Haar offen auf den Rücken fallen und kleiden sich in ihre unansehnlichsten Gewänder. Letzteres gilt auch für die Männer. Sie schwärzen sich nach einem Tod in der Familie für zehn Tage das ganze Gesicht, während die Frauen nur die Wangen schwärzen. Die Gesichter der Kinder werden für drei Monate geschwärzt, und sie müssen in dieser Zeit fasten. Die Fastenvorschriften halten sie dazu an, nur eine Mahlzeit pro Tag zu sich zu nehmen, die gänzlich aus Hominy[9] besteht und erst nach Sonnenuntergang verzehrt werden darf. Dieser Brauch fußt auf dem Glauben, das Fasten würde es dem Kind ermöglichen, von kommenden Ereignissen zu träumen und vorherzusagen, wie sich die Zukunft gestalten werde. Die Klarheit und Genauigkeit der Vision hing davon ab, wie genau sich der Betreffende an die Bedingungen des Fastens gehalten hatte.

Moderne Trauerriten: Viele der alten Riten wie die offen getragenen Haare, das Tragen alter Kleidung, das Schwärzen der Gesichter und das Fasten der Kinder werden auch weiterhin befolgt. Dabei zeigen sich die Menschen so beharrlich, wie es auch viele bekennende Christen sind, die den Praktiken ihrer Kirchen folgen, selbst wenn diese reine Formsache sind, so dass der ihnen wahrhaft innewohnende Wert sehr wohl in Frage zu ziehen ist."

Die Creek[10] und Seminolen[11] Floridas bereiteten laut Schoolcraft[12] ihre Gräber wie folgt vor: „Die Verwandten begraben ihren Toten in einer etwa eineinhalb Meter tiefen runden Grube, die direkt unter der Hütte oder dem Bett angelegt wird, in dem die Person starb. Der Leichnam wird in kniender Stellung in der Grube platziert, eingehüllt in eine Decke, die Füße zusammengebunden. Ein Krieger erhält eine entsprechende Körperbemalung, seine Pfeife, Schmuckstücke und Kriegsgegenstände mit ins Grab. Dieses wird mit einem runden Deckel aus Rohrstöcken verschlossen und dann mit einer abschließenden Tonschicht versiegelt, die einen Mann zu tragen vermag. Die Verwandten klagen laut und trauern, für alle sichtbar, vier Tage lang. War der Tote ein angesehenes Mitglieder des Stammes, so verlässt die Familie unverzüglich das Haus, in dem er begraben liegt, und errichtet ein neues, denn die Hinterbliebenen sind überzeugt, dass bei den Knochen ihrer Toten Kobolde und Chimären umgehen."

Dr. W. C. Boteler, Arzt des Otoe-Indianerbüros im Gage County in Nebraska, berichtete bei einem persönlichen Gespräch mit dem Autor von den höchst interessanten

---

9) Mais, der mit Holzasche gekocht wird, bis die Körner zu einem Brei gequollen sind. Kann so gegessen werden, wird zu Fladen weiterverarbeitet oder dem Eintopf als Verdickungsmittel beifügt.

10) Die Creek, auch Muskogee genannt, stammen ursprünglich aus dem Südosten der USA. Sie selbst nannten sich Maskoki. Die Seminolen sind eng verwandt mit den Muskogee und sprechen daher dieselbe Sprache. Beide gehören den fünf zivilisierten Nationen an. Nach Vertreibungen und Umsiedlungen leben sie heute in Oklahoma, Alabama und Florida.

11) Seminole bedeutet auf Creek „die außerhalb Wohnenden". Zwischen den Seminolen und den USA existiert bis heute kein Friedensvertrag.

12) Schoolcraft, History of the Indian Tribes of the U.S., 1855, Kap. 5, S. 270

Bestattungszeremonien des dortigen Stammes, die den zuvor beschrieben ähnlich scheinen:

„Die Otoe- und Missouristämme[13] leben heute im südlichen Gage Country in Nebraska. Ihre etwa 18.000 Hektar umfassende Reservation ist in ihrer Schönheit, ihren natürlichen Ressourcen und der Eignung für eine blühende Landwirtschaft unübertroffen. Diese ländlich lebenden Menschen sind, inmitten der Zivilisation, dennoch kaum abgewichen von den ungeschliffenen Riten und Bräuchen eines nomadischen Lebens. Daher lassen sich hier äußerst interessante Dramen beobachten und studieren als befände man sich am äußersten Rand jeglicher Zivilisation.

Während meines Aufenthaltes bei diesem Volk bot sich mir zu den verschiedensten Gelegenheiten die Möglichkeit, Zeuge indianischer Begräbnisse und der damit verbundenen kuriosen Zeremonien zu sein.

Wenn sich zeigt, dass der Lebensfunke eines Stammesmitglieds am Verlöschen ist, so wird umgehend mit der Anfertigung der Totenbekleidung begonnen. Die nächsten Verwandten des Sterbenden versammeln sich um die bescheidene Liegestatt und bezeugen durch lautes Klagen und viele Tränen ihre Trauer in einer Weise, die der Intensität der indianischen Hingabe und Zuneigung entspricht.

Während sie gegenüber der sterbenden Person ihren Schmerz über die baldige Trennung bekunden, beginnen die Frauen oder befreundete Krieger damit, ihn oder sie mit den kunstvollsten Kleidungs- und Schmuckstücken auszustatten. Somit sind die verstorbenen Otoe nach ihrem Tode prächtig und ihrem eigenen Geschmack entsprechend gekleidet. Es ist indianischer Brauch, dass der Sterbende vor seinem Dahinscheiden selbst bestimmt, ob die gebräuchlichen Opfer angemessen sind. In manchen Fällen gibt es doppelte Opfergaben, in anderen gar keine. Danach schneiden sich die Frauen die Haare ab, dies geschieht mit Scheren, die nahe an der Kopfhaut die Haare an den Seiten und am Hinterkopf abtrennen.

Die Vorbereitung der Toten für ihr Begräbnis wird mit feierlichem Ernst und großer Sorgfalt durchgeführt. Aufwendige Perlenstickerei, wertvolle Decken und Bänder sind Teil der Leichengewandung. Solchermaßen kostbar gekleidet werden die Toten in liegender Stellung in der Hütte aufgebahrt und nacheinander von den trauernden Verwandten verabschiedet. Diese stoßen dabei durchdringende Schreie aus, die offensichtlich allen bekannt sind.

Später findet eine öffentliche Zeremonie statt. Die Ältesten des Stammes bilden einen Kreis um einen der ihren und singen ein Totenlied, dessen Rhythmus mit der Trommel oder mit Hilfe eines Topfes vorgegeben wird.

In unregelmäßigen Abständen erhebt sich ein älterer Verwandter und tanzt bewegt um die in der Mitte des Kreises stehende Person, schreiend und mit wilder Gestik, den Tomahawk in der Hand, um den bösen Geist zu verwünschen, den er in das Land der niedergehenden Sonne treibt. Nachdem der böse Geist erfolgreich vertrieben ist, klingt die Trauer ab, und es folgt ein Fest. Der Totenschmaus entspricht in jeder Hinsicht dem Reichtum der vorangegangenen Zeremonien. Alle Anwesenden werden mit geröstetem Wild und Schwein, Büffel oder Rind versorgt. Die dafür ein-

---

13) Die Otoe und Missouri gehören der Sioux-Sprachfamilie an. Wie andere Präriestämme auch kombinierten die Otoe Ackerbau und Jagd. Ihre Gärten legten sie auf den fruchtbaren Böden der Flussufer an.

geteilten Bedienungen verteilen heiße Fladen, die in Fett, Kaffee oder Wasser getränkt wurden.

Zu diesem Zeitpunkt der Zeremonie lässt sich der älteste Anwesende häufig in der Mitte des Kreises nieder, berichtet mit getragener Stimme von den Ruhmestaten des Verstorbenen und hält die Hinterbliebenen zu Standhaftigkeit und Mut an, damit auch sie einmal in das Land eingelassen werden, in dem der Große Geist herrscht. Gegen Ende des Totenfestes schenken Freunde der trauernden Familie nützliche Gegenstände wie Stoffballen, Flanellstoffe, Kleidung und sogar Ponys oder Pferde. Nachdem die Feierlichkeiten an der Hütte abgeschlossen sind, werden die Toten vorsichtig auf einen Wagen gebettet und mit einer Eskorte aller Freunde, Verwandten und Bekannten zu dem von einem Verwandten oder Freund zuvor vorbereiteten Grab geleitet. Wird ein Wagen verwendet, so sitzt die Familie zusammen mit dem hockenden Toten auf der Ladefläche. Vor dem Gebrauch von Wagen banden die Otoe den Toten auf ein Pferd und geleiteten ihn sodann inmitten seiner Freunde zu seiner Grabstätte. Als noch gemeinsame Büffeljagden stattfanden, wurden hierbei Verstorbene ebenfalls auf ihr Pferd gebunden und in manchen Fällen hunderte von Meilen zu ihrem Begräbnisplatz gebracht.

Die nachfolgende Zeremonie auf dem Indianerfriedhof zeigt zwei sehr unterschiedliche Aspekte. Einerseits ist sie blutig und grausam, andererseits fließen tiefste Trauer und tiefempfundener Schmerz mit ein. Bevor der Tote ins Grab gesenkt wird, lädt man seine Habe vom Wagen oder vom Pony und ordnet sie sorgfältig in dem gewölbeartigen Grab an. Der Boden, der breiter ist als die obere Öffnung (Gräber werden hier wie umgekehrte Trichter angelegt), wird mit Stroh oder Grasmatten ausgelegt, die von den Frauen des Stammes oder nahen Nachbarn gewoben werden. Die Wände werden mit hübschen Schals oder Decken behängt, und Truhen mit Haushaltsartikeln, Töpferwaren und vielen weniger wichtigen Dingen werden im Grab abgestellt. Als nächstes folgen die Opferungen. Ein von dem Toten zuvor ausgesuchtes Pony wird von Männern stranguliert, die an beiden Enden eines Strickes ziehen. Manchmal wird auch ein Hund erdrosselt. Die Köpfe dieser Tiere zieren später das geschlossene Grab. Der Leichnam, oftmals in einen schlichten Sarg gebettet, wird in das Grab hinabgelassen. Wird ein Sarg verwendet, so werfen die Freunde, bevor er verschlossen wird, einen letzten Blick auf den Verstorbenen. Sobald der Tote auf dem Boden des Grabes ruht, werden Sattel und Zaumzeug, Decken, Geschirr und ähnliches auf den Sarg gelegt. Die Trauernden verstummen, und das Grab wird geschlossen. Es sei an dieser Stelle daran erinnert, dass bei den Otoe und Missouri die Erde nicht direkt auf den Leichnam geschaufelt wird, sondern vielmehr die Planken bedeckt, die eigentlich das Grab verschließen. Nachdem das Begräbnis an sich abgeschlossen ist, wird dic restliche Habe des Verstorbenen verteilt. Die Verwandten, ausgenommen die direkte Familie, erhalten alles, von der kleinsten Kleinigkeit bis zum Zelt und den Pferden. Damit sind Frau und Kinder oder der Vater auf Hilfe von außen angewiesen.

Obwohl eine derartige Großzügigkeit sich bei einem weißen Begräbnis nicht finden lässt, ist sie doch bei fast allen Indianern üblich. Die daraus für die direkte Familie resultierende Armut wird von dieser mit einer inneren Stärke und Ergebung akzeptiert, die für sie einer Pflicht gleichkommt und ein höheres Ausmaß an inneren Werten zeigt als bei Weißen unter gleichen Zeichen und Bedingungen zu finden wäre. Das Alte Testament lehrt uns, dass ‚die Feuer brennen sollen vier Tage und vier Nächte'. Und tatsächlich halten die Indianer wie in Erfüllung dieser heiligen Pflicht die Totenwache vier Tage und Nächte lang an den Gräbern ihrer Verstorbenen: Bei Sonnenuntergang wird in der Nähe des Grabes ein kleines Feuer entfacht, um das sich die nächsten Verwandten scharen und ihre Wehklage bis zum Morgengrauen aufrecht erhalten. Ihrer Tradition zufolge erhebt sich die Seele zu diesem Zeitpunkt aus dem Grab, besteigt ihr Geisterpony und galoppiert in die Ewigen Jagdgründe.

Glücklicherweise ist dieser Aberglaube mit der Ausbreitung des Christentums in Vergessenheit geraten, und die Opferungen finden nur noch sporadisch und aus dem Glauben heraus statt, dass der Verzicht auf die am meisten geschätzten und wertvollsten Besitztümer den Großen Geist mit den Sünden versöhnt, die die Verstorbenen zu Lebzeiten begingen. Obwohl dies zunächst abstoßend wirken mag, finden wir dieses Vorgehen durchaus auch bei unseren Vorvätern, die Brandopfer von Ochsen oder Lämmern darbrachten. Daher können wir über diese Menschen nicht den Stab brechen, sondern müssen ihnen zugestehen, dass sie die Vorgaben unserer Bibel strikter einhalten als Stolz und verführerische Moden uns zubilligen.

Bei einer sorgfältigen Betrachtung sämtlicher Sterberituale wird eine erstaunliche Ähnlichkeit deutlich. Die Vorbereitung der Toten vor der Grablegung, das Totenfest, die Totenrede durch einen Ältesten finden sich auch bei den Weißen, wobei diese in Zeiten zurückreichen, an die sich die Lebenden noch erinnern."

Die Pima[14] in Arizona werden bei ihren Riten offensichtlich von denselben Beweggründen geleitet wie die östlicher lebenden Stämme, die vermeiden, die Toten nicht direkt mit der Erde in Berührung kommen zu lassen. Sie entwickelten einen Brauch, den Captain F. E. Grossman[15] festhielt. Der Bericht findet sich in den Arbeiten von M. Alphonse Pinart[16] und Bancroft[17].

---

14) Die Pima lebten in den Wüstengebieten, Hochebenen und an den Ufern des Gila River sowie im mexikanischen Sonora. Sie zählen zu den Rancheria-Stämmen. Sie bezeichneten sich als Au-Authm oder O'odham (Volk), Pima bedeutet in einem ihrer Dialekte „Nein".

15) Report of the Smithsonian Institution, 1871, S. 407
Captain F. E. Grossman war Indianeragent der Pima und Maricopa Reservation. Er interessierte sich sehr für die Archäologie der Ureinwohner wie auch deren Verbindungen zu den seinerzeit lebenden Indianern.

16) Pinart, Alphonse, „Voyage dans l'Arizona", in: Bulletin Société de Geographic, 1877.
Alphonse Pinart (1852-1911), französischer Entdecker, Philologe und Ethnologe, vertrat als einer der ersten die These, dass die Indianer über die einstmals trockene Beringstraße nach Nordamerika einwanderten. Um diese zu festigen, bereiste er den Pazifik von Alaska über die Aleuten bis zu den Osterinseln. Außerdem beschäftigte er sich mit unzähligen historischen Dokumenten im spanischen Archiv von Santa Fé und zeichnete Sprachen der kalifornischen Indianer auf.

17) Bancroft, George, The Native Races of the Pacific States of North America, 1874, Band 1, S. 555
George Bancroft (1800-1891), amerikanischer Historiker und Politiker, studierte in Deutschland deutsche, französische, italienische, griechische und römische Literatur, Arabisch, Hebräisch und Bibelauslegung, Geschichte, Naturgeschichte und Altertumskunde. 1820 machte er seinen Abschluss in Göttingen, lernte in Berlin Humboldt und Goethe kennen. 1822 kehrte er in die USA zurück, schrieb Gedichte, eröffnete seine erste Schule und setzte sich für das Frauenwahlrecht ein. In seiner Zeit als Marineminister machte er aus einem verlassenen Armeeposten ein Internat für Midshipmen (Oberfähn-

Captain Grossman berichtete folgendes: „Die Pima verschnüren ihre Toten mit einem Strick, indem sie diesen über den Nacken und dann unter den Knien entlang führen. Danach wird der Strick angezogen, bis sich der Körper mit stark angewinkelten Beinen in einer hockenden Stellung befindet. Die Gräber werden zwischen einem Meter zwanzig bis eineinhalb Meter tief und als perfektes Rund (mit einem Durchmesser von etwa einem Meter) ausgehoben. Danach wird am Boden ein Teil der Wand zur Höhlung vertieft, groß genug für den Leichnam. Hier wird der Tote abgelegt und der Rest des Grabschachtes ebenerdig aufgefüllt. Danach wird das Grab mit Pfosten, Stämmen oder Holzplanken abgedeckt, um die sterblichen Überreste vor Kojoten zu schützen.

Begräbnisse finden des Nachts ohne große Zeremonien statt. Die Trauernden singen während der Bestattung, ohne aber ihre Gefühle zur Schau zu stellen. Die Toten werden so schnell wie möglich nach Eintritt des Todes bestattet. Gewöhnlich werden die Gräber vorbereitet, bevor die Patienten sterben. Manchmal erholen sich Kranke (deren Gräber bereits vorbereitet wurden) wieder. In solchen Fällen bleiben die Gräber offen, bis die Personen, für die sie gedacht sind, sterben. Offene Gräber dieser Art sieht man auf einigen ihrer Friedhöfe. Friedhöfe werden in einiger Entfernung von den Siedlungen angelegt, vorzugsweise in einem Mesquite-Hain.

Direkt nach der Bestattung werden das Haus und die persönlichen Besitztümer der Toten verbrannt, ihre Pferde und ihr Vieh geschlachtet und das Fleisch als Mahlzeit für die Trauernden zubereitet. Die nächsten Verwandten ziehen sich als Zeichen ihrer Trauer wochenlang in ihre Siedlung zurück, manchmal sogar für Monate. Die Männer schneiden sich ihre Haare etwa fünfzehn Zentimeter kürzer, während die Frauen ihr Haar sehr kurz scheren.

Der Brauch, den gesamten Besitz des Ehemannes zu zerstören, lässt seine Witwe und Kinder verarmt zurück und verhindert ein Anwachsen des Viehbestandes. Die Frauen des Stammes, denen sehr wohl bewusst ist, dass sie mit dem Tod des Mannes mittellos dastehen und allein für die Kinder sorgen müssen, legen keinen Wert auf eine große Kinderschar. Kindestötung, sowohl vor als auch nach der Geburt, ist die Regel und wird nicht als Unrecht angesehen. Die alten Frauen des Stammes werden damit betraut. Eine Witwe darf nach einem Trauerjahr erneut heiraten, aber mit Kindern wird kein Mann sie wollen, um sich nicht mit diesen zu belasten. Witwen bebauen zumeist ein kleines Stück Land selbst, das Freunde und (männliche) Verwandte für sie pflügen."

Abbildung 4, übernommen aus Captain Grossmans Beschreibung von meinem Freund Dr. W. J. Hoffman, vermittelt eine gute Vorstellung eines derartigen Begräbnisses.

---

riche), in dem sie regelmäßig Unterricht erhielten, wenn sie nicht auf See mussten. Er verfasste viele Reden und etliche Bücher, darunter „History of the United States, from the Discovery of the American Continent".

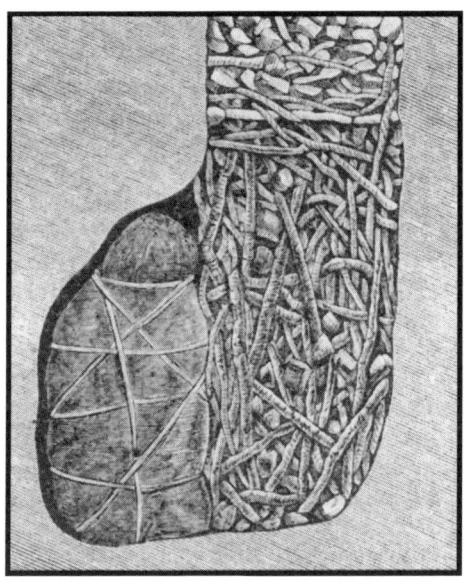

(Abb. 4) Begräbnis der Prima

Stephen Powers[18] beschreibt eine ähnliche Bestattungsvorbereitung bei den kalifornischen Yuki:[19]

„Die Yuki bestatten ihre Toten in Hockerstellung. Sie heben eine Grube von manchmal bis zu zwei Metern Tiefe aus und graben in die Wand am Boden den ‚Kojoten‘, eine Vertiefung, in welcher die Toten abgesetzt werden.“

Die Comanchen[20] des Indianerterritoriums (*Nem*, „wir“ oder „die Menschen, das Volk“) folgen laut Dr. Fordyce Grinnell vom Wichita Indianerbüro einem völlig anderen Extrem, was den Schutz der Toten vor der sie umgebenden Erde anbelangt. Der Bericht wird hier in seiner Gänze wiedergegeben, um einerseits diesen speziellen Punkt aber auch andere interessante Aspekte aufzuzeigen:

---

18) Powers, Stephen, Contribution to North American Ethnology, 1877, Band iii, S. 133
Stephen Powers (1840-1904) war amerikanischer Journalist und Ethnograf, der bemerkenswerte Berichte über die Indianer Kaliforniens verfasste. Er arbeitet zunächst als Kriegsberichterstatter im amerikanischen Bürgerkrieg. Von 1871 bis 1876 legte er über tausend Kilometer auf dem Pferderücken zurück und bereiste Nord- und Mittelkalifornien, wobei er vor allem enge Kontakte mit den Ureinwohnern einging. Er beschrieb ihre traditionelle Lebensweise, Religion, Mythen und damalige Lebensumstände. Seine Artikel fasste er später in seinem Buch „Tribes of California“ zusammen.

19) Sie waren ein Stamm der Hokan-Gruppe der Sioux-Sprachfamilie, der im Norden Kaliforniens am Sacramento River wohnte. Ihre Nachbarn waren die Maidu und Pomo.

20) Das Prärievolk der Comanchen hatte den Ruf der besten Reiter ganz Amerikas. Wie alle Nomaden zogen sie in den Prärien den Büffelherden hinterher. Ihre Jagdgründe lagen zwischen dem Oberlauf des Arkansas im Norden und den mittleren und östlichen Prärien von Texas im Süden. Sie waren gefürchtete Krieger, die sogar den Vormarsch der Spanier stoppten und sie aus dem Grasland vertrieben.

„Wenn ein Comanche stirbt, sein sterbender Atem aber immer noch in seiner Kehle rasselt und den Körper die ihm eigene, natürliche Wärme noch nicht verlassen hat, so werden die Knie hoch an die Brust gezogen und die Unterschenkel an die oberen gepresst. Die Arme werden gleichfalls beiderseits des Brustkorbes angewinkelt und der Kopf auf die Knie niedergedrückt. Mit einem Lasso oder Strick werden die Gliedmaßen und der Körper in dieser Position gehalten. Danach wird eine Decke um den Körper gewickelt, die wiederum fest verschnürt wird. Der so für das Begräbnis vorbereitete Tote wirkt sehr rund und kompakt, völlig anders als die aufgebahrten Toten der Wichita[21] oder Caddo[22]. Der Tote wird sodann auf ein Pony gesetzt. Hinter ihm reitet üblicherweise eine Squaw, manchmal aber auch je eine zu seinen beiden Seiten, um den Körper aufrecht zu halten, bis man bei dem Grab angekommen ist. Dort wird der Tote geradezu in die Grube gekippt, die für diesen Zweck bestimmt wurde. Der Tote wird von nicht mehr als zwei bis drei Squaws begleitet oder ausreichend mehr, um die kleineren Arbeiten zu verrichten, die bei einem Begräbnis anfallen. Er wird westlich der Hütte oder Siedlung der Hinterbliebenen geleitet, und gewöhnlich wird eines der tief ausgewaschenen Täler oder das Ende eines Canyons, mit denen das Land der Comanchen überreich gesegnet ist, für das Begräbnis ausgewählt. Der Leichnam wird ohne besondere Respektsbezeugungen oder Bettung in die Grube geworfen. Mit ihm ins Grab gehen Bogen und Pfeile, die zuvor zerbrochen wurden. Auch der Sattel wird mitgegeben, zusammen mit vielen persönlichen Wertgegenständen des Toten. Danach wird er mit Stöcken und Erde bedeckt. Manchmal wird das Grab noch mit Steinen beschwert.

Bestattungszeremonien: Das beste Pony aus dem Besitz des Toten wird zum Grab gebracht und dort getötet, damit der Verschiedene in der anderen Welt auf einem prächtigen Pferd sitzend unter seinen Brüdern erscheint. Sollte der Verstorbene ein Häuptling oder wichtiger Krieger mit großen Ponyherden gewesen sein, so werden viele seiner Tiere getötet, manchmal zwei- bis dreihundert.

Die Comanchen unterstreichen die Bedeutung eines guten Ponys für den Ritt des Verstorbenen in das Land der Ewigen Jagdgründe mit der folgenden Geschichte, die sowohl bei den Comanchen wie den Wichita erzählt wird:

‚Vor einigen Jahren starb ein alter Comanche, der keine Verwandten hatte und sehr arm war. Ein Teil des Stammes beschloss, dass so gut wie jedes Pony ihn ins Jenseits geleiten könne. Daher töteten sie an seinem Grab ein altes, räudiges Tier mit einem hängenden Ohr. Einige Wochen nach der Beerdigung dieses Mannes, der auch keine Freunde besaß, oh hört und staunt, kehrte dieser zurück. Er ritt dieselbe alte Schindmähre. Zunächst erschien er an den Feuern der Wichita, wo er wohl bekannt war, und bat um Nahrung. Aber seine Schrecken erregende Erscheinung mit den eingesunkenen Augen und Wangen versetzte alle in Furcht, die seiner ansichtig wurden, und sie flohen vor ihm. Endlich spießte einer, der mutiger war als die ande-

---

21) Die Stammesangehörigen lebten nach ihrer Vertreibung aus Kansas am Red River, wo sie vom Anbau von Feldfrüchten und der Jagd, vor allem auf Büffel, lebten. 1859 wurden sie in ein Reservat im Indianer-Territorium von Oklahoma vertrieben.

22) Die Caddo waren eine Konföderation indianischer Völker im Gebiet des Red River in Texas, Arkansas, Louisiana und Oklahoma.

ren, ein Stück Fleisch auf einen Stock und streckte es ihm entgegen. Kurz darauf erschien er in seinem eigenen Siedlungsplatz, wo er offenbar noch mehr Aufruhr verursachte als bei den Wichita. Daraufhin verließen die Wichita wie die Comanchen ihre Siedlungsplätze und zogen in großer Zahl zum Rush Creek, in die Nähe von des derzeitigen Fort Sill.

Als der aufgewühlte Geist von jenseits der Sonnenunterganges befragt wurde, warum er die im Diesseits Lebenden behellige, erwiderte er, dass ihm der Torwächter am Eingang zum Paradies keinen Einlass gewährte, da er auf einem so heruntergekommenen Tier daherkam. So war er, niedergeschlagen und gedemütigt, gezwungen, das Pony zu wenden, um jene heimzusuchen, die ihm aus Geiz und Gier kein besseres Reittier zugestanden hatten. Seither bricht kein Comanche mit der Sonne in seiner Kammer gen Westen auf ohne ein Reittier, das sowohl dem Reiter als auch seinen Freunden zur Ehre gereicht.'

Der Tote wird auf der Westseite des Siedlungsplatzes begraben, auf dass der Geist die untergehende Sonne auf ihrer Reise begleite. Der Geist beginnt seine Reise in der Nacht, die auf seinen Tod folgt. Stirbt er des Nachts, so beginnt seine Reise erst in der folgenden Nacht.

Trauerriten: Alle bewegliche Habe des Toten, die Zelte, Decken, Besitztümer und Wertgegenstände, die nicht als Grabbeigaben dienten, werden verbrannt, so dass die Familie verarmt zurückbleibt. Dieser Brauch schließt selbst Wagen und Geschirr ein, falls einige Gebräuche der Zivilisation bereits Eingang gefunden haben. Sie glauben, dass der Rauch diese Besitztümer in den Himmel hebt, so dass sie dem Verstorbenen dort zur Verfügung stehen. Direkt nach dem Tod eines Familienmitglieds fallen die Hinterbliebenen in eine ihnen eigene Totenklage, die nächsten Angehörigen legen ihre Alltagskleidung ab, hüllen sich in Lumpen und ritzen ihre Arme, Brust und weitere Körperteile, bis vielleicht eine hingebungsvolle Ehefrau oder Mutter durch den Blutverlust sogar in Ohnmacht fällt. Diese Opferhandlung wird gewöhnlich mit einem Messer durchgeführt, das in früheren Tagen aus Feuerstein bestand. Klageweiber, die nicht zu den Verwandten gehören, die Kunst des Wehklagens aber aufs Beste beherrschen, werden hinzugezogen und entsprechend entlohnt. Jene, die dem Verstorbenen nahe standen, scheren sich die langen Locken ihres Hauptes, während die entfernteren Verwandten oder enge Freunde die Haare nur auf einer Kopfseite scheren. Stirbt ein Häuptling, so kürzen auch die jungen Krieger ihr Haar, gewöhnlich auf der linken Seite des Kopfes.

Nach den ersten Tagen der Trauer wird die Totenklage vor allem auf den Sonnenauf- und -untergang verlegt, da die Comanchen die Sonne besonders verehren. Diese besondere Trauerzeremonie wird immer eingehalten, unabhängig davon, zu welcher Jahreszeit der Tod eintritt."

Interessant ist, dass die Bräuche bezüglich der Vorbereitung der Toten und der Grablegung bei den Comanchen in fast jedem Punkt mit denen einiger afrikanischer Stämme übereinstimmen. Die Verschnürung des Leichnams ist unter primitiven Völkern ein weit verbreiteter Brauch, und Klageweiber gab es sogar schon in der Antike.

Körpergräber

Der nachfolgende interessante Bericht über Begräbnisse bei den Puebloindianern von San Geronimo de Taos[23] in Neu Mexiko, den der ehrenwerte Richter Anthony Joseph einreichte, zeigt, wie zivilisierte Bräuche sich bei barbarischen Völkern festsetzen. Es sollte dabei allerdings bedacht werden, dass die Pueblobewohner neben den Cherokee, Choctaw und anderen Gruppen im Indianerterritorium ohnehin zu den zivilisiertesten unserer Stämme gehören.

Laut Richter Joseph nennt dieses Volk sich selbst *Wee-ka-nans*.

„Den Weißen sind sie als Piro bekannt. Gesprächen mit Stammesmitgliedern konnte ich entnehmen, dass die traditionellen wie auch die modernen Bestattungsbräuche dieser Indianer dergestalt sind, dass der Verstorbene ausgestreckt, in horizontaler Lage auf den Boden des Grabes gelegt wird. Das Grab wird ausgehoben, wie es auch bei uns üblich ist. Es ist in etwa einen Meter achtzig tief, zwei Meter lang und siebzig Zentimeter breit. Die Bestattung ist abgeschlossen, wenn das Grab wieder ebenerdig aufgefüllt ist. Kein Hügel markiert, wie bei den Weißen üblich, die genaue Lage des Grabes. Diese Puebloindianer verbrennen ihre Toten niemals; ihre Traditionen kennen etwas Derartiges nicht, und so haben sie auch keinerlei Kenntnisse darüber. In das Grab werden keine Gerätschaften oder Werkzeuge gegeben, dafür aber eine große Menge Zierrat wie Perlen in allen Farben, Meeresmuscheln, Falkenglöckchen, runde Spiegel und Bänder in Hülle und Fülle und jeder nur erdenklichen Farbe. Dann bemalen sie den Toten mit rotem Ocker und weißem Kalk und verleihen ihm auf diese Weise ein gleichwohl fantastisch anmutendes wie groteskes Aussehen. Als klug bedachten Proviant für die lange Reise in die Ewigen Jagdgründe jenseits der Wolken werden auch verschiedene Nahrungsmittel mit in das Grab gegeben.

Die Begräbnisbräuche dieser Menschen sind durchaus etwas Besonderes. Zunächst wird der Leichnam auf einer kunstvoll verzierten Büffellederhaut ausgestreckt, die auf dem Boden ausgebreitet liegt. Danach statten sie den Toten auf das feinste nach ihrer Mode aus. Einen Mann kleiden sie in seine perlenbenähten Leggings, den bestickten *soco*[24], seine kunstvoll verzierten Tanzmokassins und seine großen Messing- oder Muschelohrringe. Eine Frau hüllen sie in ihr bestes *manta*[25] oder Kleid, binden einen Seidenschal um ihre Taille, streifen über ihre Füße ihre schönsten Tanzmokassins, legen ihr den *rosario*[26] um den Hals und befestigen ihre Messing- oder Muschelgehänge an den Ohren. Nachdem das geflochtene Haar mit roten Bändern hochge-

---

23) Die Taos leben im nördlichsten aller Pueblos. Sie sprechen Tiwa, eine Sprache aus der Kiowa-Tano-Sprachfamilie. Der Name Taos ist eine spanische Verfremdung des eigenen Namens Tua und bedeutet „Dorf".

24) Ritueller Tanzrock der Männer. Bis in die 1930er durften nur Männer sticken, da die Muster nur für höchst zeremonielle Kleidungsstücke genutzt wurden.

25) Aus Wolle gewobenes großes rechteckiges Umschlagtuch oder Umhang mit Streifen oder geometrischen Motiven.

26) Traditionelle Perlenketten der Pueblofrauen, später Rosenkränze.

bunden wurde, ist die Ausstattung für ihre lange, glückliche Reise vollständig. Sind die Toten fertig gekleidet, so werden um sie ungefähr ein Dutzend Kerzen in einem Kreis aufgestellt. Diese brennen kontinuierlich bis zur Grablegung. Sobald die Kerzen angezündet sind, beginnt die *veloris* oder Totenwache. Die Verstorbenen bleiben in all ihrem Staat einen Tag lang aufgebahrt, und in dieser Zeit nehmen alle Freunde, Verwandten und Nachbarn an der Totenwache teil, singen und beten für deren Seelen und erzählen einander von den guten Taten und Eigenschaften und der Tapferkeit, die sie im Leben auszeichneten. Immer wieder treten während der Gebete und Gesänge nahe Verwandte an die Seite der Aufgebahrten, und alle im Raum Anwesenden beginnen bitterlich zu weinen, rufen den Verstorbenen laut liebevolle Worte zu und bekunden ihr Beileid gegenüber der Familie ob ihres unzeitigen Verlustes.

Ungefähr zur Mitternacht wird zum Essen gerufen, und alle Anwesenden begeben sich in einen angrenzenden Raum und teilen sich das einfache Mahl. Es besteht gewöhnlich aus Wild, Chili- oder Paprika-Tortillas und Guavebeeren, dazu gibt es vergorenen Saft oder Milch, um das Festmahl der *veloris* oder Totenwache zu beschließen. Sobald die Verstorbenen entsprechend gekleidet und geehrt wurden, wird den Anwesenden vor allem Genüge getan, indem ihnen immer wieder alkoholische Getränke kredenzt werden. Die Wache und das Fest halten an, bis der katholische Priester erscheint, um die Totenrituale abzuhalten.

Wenn der Priester das Haus betritt, werden die Verstorbenen in eine große, weiche Büffellederhaut gehüllt und mit einem extra hierfür geflochtenen Seil oder Lasso fest verschnürt. Danach stellen sich sechs bis acht Männer als Leichenträger zur Verfügung und bringen den Toten zur Grabstätte, die sich im Allgemeinen zu Füßen ihrer Kirche oder Kapelle befindet. Der Priester waltet seines Amtes, genauso wie sich Begräbnisse überall in der katholischen Welt abspielen. Während die Totengräber das Grab verfüllen, verleihen alle dem Begräbnis Beiwohnenden ihrer Trauer Ausdruck, indem der gesamte Pueblo ein großes Geheul anstimmt. Nachdem der kolossale Tumult abgeklungen ist, löst sich die Gesellschaft auf und überlässt den Toten seiner letzten Ruhe, bis Gabriel in sein Horn stößt. Werden die Totenriten in ihrem ganzen katholischen Pomp zelebriert, so erhält der Priester eine angemessene Vergütung für seine Dienste. Ansonsten steht er der Angelegenheit im Gegenzug für den ihm zustehenden Zehnten vor, den alle Indianer des Pueblos ihm gemeinsam zahlen und der sich auf etwa 2.000 Dollar pro Jahr beläuft.

Die Pueblo-Indianer halten sich sehr genau an ihre Trauerriten, die erst ein Jahr nach dem Ableben des Beerdigten ihren Abschluss finden. Während der Trauerzeit nehmen die Beteiligten an keinerlei hohen Festtagen des Stammes teil, obwohl diese für sie durchaus den Rang von Staatsangelegenheiten einnehmen. Stattdessen ziehen sie sich in einem Zustand hehrer Zurückhaltung zurück, der zivilisierteren Menschen wirklich nahe geht. Ist die Trauerzeit nach einem Jahr vorüber, so lassen sie für die Seele der Verblichenen eine Messe lesen. Danach widmen sie sich erneut ihrem Alltagsleben und sind glücklich und vergnügt, bis der nächste Tod einen der ihren in die Ewigen Jagdgründe beruft, ihrer Vorstellung vom himmlischen Paradies. Die oben genannten Beobachtungen, welche die interessantesten Aspekte der Bestattungssitten des Pueblo San Geronimo de Taos aufzeigen, sind in keiner Weise übertrieben, sondern beruhen auf Tatsachen, die ich während meines mehr als zwanzig

Jahre währenden Aufenthalts in direkter Nachbarschaft zum Pueblo selbst sammelte. Als aufmerksamer Beobachter bin ich in der Lage, diese wahren und unverstellten Einblicke zur Verfügung zu stellen, wie in ihrem Rundschreiben zu ‚Bestattungssitten' erbeten."

Ein anderes Beispiel für die Umsicht, die man walten lässt, damit der Verstorbene nicht mit der nackten Erde in Berührung gelangt, findet sich in einem Bericht über die Bestattungen der Wichita[27] im Indianerterritorium, den Dr. Fordyce Grinnell beisteuerte, dessen Name bereits im Zusammenhang mit den Bräuchen der Comanche fiel. Die Wichita bezeichnen sich selbst als *Towihaedshi* oder auch *Kitty-ka-tats* – Jene-mit-den-tätowierten-Augenlidern.

„Stirbt ein Angehöriger der Wichita, so schreitet der Ausrufer die Dorfstraße auf und ab und verkündet das Ableben. Die Vorbereitungen für die Bestattung beginnen augenblicklich, und der Verstorbene wird ohne weitere Verzögerung zu dem für ihn vorbereiteten Grab gebracht. Befindet sich dieses in größerer Entfernung zur Siedlung, so wird der Tote auf einem Pony dorthin gebracht, nachdem er zuerst in Decken gehüllt und dann bäuchlings über den Sattel gelegt wurde. Auf jeder Seite geht eine Person mit, um den Toten zu stützen. Das Grab wird etwa ein bis ein Meter zwanzig tief und lang genug ausgehoben, um den ausgestreckten Körper aufzunehmen. Zunächst werden auf dem Boden des Grabes jedoch Decken und Büffelfelle ausgelegt; dann erst wird der Körper vom Pferd genommen und von den Decken befreit. In seiner besten Ausstattung und mit viel Zierrat geschmückt wird er auf das Lager aus Decken und Fellen gelegt. Sein Kopf zeigt nach Westen, die Füße entsprechend nach Osten. Die Wertgegenstände werden dem Toten mit ins Grab gegeben. Einem Mann werden Bogen, Pfeile und sein Gewehr ins Grab gelegt, Frauen ihre Kochutensilien und andere Haushaltsgegenstände. Über dem Leichnam werden zehn bis zwanzig Zentimeter hoch Stöcke und Äste aufgehäuft und über diese Gras gebreitet, so dass die am Ende darüber geschaufelte Erde nicht in Kontakt mit dem Toten oder seinen Beigaben gerät. Nachdem das Grab mit Erde aufgefüllt ist, wird es mit einem Pfahlzaun eingefasst oder Pfosten schräg in die Erde geschlagen, die sich in der Mitte des Grabes kreuzen und auf diese Weise ein Zeltdach über dem Grab bilden, das einen vollkommenen Schutz vor Tieren bildet. Sind alle diese Vorkehrungen abgeschlossen, so hebt man die Grasnarbe oder Ablagerungen anderer Art in einem Umkreis von einem halben Meter um das Grab auf, so dass ein glatter und sauberer Boden zurückbleibt. Nur sehr selten begleiten die Verwandten den Verstorbenen zum Grab, stattdessen übernehmen andere die Grablegung, die gewöhnlich von Frauen durchgeführt wird. Die Trauerbezeugungen ähneln sehr jenen anderer Stämme; sie umfassen das Kürzen des Haars, Fasten und dergleichen mehr. Auch werden am Grab Pferde getötet."

---

27) Die Wichita lebten nach ihrer ersten Vertreibung aus Kansas am Red River, wo sie Ackerbau und Jagd betrieben. Später zogen die Kiowa in diese Gegend, was zu einer Arbeitsteilung und friedlichem Handel führte. Die Wichita bauten weiterhin Mais und anderes Gemüse an, während die Kiowa sich auf die Jagd spezialisierten. 1859 wurden sie noch einmal vertrieben, dieses Mal ins Indianerterritorium in Oklahoma.

(Abb. 5) Caddokultur (Spiro-Phase), Mississippiperiode, 1200-1350 n. Chr.,
Craig Mount, Spiro-Grabungsstätte, LeFlore County, Oklahoma.
Holz, vermutlich Zeder, Höhe: 29,2 cm.
National Museum of the American Indian, Smithsonian Institution, New York.
„Im Craig Mount fand die Elite der alten Caddo-Kultur – die Häuptlinge, Priester
und Krieger – ihre letzte Ruhestätte. Ihre sterblichen Überreste blieben so lange in einem
Tempel feierlich aufgebahrt, bis sie mitsamt den geweihten Gegenständen aus dem
Tempelinneren, den hölzernen Plastiken und Götterbildern, Ornamenten und Schalen
aus Muscheln, gravierten Kupferplatten, Steinpfeifen, Keulen, Klingen und zahlreichen
anderen Objekten an diesen Ort überführt wurden... Augen und Mund dieser beinahe le-
bensgroßen hölzernen ‚Maske' bestehen aus Muscheln."

Die Caddo[28] oder Ascendares (die „Hinaufgestiegenen"[29]), wie sie sich selbst nennen, befolgen fast dieselben Bestattungsriten wie die Wichita, dennoch ist ein Brauch besonders erwähnenswert:

„Stirbt ein Caddo im Kampf, so wird er nicht begraben, sondern den wilden Tieren und Raubvögeln überlassen. Der Rang dieser Gefallenen in der jenseitigen Welt wird als weitaus höher angesehen als der jener, die eines natürlichen Todes starben."

In einer Arbeit von Bruhier[30] finden sich folgende vom Autor frei wiedergegebene Bemerkungen zu einem Brauch, der große Ähnlichkeit mit dem Aussetzen von Toten in der Wildnis aufweist:

„Die antiken Perser warfen ihre Toten auf die Straße. Wurden diese unverzüglich von wilden Tieren verschlungen, so wertete man dies als große Ehre, und als großes Unglück im gegenteiligen Fall. Manchmal wurden die Toten begraben, eingehüllt in eine gewachste Decke, um eine Geruchsbelästigung zu vermeiden."

M. Pierre Muret[31], aus dessen Werk Bruhier wahrscheinlich seine Informationen bezog, beschreibt ausgesprochen ausführlich diese außergewöhnliche Art der Totenbehandlung, die den Persern zu eigen war[32]:

„Es regt sich doch ein gewisses Erstaunen angesichts der vorherrschenden Einstellung, die Perser seien eines der zivilisiertesten Völker der Welt, dass sie im Widerspruch dazu ihre Toten derart barbarischen Bräuchen aussetzten, wie sie in den Schriften einiger Geschichtsschreiber nachzulesen sind. Dies überrascht umso mehr, als bis zum heutigen Tage noch immer jene Zeugen der Antike zu besichtigen sind,

---

28) Stamm der Caddo-Sprachfamilie (Caddo, Arikara, Pawnee und Wichita). Die Caddo lebten ursprünglich am Red River in Louisiana und Arkansas. Sie betrieben Landwirtschaft und waren in einer hierarchisch-matrilinearen Gesellschaft organisiert. Im 19. Jahrhundert wurden sie in ein Reservat in Oklahoma umgesiedelt.

29) Nach ihrer Ursprungslegende stiegen die Menschen aus einem Loch an die Erdoberfläche.

30) Bruhier d'Ablaincourt, Jean-Jacques, L'incertitude des Signes de la Mort, 1749, Aufst. 1, S. 439
Der Pariser Arzt Jean-Jacques Bruhier d'Ablaincourt (? - 1756) übersetzte das lateinische Werk von Jakob Benignus Winslow, der behauptete, in seiner Jugend zweimal beinahe lebendig begraben worden zu sein. Er veröffentlichte daraufhin ein Buch, in dem er sichere Methoden zur Erkennung des Todes aufführte. Bruhier fügte seiner Übersetzung viele sensationelle Fälle von scheintot Begrabenen hinzu und trug damit zur Hysterie des 18. Jahrhundert bei, auf dem Grab Glöckchen anbringen zu lassen, damit die fälschlicherweise Begrabenen sich bemerkbar machen könnten. Um solches zu vermeiden, vertrat Bruhier die Meinung, dass in jedem Fall die Beisetzung besser bis zur offensichtlichen Verwesung des Leichnams auszusetzen sei.

31) Muret, Pierre, Rites of Funeral, Ancient and Modern, 1683, S. 45
Pierre Muret (ca. 1630 - ca. 1690) verfasste ein vergleichendes Werk über damalige und klassische Bestattungssitten.

32) Der Autor beschreibt eine frühe Form des Zoroastrismus, einer Schriftreligion, die auf der heiligen Avesta beruht und im ganzen antiken Iran und darüber hinaus einer Staatsreligion entsprach. Gottesbilder gibt es in dieser Religion nicht, wohl aber Feuertempel, in denen die heilige Flamme Symbol der höchsten Gottheit ist. Feuer und Erde als reine Elemente dürfen durch die Berührung mit Leichnamen nicht verunreinigt werden, daher dürfen diese weder verbrannt noch begraben werden, sondern werden wilden Tieren und Vögeln zum Fraß ausgesetzt.

die unsere Vorstellung von ihren prächtigen Grabmälern[33] aus das vortrefflichste bestätigen. Und dennoch; messen wir *Procopius* und *Agathias* auch nur den geringsten Wahrheitsgehalt zu, so war es nie die Gewohnheit der Perser, ihre Toten zu bestatten, geschweige denn ihnen am Grab besondere Ehren zu erweisen: Stattdessen, so berichten diese Autoren, ließen sie diese vollkommen entblößt in ihren Feldern zurück; ein Verhalten, das nach unserem Gesetz und Dafürhalten als allerhöchste Schande gilt, die den schlimmsten Kriminellen vorbehalten ist, die wir vor aller Augen auf den Straßen zur Schau stellen: In ihren Augen jedoch stellte es ein großes Unglück dar, sollten weder Tier noch Vogel ihre Leichen verschlingen. Und sie schlossen auf das Ausmaß der jenseitigen Freuden dieser armen Körper, je nachdem, ob sie diesen Raubtieren früher oder erst später zum Opfer fielen. Angesichts dieser Überzeugung müssen jene, die überhaupt nicht angetastet wurden, von schwärzester Seele gewesen sein, was ihren Hinterbliebenen großen Schmerz zufügte, da sie dieses als ungünstiges Omen für ihre ganze Familie werteten; denn damit hing der unausweichliche Makel großer Unbill über ihren Köpfen. Denn sie waren davon überzeugt, dass die Seelen dieser Körper von Teufeln begleitet wären, ihren Peinigern, und ihnen ohne Zweifel großes Ungemach zufügen würden.

Wurden im Gegensatz dazu die Körper auf der Stelle verschlungen, so kannte ihre Freude keine Grenzen; jeder schätzte sie glücklich und kam, um die Verwandten zu beglückwünschen. Hier teilten alle ohne Zweifel die Überzeugung, dass die Toten in die *Elysischen Gefilde auf der Insel der Seligen* eingingen, und daher waren sie in ihrem Herzen sicher, dass sich dieser Segen auf ihre gesamte Familie erstrecken würde."

Derselbe Autor geht davon aus, und Bruhier unterstützt seine Thesen, dass die Parther, Meder, Choresmier[34], Kimmerer[35] und einige weitere angesichts der Verwesung der Toten ein solches Grausen empfanden und einen Widerwillen bei der Vorstellung, dass Würmer sie aufzehrten. So zogen sie es vor, die Leichen ins Freie zu legen, um sie von wilden Tieren fressen zu lassen. Sie folgten dabei dem Glauben, dass eine so verschlungene Person nicht vollständig ausgelöscht sei, sondern sich zumindest eines teilweisen Weiterlebens in ihrer lebenden Grabstätte erfreuen durfte. Dies mag durchaus der Grund gewesen sein, warum die Baktrer[36] und die Hyrkanier[37] zu

---

33) Es handelt sich hierbei nicht um Grabmäler, wie irrtümlich angenommen, sondern um Mausoleen, die zum Angedenken besonderer Persönlichkeiten errichtet wurden.

34) Die Parther (oder Arsakiden) und die Meder sind antike iranische Völker. Genau wie die Choresmier, die im heutigen Turkmenistan und Uskekistan lebten, waren sie frühe Zentren der zoroastrischen Religion. Für Verwirrung sorgt, dass auch Kimmerer und Skythen teilweise als Choresmier bezeichnet werden.

35) Die Kimmerer waren ein Steppenvolk Anatoliens, das später nach Westen wanderte und einer der frühen Keltenstämme gewesen sein soll, die sogar bis nach Spanien/Iberien gelangten. Allerdings bestatteten sie ihre Toten und überließen sie nicht den wilden Tieren wie die frühiranischen Völker.

36) Antikes iranisches Volk zwischen dem Amu-Darja-Fluss und dem Hindukusch-Gebirge im heutigen Nordafghanistan. Die Baktrer waren eines der iranischen Völker, die im 2. Jhrtsd. v. Chr. in dieses Gebiet einwanderten. Sie gehören den Indoeuropäern der Satem-Gruppe an, wie auch die Meder, Perser, Sogder, Choresmier und die Eroberer Indiens.

37) Die Hyrkanier lebten im Gebiet der heutigen iranischen Provinz Golestan an der Südostküste des Kaspischen Meeres, das in der Antike auch Hyrkanisches Meer genannt wurde.

diesem Zweck Hunde abrichteten, die Canes sepulchrales, denen die größte Pflege und Aufmerksamkeit zuteil wurde, da es als angemessen galt, den Seelen der Verstorbenen kraftvolle und lebensfrohe Körper zur Verfügung zu stellen.[38]

Auch von den Buddhisten Bhutans wird berichtet, dass sie ihre Toten auf hohen Berggipfeln aussetzen.

Mr. Monier Williams sandte unter Bezugnahme auf Tegg, dessen Werk immer wieder zitiert wird, aus Kalkutta einen Bericht an die Londoner Times, der am 28. Januar 1876 erschien. In diesem ist die Rede von den Dakhmas, den „Türmen des Schweigens" der Parsen, die bekanntermaßen die Nachkommen jener antiken Perser sind, die von den islamischen Eroberern vertrieben wurden und vor etwa 1.100 Jahren ins indische Surat flohen. Dieser Bericht wird bis heute (1879) gerne herangezogen, um zu illustrieren, wie die Toten den Geiern und anderen Raubvögeln überlassen werden.

Es scheint allerdings, als stünden die angegebenen Gründe für diese seltsame Art der Parsen, sich ihrer Toten zu entledigen, im Gegensatz zu den Ideen, die Muret im Falle der antiken Perser vertritt, auf die er sich immer wieder bezieht. Es ist durchaus denkbar, dass die Beweggründe der Parsen auch das Handeln jener nordamerikanischen Indianer bestimmten, die ihre Toten auf Gerüsten oder in Bäumen bestatteten. Allerdings wird diese Theorie unhaltbar eingedenk der großen Sorge dieser Indianer darum, die Toten vor den Angriffen von Raubvögeln zu schützen, indem man sie sorgfältig in Häute hüllt und fest mit Seilen und Lederriemen verschnürt.

In Bezugnahme auf James G. Swan verfasste George Gibbs[39] den folgenden Bericht über die Begräbnisse der Klamath[40] und der Hoopa[41] an der kalifornischen Nordwestküste:

„Die Gräber, welche sich in nächster Nähe zu den Häusern befinden, weisen beachtlichen Geschmack und löbliche Fürsorge auf. Die Verstorbenen werden in grob behauene Särge gelegt, die aus vier Brettern bestehen, auf die Erde gehäuft wird. Ein schweres Brett, oftmals gestützt durch aufrechte Steine am Kopf- und Fußende, wird darüber gelegt oder aber ein Steinwall von etwa einem halbem Meter Höhe errichtet und die Oberfläche mit weiteren Steinen abgedeckt. Die Gräber der Häuptlinge sind von gepflegten Staketenzäunen umgeben, jede Latte verziert mit der Schwanzfeder eines Weißkopfadlers. Daneben stapeln sich Körbe; deren Menge und Ausstattung hängt vom Wohlstand und Ansehen des Verstorbenen ab. Manchmal werden noch an-

---

38) Da Hyrkania auch „Land der Wölfe" bedeutet (*Varkâna* auf altpersisch, *Gorgan* auf persisch) und man diese Tiere dort für Kriegszwecke abrichtete, wird vielfach die These vertreten, dass es sich nicht um Hunde, sondern um Wölfe gehandelt haben muss, die diesen Totendienst verrichteten, vielleicht sogar um eben jene Kriegswölfe.

39) Schoolcraft's History of Indian Tribes of the U.S., 1853, Pkt. 3, S. 140

40) Die Klamath gehören zur Penuti-Sprachfamilie und sind mit den Modoc verwandt. Sie bezeichnen sich selbst als Waklahs (Leute, Gemeinschaft) und leben im Süden Oregons und Norden Kaliforniens. Erst 1991 wurden sie wieder als eigenständiger Indianerstamm anerkannt.

41) Die Hoopa oder Hupa leben im Nordwesten Kaliforniens und nennen sich selbst *Na-tini-xwe* – „Volk, beiderseits des Weges (Flusses)" Sie sind einer der wenigen Stämme, die noch in ihrem ursprünglichen Siedlungsgebiet leben, das bereits 1864 zum Reservat erklärt wurde. Durch das Hoopa-Tal schlängelt sich der Trinity River, der dem Stamm seinen englischen Namen gab.

derer Zierrat oder Gebrauchsgegenstände darüber aufgehängt. Die Bestattungsriten dauern drei Tage, während derer die Seelen der Toten durch *O-mah-a* oder den Teufel bedroht sind. Um diese Gefahr abzuwenden, brennt ständig ein Feuer am Grab, und die Freunde der Verstorbenen stoßen ein Geheul aus, um den Dämon zu vertreiben. Sollten sie keinen Erfolg zeitigen, so wird die Seele flussabwärts gerissen, unterliegt aber der Erlösung durch das *Peh-ho-wan* oder die Opferung eines großen Messers. Nach Ablauf der drei Tage sind die Seelen in Sicherheit."

Der Autor dankt Dr. Charles E. McChesney, dem stellvertretenden Wundarzt der Armee der Vereinigten Staaten und einem der gewissenhaftesten Beobachter, für folgenden, interessanten Bericht über die Bestattungssitten der Wahpeton und Sisseton[42] des Dakota-Territoriums.

„Wahpeton- und Sisseton-Sioux in Dakota

Die meisten dieser Indianer sind Mitglieder der presbyterianischen Kirche (deren Missionare in den vergangenen vierzig Jahren bei ihnen wirkten). Deshalb lassen sie ihre Toten gemäß den Bräuchen dieser Kirche bestatten. Ihr Einfluss erreicht sogar jene Indianer, die keine Gemeindemitglieder sind, so dass sie nacheinander die traditionellen Bräuche ihres Stammes aufgeben. Nur noch wenige begraben ihre Toten so, wie es noch vor zwanzig Jahren üblich war. Im Folgenden wird eine modernisierte Form der alten Bräuche beschrieben.

Krieger: Man malt dem Toten einen roten Streifen über den Mund oder eine schwarze Handmit dem Daumen auf der einen Seite des Mundes und den voneinander abgespreizten Fingern auf der anderen Wange. Der Rest des Gesichtes wird dann rot gefärbt. Letzteres ist ein Zeichen des Respekts gegenüber einem besonders tapferen Krieger. Speere, Keulen und der Medizinbeutel des Toten gehen mit in sein Grab. Der Medizinbeutel liegt direkt über dem Herzen. Es gab und gibt keine besondere Vorbereitung des Grabes. Zumeist wird der tote Krieger in eine Decke oder ein Stück Stoff gewickelt (häufig auch zusätzlich in eine Kiste gelegt) und dann im zuvor ausgehobenen Grab beerdigt, und zwar immer, wie mir die Mehrheit der Indianer versicherte, mit dem Kopf nach Süden. Im Gegensatz dazu sind mir allerdings viele Gräber bekannt, in denen die Köpfe nach Osten gebettet sind. Natürlich ist es möglich, dass dies Gräber von Indianern waren, die der Kirche angehörten. Einige Informanten teilten mir mit, dass der Kopf manchmal auch nach Westen liege, gemäß

---

42) Die Wahpeton und Sisseton gehören zu den *Isanti* oder Santee Dakota der Sioux-Sprachfamilie. Ursprünglich lebten sie westlich der Großen Seen, zogen später aber nach Süden und Westen. Sioux ist eine Verkürzung des französischen *Nadouessioux*, einem Algonkinwort, welches „Kleine Schlangen" bedeutet. Sich selbst nannten die Sioux je nach Dialekt *Dakota*, *Nakota* oder *Lakota*, was „Verbündete" bedeutet. Der Nakota-Dialekt ist heute so gut wie ausgestorben. Die Sisseton-Wahpeton Oyate pflegten enge Beziehungen zu den benachbarten Algonkinstämmen und bildeten das Verbindungsglied zwischen Waldland- und Präriekultur. Sie lebten in Langhäusern und Wigwams, den berühmten Stangenzelten, die im Gegensatz zu den Tipis aber zumeist Kuppeldächer aufwiesen und mit Matten anstatt mit Lederhäuten verkleidet waren. Heute leben sie in der Lake Traverse Reservation im Nordosten Süddakotas.

dem Glauben des Verstorbenen, dies sei die Richtung, aus der seine Medizin ihn im Leben anleitete, und ich persönlich bin durchaus geneigt, dem Glauben zu schenken. In jedem Fall traf auf alle Begräbnisse zu, dass die Verstorbenen, die eines natürlichen Todes starben beziehungsweise keinem Mord zum Opfer fielen, mit dem Gesicht nach oben bestattet wurden. Wird ein Mann oder eine Frau von jemandem aus dem eigenen Stamm ermordet, so wird der Leichnam mit dem Gesicht nach unten und dem Kopf nach Süden gebettet und bekommt ein Stück Fett (Speck oder Schweinefleisch) in den Mund. Dies, so wurde mir erklärt, soll den Geist der ermordeten Person daran hindern, das Wild aus dem Stammesgebiet zu vertreiben oder zu verschrecken. Jene, die ihre Verstorbenen immer mit dem Kopf nach Süden bestatten, tun dies, damit der Geist des Toten in den Süden eingeht, das Land, aus dem sie ursprünglich kamen.

Frauen und Kinder: Oft schon vor dem Tod wird der sterbenden Person das Gesicht rot gefärbt; anderenfalls geschieht es unmittelbar nach dem Ableben. Sodann wird der Leichnam in das vorbereitete Grab gelegt, und ähnlich wie bei den Kriegern, werden hier statt der Waffen Kochgerätschaften mit in das Grab gegeben. Werden Kinder bestattet, so stellt man ihnen manchmal einen Topf mit gekochtem Essen an das Kopfende, nachdem der Körper bedeckt ist. War der Verstorbene ein Junge, so versammeln sich alle Jungen in seinem Alter und nehmen von dem Essen zu sich; bei einem Mädchen kommen stattdessen die Mädchen gleichen Alters zusammen. Dies hat sich zwar nicht als Brauch durchgesetzt, findet aber dennoch manchmal auch an den Gräbern von Kriegern und Frauen statt.

Einäscherung wurde bei diesen Indianern niemals praktiziert. Bis heute ist es bei ihnen Brauch, eine Haarlocke vom Haupt eines Kriegers oder von der linken Kopfseite einer Frau zu nehmen, die nahe Verwandte sorgfältig verwahren, indem sie sie in Musselin oder Baumwolltuch wickeln und dann im Heim der Verstorbenen aufhängen und als Geist dieser toten Person ansehen. An diesem Haarbüschel ist ein Zinnbecher oder anderes Gefäß angebracht, und in dieses wird etwas Nahrung für den Geist des oder der Verstorbenen gegeben. Wann immer aber Außenstehende zur Essenszeit anwesend sind, darf diese Nahrung nicht verderben. Wird sie nicht von den Fremden verzehrt, denen sie angeboten wurde, so essen die Bewohner der Hütte sie selbst. Sie scheinen sich große Mühe zu geben, dem Geist des Verstorbenen gefällig zu sein, da sie glauben, damit Glück in ihre Familien zu tragen. Bei den Männern herrscht ferner der Brauch, beim Pfeife rauchen diese auch dem Geist anzubieten. Dabei bitten sie ihn, ihnen einen Gefallen zu tun, sie in ihrer Arbeit oder bei der Jagd zu unterstützen und dergleichen mehr.

Zu Ehren des Haarbüschels, das den Geist des Verstorbenen enthält, wird auch ein Fest gefeiert, das die Freunde des Toten veranstalten. Dieses Fest kann jederzeit stattfinden und wird gewöhnlich einmal im Jahr gefeiert. Die Freunde des Verstorbenen können beim ersten Fest auch eine besondere Zeit vereinbaren, etwa wenn die Blätter fallen oder das Gras wieder sprießt[43]. Das Büschel darf niemals die Hüt-

---

43) *Anm. d. amerikanischen Herausgebers:* Mir fiel auf, dass heutzutage (1988) die Festlegung dieser Feste bei diesen Stämmen sehr viel strukturierter abläuft: Über einen Verlauf von vier Jahren wird jedes Jahr am Todestag des Verstorbenen ein Totenfest abgehalten. Während dieser vierjährigen ausge-

te der Freunde des Verstorbenen verlassen, außer, um mit einem von ihnen begraben zu werden. Der größte Teil des Besitzes des Toten wird mit ihm begraben, wobei ein Teil unter den Leichnam, der andere darüber abgelegt wird. Auf den Gräbern von Kriegern werden manchmal noch Pferde geopfert, doch dieser Brauch geht angesichts des Wertes eines Ponys langsam aber sicher zurück. Heutzutage werden die Tiere eher vor dem Tod des Kriegers weitergegeben oder nach dem Tode von den Hinterbliebenen verteilt. Vor vielen Jahren war es noch Brauch, eines oder sogar mehrere Ponys am Grab zu töten. Ist ein Indianer sehr wohlhabend, so dient auch heute noch nur ein geringer Teil seines Besitzes als Grabbeigabe, sondern bildet die Grundlage für ein später näher beschriebenes Fest. Nahrung wird nicht mit in das Grab gegeben, ab und an aber am Kopfende abgestellt, wo sie die Freunde des Verstorbenen verzehren. Dieser Brauch war noch vor zwanzig Jahren verbreitet und wird noch heute mehr oder minder genau befolgt. Eine Ausnahme bilden die strikten Kirchenanhänger und die wenigen Familien, die unverändert an den althergebrachten Bräuchen festhalten.

Vor dem Jahre 1860 war es noch üblich und durch die von Generation zu Generation vererbten Traditionen festgelegt, die Verstorbenen Indianer auf einem Baum oder einem Gerüst zu bestatten. Erdbestattungen galten in jenen Tagen als Mangel an Respekt gegenüber dem Toten, der vor allem Ermordete traf. Diese wurden mit dem Gesicht *nach unten*, dem Kopf *nach Süde*n und mit einem Stück Fett im Mund begraben. Die Plattform für den Verstorbenen bestand aus vier hohen gegabelten Pfosten, die man fest in der Erde verankerte. Sie wurden durch Querbalken verbunden, über welche Bretter gelegt wurden, sofern diese zur Verfügung standen, und Stöcke,

---

dehnten Trauerzeit wird ein großer Anteil des Familieneinkommens für Geschenke ausgegeben. Am vierten Jahrestag werden Freunde, Verwandte und Mitglieder dann zu einem „Give away", einem Geschenkefest, eingeladen, bei dem der angesammelte Reichtum unter allen verteilt wird.

Bei den Winnebago-Stämmen in Wisconsin und Nebraska dauert die Trauerzeit ein Jahr an, während derer die unmittelbare Familie alles aufbringt, um Geschenke zu sammeln, die am Jahrestag des Todes ebenfalls bei einem „Give away" verteilt werden.

Abwandlungen des „Give away" und der Trauerzeiten finden sich heutzutage bei fast allen Plains-Indianern.

Anm. der Übersetzerin: Die Winnebago oder Ho-Chunk, bzw. *Hotchangara* (Eigenbezeichnung „Volk der richtigen Sprache") gehören zur Sioux-Sprachfamilie und lebten ursprünglich am Michigansee im nordöstlichen Waldland Wisconsins in einer Enklave unter ansonsten nur Algonkin sprechenden Völkern. Sie wohnten in Wigwams, von ihnen Chipoteke genannt, die mit Birkenrinde verkleidet waren. Aus demselben Werkstoff bauten sie auch Kanus. Die Frauen sammelten Wildpflanzen, Beeren, Saatkörner und den Wilden Reis und bauten Mais, Bohnen und Kürbis an. Die Männer bauten Tabak an, jagten Wild, Waldbison und Stör. Im Spätherbst zogen die Familien entlang der Flussläufe, um Pelztiere zu erlegen, die zusammen mit Blaubeeren und Cranberries ihr wichtigstes Handelsgut darstellten. Ihre Gesellschaftsform bestand aus patrilinearen Clans mit Tiertotems, von denen jeder eine reichhaltige Mythologie, Geheimkulte, zeremonielle Tänze, Lieder und Riten pflegte. Darüber hinaus waren jedem Clan bestimmte Verwaltungsaufgaben anvertraut wie die Organisation von Jagd- und Kriegszügen, die Bestrafung bei Missachtung der Gesetze, die Wahrung des Friedens etc. Sie waren mit ihren Nachbarn, den Sauk und Fox, verbündet. Auch die Winnebagos litten stark unter den drei Pocken-Epidemien und Kämpfen mit verfeindeten Algonkin-Stämmen. 1863 veranlasste die US-Regierung eine Zwangsumsiedlung nach Missouri, weil sie an einem Aufstand beteiligt waren. Hinzu kam die Zwangsunterbringung der Indianerkinder in christlichen Internaten und bei Adoptivfamilien, wo sie ihrer Wurzeln beraubt wurden. Die beiden heutzutage anerkannten beiden Winnebago-Stämme leben 600 Kilometer voneinander getrennt in Nebraska und Wisconsin.

um dem Körper eine feste Unterlage zugeben. Diese Plattform befand sich etwa einen Meter achtzig bis zwei Meter hoch über dem Boden und trug nie mehr als einen Toten, auch wenn sie genügend Raum für zwei oder drei Verstorbene geboten hätte. Auf Plattformen oder in den Astgabeln von Bäumen Bestattete lagen immer mit dem Kopf nach Süden, der Körper war in Decken oder Stoffbahnen gewickelt und sicher verschnürt, und viele persönlichen Gegenstände wurden mit bestattet. Bei Kriegern legte man Bogen und Pfeile und dergleichen neben dem Leichnam ab, da man glaubte, der Tote brauche diese Dinge auch in der nächsten Welt.

Oft wurde mir erzählt, früher hätten manche Gruppen den Leichnam eines nahen, hoch geachteten Verwandten auf ihren Wanderungen mit sich geführt - manchmal zwei bis drei Jahre, ehe er bestattet wurde. Da einige über keinerlei Kenntnisse dieses Brauchs verfügten, scheint dies jedoch nicht der üblichen Sitte entsprochen zu haben. In den letzten Jahren wurde dies nur mehr praktiziert, wenn eine Person weit von ihrem Zuhause entfernt starb. In diesem Fall ist es noch üblich, dass Freunde den Toten zur Bestattung nach Hause bringen.

Die *Trauerrituale* verliefen vor dem Jahre 1860 wie folgt: Nach dem Tode eines Kriegers versammelte sich das ganze Lager oder der Stamm in einem Kreis. Nachdem die Witwe sich mit einem Flintmesser an Armen, Beinen und Körper Schnitte zugefügt und das Haar abgeschoren hatte, ging sie den Kreis ab, so oft sie es wünschte,. Allerdings wurde jede Runde als Schwur gewertet, ein weiteres Jahr nicht zu heiraten; sie konnte also erst dann wieder eine neue Ehe eingehen, wenn die entsprechende Zahl an Jahren verstrichen war. Die ganze Zeit über klagte und jammerte die Witwe. Nach Beendigung dieses Rituals trugen die Freunde des Verstorbenen seine sterblichen Überreste unter unablässigem Klagen zu dem Gerüst oder dem Baum, wo er seine letzte Ruhestätte finden sollte. Nach der Bestattung blieben sie dort stehen und verliehen ihrer Trauer weiterhin Ausdruck. Die Frauen verletzten sich mit scharfem Flint Arme und Beine und schnitten sich die Haare ab; die Männer spitzten schmale Stöcke zu und trieben sie durch die Haut von Armen und Beinen. Männer wie Frauen klagten einen ganzen Tag lang, die nahen Verwandten des Verstorbenen führten die Totenklage noch mehrere Tage weiter fort. Möglichst bald danach machten sich die befreundeten Krieger des Toten zu einem verfeindeten Stamm auf und töteten einen oder auch mehrere seiner Mitglieder. Die Skalps wurden den Verwandten des Verstorbenen präsentiert, und damit endete deren Trauerzeit, da der Verstorbene nun als ausreichend gerächt galt. Dies ist allerdings viele Jahre her, als ihre Feinde sich noch in erreichbarer Nähe befanden, zum Beispiel die Chippewa[44] und

---

44) Die Anishinabe („Das erste Volk", auch Ojibwa oder Chippewa) gehören zur Algonkin-Sprachgruppe. Diese ist mit jener der Ottawa-Indianer nahe verwandt. Ihr traditionelles Siedlungsgebiet erstreckt sich über Kanada und die nördlichen USA.

die Arikaree[45], die Gros Ventre[46] und die Mandan[47]. Sterben Frauen und Kinder, so schneiden sich die Squaws die Haare ab, fügen sich mit Flint Schnittwunden zu, spitzen Stöckchen an und treiben sie durch die Haut ihrer Arme und Beine. Dabei wehklagen sie, als handele es sich um einen Krieger.

Früher beging eine Squaw manchmal Selbstmord, wenn ein geliebtes Kind starb, indem sie sich mit einem Lasso an einem Baum erhängte. Dies kann jedoch kein verbreitetes Verhalten gewesen sein, auch wenn die alten Männer derartige Vorkommnisse berichten und einige erst in den letzten Jahren geschahen. Vor dem Minnesota-Ausbruch war dieser Brauch durchaus üblich; seither ist er aber immer mehr zurückgegangen und mittlerweile nur noch bei einer Familie feststellbar. Sie ist als die Sieben Brüder bekannt und scheint als einzige alle alten Bräuche ihres Stammes zu bewahren. Derzeit zeigen die Squaws ihre Trauer, indem sie sich Schnitte an den Beinen zufügen, ihre Haare abschneiden und am Grab der Verstorbenen weinen und klagen. Die Männer färben sich zudem die Gesichter, martern sich aber nicht mehr, indem sie sich Stöcke durch Arme und Beine treiben. Das Ritzen und Bemalen findet manchmal vor und manches Mal erst nach der Bestattung statt. Mir fiel darüber hinaus auf, dass die Frauen dieser Stämme die Bräuche der Weißen insoweit angenommen haben, dass sie sich für eine gewisse Zeit schwarz kleiden. Während der Trauerzeit waschen sich diese Indianer niemals das Gesicht, kämmen sich nicht die Haare und lachen auch nicht. Diese Bräuche werden unterschiedlich streng beachtet, aber nur noch selten mit der Aufmerksamkeit für das Detail, die den Indianern vor Ankunft der Weißen zu eigen war. Permanente Verstümmelung als Ausdruck von Trauer wird überhaupt nicht mehr praktiziert. Das Abtrennen eines oder mehrerer Glieder eines Fingers, das bei den Minitari[48] von Fort Berthold im Dakota Reservat gewöhnlich zu beobachten ist, findet hier nicht statt, wiewohl mir die alten Männer

---

45) Die Arikaree („gehörnter Elch" oder auch Arikara) sind Teil der Caddo-Sprachfamilie. Sie siedelten um 1800 am Missouri River zwischen dem Cheyenne River Süddakotas und Fort Berthold in Norddakota. Die Arikaree waren ursprünglich mit den Pawnee verwandt. Sie bauten Mais, Bohnen, Kürbis, Tabak und Sonnenblumen an, die sie gegen Fleisch und Büffelhäute tauschten.

46) Die Gros Ventre gehören zur Algonkin-Sprachfamilie des nördlichen Montana. Heute teilen sie sich ein Reservat mit ihren ehemaligen Feinden, den Assiniboine. Der Name Gros Ventre („Fetter Bauch") geht auf die Franzosen zurück, die ihre Zeichensprache falsch verstanden. Sie selbst nannten sich *A'ani* oder *A'nini*, „Volk der weißen Kreide". Bei den Blackfoot hießen sie *Atsina*, „Mutiges Volk", und bei den Arapaho *Hitunena*, „Bettler".

47) Die einstmals halbnomadischen Mandan sind Mitglieder der Sioux-Sprachfamilie. Sie lebten ursprünglich im Tal des Ohio, siedelten um 1800 aber am Missouri und den beiden Nebenflüssen Heart und Knife River. 1838 starben die meisten von ihnen an einer Pockenepidemie. 1934 schlossen sie sich mit den Arikara und Hidatsa zusammen und bildeten die *Three Affiliated Tribes* („die drei verbundenen Stämme"). Fünfzig Prozent von ihnen leben heute im Fort Berthold Reservat Norddakotas, die andere Hälfte verstreut in den USA und Kanada.

48) Die Minitari, auch Hidatsa oder Gros Ventre, gehören zur Sioux-Sprachfamilie und lebten am oberen Missouri, wo das sesshafte Volk Mais, Bohnen, Kürbis und Tabak anbaute. Sie besaßen altersgebundene Kriegerbünde, das Erbrecht lief allerdings über die mütterliche Linie. Wie bei anderen Präriestämmen war der Sonnentanz mit seiner Selbstfolterung die wichtigste Zeremonie. Durch die Pocken stark dezimiert und von den Dakota bedrängt, schlossen sie sich in der Fort-Berthold-Reservation mit den Mandan und Arikara zusammen. Die Volkszählung aus dem Jahr 2000 ergab 624 Stammesangehörige der Hidatsa.

berichteten, dass es unter den Frauen einstmals den Brauch gab, sich bei der Bestattung ihres Ehemannes ein Fingerglied abzutrennen und es über dem Leichnam in den Baum zu hängen. Ich habe bei den heutigen Indianern bisher allerdings kein Beispiel hierfür festgestellt, und ich denke, dass dieser Brauch schon vor mehr als siebzig Jahren ausstarb.

Eine Trauerzeit gibt es nicht, und soweit mir bekannt ist, gab es sie auch nie. Allerdings scheint es wie auch bei manchen Weißen vorzukommen, dass eine Bemerkung oder eine Begebenheit Trauer wachruft. Es ist nicht ungewöhnlich, einen Mann oder eine Frau klagend rufen zu hören „Oh, mein armer Ehemann!" oder „Oh, meine arme Frau!" oder auch „Oh, mein armes Kind!". Auf meine Nachfrage hin erklären sie mir dann, dass die Betrauerten schon vor Jahren starben. Ich habe bereits an anderer Stelle gesagt, dass in manchen Fällen der größte Teil des persönlichen Besitzes nicht mit ins Grab gegeben wird, sondern Grundlage für ein großes Glücksspiel wird. Ich beende daher meinen Bericht über die Bestattungssitten dieser Indianer mit einem Bericht über dieses, wie sie es nennen, ‚Geisterspiel'."

Der Bericht über dieses Glücksspiel findet sich in dieser Studie an anderer Stelle.

Als Veranschaulichung der Vorbereitung eines toten Indianerkriegers auf seine Bestattung soll hier Schillers wunderbare Nadowessische Totenklage dienen, die der Autor der Freundlichkeit von Mr. Benjamin Drew aus Washington D.C. verdankt:

Seht, da sitzt er auf der Matte,
Aufrecht sitzt er da,
Mit dem Anstand, den er hatte,
Als er's Licht noch sah.

Doch wo ist die Kraft der Fäuste,
Wo des Atems Hauch,
Der noch jüngst zum großen Geiste
Blies der Pfeife Rauch?

Wo die Augen, falkenhelle,
Die des Renntiers Spur
Zählten auf des Grases Welle,
Auf dem Tau der Flur?

Diese Schenkel, die behänder
Flohen durch den Schnee,
Als der Hirsch, der Zwanzigender
Als des Berges Reh?

Diese Arme, die den Bogen
Spannten streng und straff?
Seht, das Leben ist entflogen!
Seht, sie hängen schlaff!

Wohl ihm, er ist hingegangen,
Wo kein Schnee mehr ist,
Wo mit Mais die Felder prangen,
Der von selber sprießt,

Wo mit Vögel alle Sträuche,
Wo der Wald mit Wild,
Wo mit Fischen alle Teiche
Lustig sind gefüllt.

Mit den Geistern speist er droben,
Ließ uns hier allein,
Daß wir seine Taten loben
Und ihn scharren ein.

Bringet her die letzten Gaben,
Stimmt die Totenklag'!
Alles sei mit ihm begraben,
Was ihn freuen mag.

Legt ihm unter's Haupt die Beile,
Die er tapfer schwang,
Auch des Bären fette Keule,
Denn der Weg ist lang;

Auch das Messer, scharf geschliffen,
Das vom Feindeskopf
Rasch mit drei geschickten Griffen
Schälte Haut und Schopf,

Farben auch, den Leib zu malen,
Steckt ihm in die Hand,
Daß er rötlich möge strahlen
In der Seelen Land.

Die Bestattung des Leichnams mit dem Gesicht nach oben, wie bei Dr. McChesney beschrieben, ist, obwohl bei den meisten Indianerstämmen durchaus üblich, dennoch keine unverrückbare Regel, denn der Autor entdeckte auf einem Friedhof, der zu einem alten Pueblo im Charma-Tal nahe Abiquiu in Neumexiko gehörte, eine ganze Anzahl von Körpern, die alle mit dem Gesicht nach unten im Grab lagen.

Der folgende Bericht erschien ursprünglich in Field and Forest, 1877, Band iii, Nummer 1, Seite 9:

„Auf jeder Seite der Stadt bemerkten wir zwei Arroyos oder ausgewaschene Gräben, keine zehn Meter von den Mauern entfernt. Ihre sorgfältige Untersuchung offenbarte die Objekte unserer Suche. Am Boden der Arroyos, die sich mit Sicherheit erst nach Verlassen der Siedlung gebildet haben, fanden wir menschliche Überreste. Als wir daraufhin die Wände des Grabens untersuchten, fanden wir zu unserer großen Freude mehrere Skelette in situ. Das erste befand sich im östlichen Arroyo, das Grab lag fast zwei Meter unter der Oberfläche der Mesa. Der Leichnam wurde mit dem Gesicht nach unten ins Grab gelegt, der Kopf war nach Süden ausgerichtet. Etwa siebzig Zentimeter über dem Skelett fanden sich zwei glänzende schwarze Tongefäße, die immer noch Reste von Holzkohle, Knochen von Säugetieren und Vögeln sowie Maisreste enthielten. Oberhalb dieser *ollas*[49] war die Erde bis zur Oberfläche voller Holzkohle. Zweifellos dienten die Reste in den Tongefäßen vor der Beerdigung als Totenschmaus. Wir untersuchten dieses Grab sehr sorgfältig in der Hoffnung, auf Gerätschaften, Zierrat oder Wappen zu stoßen, aber unsere Suche blieb fruchtlos. In sämtlichen untersuchten Gräbern dieser Arroyos befanden sich die Toten in derselben Position und unter ähnlichen Bedingungen. Mehrere der Skelette waren Kinder. Leider fand sich nichts, um auf das mögliche Alter dieser Beerdigungen zu schließen. Die hier noch lebenden Indianer meinen, sie stammen aus der Zeit, als ihre Vorfahren zusammen mit Montezuma aus dem Norden hierher kamen."

Die Coyotero-Apachen[50] scheinen, so Dr. W. J. Hoffman[51], von dem Wunsch beseelt zu sein, sich bei der Entledigung ihrer Toten unnötigen Aufwand zu ersparen, und richten die Verstorbenen und das Grab daher in der folgenden Art und Weise her:
„Sterben Mitglieder ihres Stammes, so wickeln die Coyoteros ihre Toten teilweise in Decken und legen sie in einer Vertiefung ab, die nach Entfernen eines Felsbrockens oder einer Baumwurzel entsteht. Nachdem der Körper in den kleinstmöglichen Raum gezwängt wurde, werden der Fels oder die Wurzel darüber wieder in die ursprüngliche Position gebracht und das Ganze mit Steinen befestigt, um Kojoten abzuwehren. Die nächsten Verwandten halten gewöhnlich eine Trauerzeit von einem Monat ein. Während dieser Periode brechen sie in Abständen immer wieder in düsteres Wehklagen aus, das offensichtlich ehrlichen Empfindungen entspringt. Während der Tagesstunden wird diese Pflicht des Öfteren vernachlässigt oder vergessen. Sobald die Trauernden aber auf ihre Pflichten aufmerksam gemacht werden, stimmen sie ihr Wehklagen mit offenkundiger Anteilnahme wieder an. Dieser Brauch, dreißig Tage zu trauern, stimmt mit den Beobachtungen überein, die bei den Natchez[52] gemacht wurden."

---

49) Keramik- oder Tontopf zum Kochen.

50) Die Westlichen Apachen, abwertend als Coyoteros („Kojotenfresser") oder Garroteros („Keulenmänner") bezeichnet, siedelten im zentralen und östlichen Arizona. Da sie Kriegszügen nie abgeneigt waren, lagen sie mit allen benachbarten Stämmen, auch verwandten Apachengruppen, ständig im Streit. General George Crook besiegte sie 1875. Danach waren alle Apachen gezwungen, friedlich in der San-Carlos- und der White-Mountain-Reservation zusammen zu leben. Ihre Muttersprache ist nach wie vor lebendig und wird von über 10.000 Menschen gesprochen

51) U.S. Geological Survey of the Territories, 1876, S. 473

52) Natchez ist eine Verkürzung der Choctaw-Bezeichnung *Nahni-Sakti Chata* („Krieger der hohen Klippe"). Der Stamm gehört zur Muskogee-Sprachfamilie und der Mississippi-Kultur. Die Natchez bauten Pyramiden und nannten ihren obersten Anführer „Die große Sonne". Im 18. Jahrhundert zählte dieses Volk etwa 22.000 Menschen. Durch Seuchen und vier verlorene Kriege gegen die Franzosen ging

Diesen rohen Bestattungssitten ähnelt die Beschreibung über das Leben von Moses van Campen[53], die sich auf die Indianer beziehen, die früher Pennsylvania bewohnten:

„Direkt danach gehen die Indianer dazu über, die im Kampf Gefallenen zu begraben. Dieses geschieht, indem sie einen alten Holzklotz beiseite schieben, den Leichnam in die so entstandene flache Senke legen und mit etwas Erde bedecken."

Erdbestattung im Kanu

Ein etwas seltsames, um nicht zu sagen außergewöhnliches, Begräbnis gibt der folgende Bericht wieder, der sich auf die Indianer des Staates New York bezieht und von Franklin B. Hough eingereicht wurde. Dieser entnahm ihn einem nicht publizierten Tagebuch von 1794, das Händler einer französischen Handelsgesellschaft führten:

„(Wir) sahen indianische Gräber auf dem Plateau von Independence Rock. Die Indianer schlagen einen Pfosten rechts am Kopfe des Verstorbenen ein und beerdigen diesen in einem Rindenkanu. Ihre Kinder suchen alljährlich das Grab auf und legen dort, wo ihre Väter begraben sind, Vorräte ab. Eines der Gräber war eingesunken; wir erkannten in der Erde einige Stöcke zum Strecken von Häuten, die Reste eines Kanus und anderes mehr, sowie die zwei Seile, mit denen das Boot getragen wurde. Unweit des Kopfes fanden sich Spuren eines Feuers, das sie für die Seele des Dahingeschiedenen entfachten, auf dass er sich daran wärmen und an der dort niedergelegten Nahrung erfrischen könne.

Es handelte sich hierbei womöglich um Messasauga-Indianer[54], die damals die Gegend um den Ontariosee bewohnten, wiewohl sie eher als Eindringlinge anzusehen sind, da hier zuvor die Oneida[55] lebten."

Es lässt sich nicht abstreiten, dass die Verwendung von Kanus als Särgen gelegentlich beobachtet wurde. Der Autor entnahm 1875 einem Grab im kalifornischen Santa Bar-

---

ihre Kultur unter. Die Überlebenden gingen in den benachbarten Stämmen wie den Muskogee, Chickasaw und Choctaw auf. Heute existieren noch ungefähr 5.000 von ihnen.

53) Life and Adventures of Moses van Campen, 1841, S. 252
Major Moses van Campen, geboren 1757 in New Jersey, verbrachte als Junge viel Zeit mit befreundeten Indianern, kämpfte im Unabhängigkeitskrieg gegen die Engländer, wurde mehrfach gefangen genommen und bei verfeindeten Stämmen, besonders den Mohawk, zu einem gefürchteten und geehrten Gegner. Er starb 1849 im Alter von 92 Jahren.

54) Dieser Name wurde den Haudenosaunee, dem Volk des langen Hauses, von ihren Feinden, den Algonkin, verliehen: Iroqu, Klapperschlange. Die Franzosen machten daraus die Iroquois, die Irokesen. Sie sind als die Fünf bzw. Sechs Nationen bekannt, die sprachlich eng verwandt waren. Die meisten der heutigen 75.000 Irokesen leben in Ontario und im Staat New York, andere in Wisconsin, Oklahoma und Québec. Nur noch 2.000 von ihnen sprechen ihre Muttersprache.

55) Auch die matrilinear organisierten Oneida gehören zu den Irokesen. Sie waren Nachbarn der Mohawk und Onondaga. Vor Ankunft der Weißen galten sie als reichster Stamm Nordamerikas, der über 25.000 km² bewohnte, die nach der Unabhängigkeitserklärung auf knapp 1.000 km² zusammenschrumpften.

bara ein vollständiges Skelett, das in einem Redwood-Kanu gefunden wurde. Allerdings geht man davon aus, dass der Tote ein anerkannter Fischer war, insbesondere, da die Gerätschaften seines Berufes – Netze, Fischspeere, etc. – bei ihm lagen und sein Begräbnis damit nur eine Bestätigung des tief verwurzelten Glaubens aller Indianer ist, dass der Geist in der jenseitigen Welt dieselben Gegenstände verwendet wie einst in der hiesigen. Es sollte noch hinzugefügt werden, dass sich unter den vielen hundert Gräbern von Santa Barbara kein weiteres wie das oben beschriebene fand.

Laut Bancroft ist das Kanubegräbnis unter den Indianer der mittelamerikanischen Moskitoküste[56] eine übliche Begräbnisform.

---

56) Die *costa de los mosquitos* („Moskitoküste"), eigentlich aber Miskitoküste nach dem dort lebenden Volk der Miskito, bezeichnete vor allem einen schmalen Karibikküstenstreifen Nicaraguas. Für manche Autoren umschloss der Begriff allerdings die gesamte Ostküste Nicaraguas und zum Teil sogar La Mosquitia, das heutige Nord-Honduras.

Steingräber

Diese sind von höchstem Interesse, nicht nur aufgrund ihres Seltenheitswertes, von bestimmten Gebieten einmal abgesehen, sondern vor allem aufgrund der deutlich ins Auge fallenden Sorgfalt, die die Überlebenden an den Tag legten, um eine ihren Ansprüchen genügende angemessene Begräbnisstätte zu schaffen. Durch die sorgfältige Konstruktion, welche verhinderte, dass der Leichnam mit der bloßen Erde in Kontakt kam, ähneln sie der zuvor beschriebenen Gräberklasse.

Eine ganze Anzahl von Steinkisten wurde in Tennessee gefunden, die Moses Fiske[57] wie folgt beschreibt:

„Im Westen Tennessees finden sich viele Friedhöfe mit ordentlichen Gräbern. Sie heben sie etwa zwei Meter fünfzig bis drei Meter tief aus, legen die Böden mit Steinplatten aus und verkleiden auch die Wände mit Steinen. Auf diese Art konstruieren sie einen Steinsarg, den sie nach Ablegen des Leichnams mit Erde bedecken."

Hier sollte vielleicht angemerkt werden, dass der Autor 1873 bei der Öffnung einiger Männergräber aus der Rentier-Periode[58] nahe dem französischen Solutre assistierte. Sie sind in ihrer Konstruktion fast identisch mit denjenigen, die Mr. Fiske beschreibt, mit der einzigen Ausnahme, das letztere tiefer liegen. Dies lässt sich unter Umständen aber auch darauf zurückführen, dass sich in den vielen Jahrhunderten seit der Bestattung sehr viel Erdreich dort abgelagert haben kann. Viele der Gräber, die der Autor 1875 in Santa Barbara erforschte, ähnelten mit ihren verkleideten Böden und Seitenwänden Steinkistengräbern, allerdings wurde das Grab über den Verstorbenen nicht mit Steinen geschlossen.

Der nächste Bericht stammt von Major J. W. Powell und ist das Ergebnis seiner Beobachtungen in Tennessee:

„Die Bestattungsplätze oder Friedhöfe sind im gesamten Bundesstaat überreichlich vorhanden. Oftmals finden sich Hunderte von Gräbern in einem einzigen Hang. Dieselben Menschen bestatteten ihre Toten manchmal auch in verstreuten Gräbern und Erdhügeln. Letztere bestehen aus einer großen Anzahl von Steinkistengräbern. Durch zusätzliche Bestattungen steigt die Anzahl immer wieder an. Diese finden über oder neben den bereits vorhandenen Gräbern statt. Bei den frühesten Bestattungen lässt sich eine konzentrische Vorgehensweise erkennen, bei der die Füße der Toten in die Mitte weisen; später hinzugekommene Gräber sind uneinheitlicher angelegt, und schließlich wurde dieses System ganz aufgegeben und der Ort zum allgemeinen Friedhof.

---

57) Transactions and Collections of the American Antiquarian Society, 1820, Band i. S. 302

58) Bis 1880 unterteilte man die Steinzeit in die Flusspferd-, die Höhlenbären- und Mammut- sowie in die Rentier-Periode. Letztere entspricht in der seit 1880 gültigen Aufteilung dem neolithischen Solutré-en, das auf das Aurignacien folgt und Vorläufer des Magdalénien ist. Geologisch entsprechen diese Phasen der ausgehenden Eiszeit.

Einige weitere Besonderheiten sind hier von Interesse. Viele Bestattungen weisen darauf hin, dass die Leichname vor der Verwesung begraben wurden, während sich in sehr vielen anderen Gräbern eine Ansammlung von Knochen befand. Manchmal sind diese Knochen um den Schädel herum angeordnet, dann wiederum finden sich ungeordnete Haufen, als hätte jemand lediglich einen Sack Knochen achtlos ausgeschüttet. Bei den Männern finden sich gewöhnlich Pfeifen, Steinhämmer, Messer, Pfeilspitzen und anderes mehr; bei den Frauen Töpferwaren, primitive Perlen, Muscheln und ähnliches, bei den Kindern Tonspielzeuge, Perlen, schöne Kieselsteine usw.

In manchen der späteren Begräbnisse wurde die Seitensteinwand eines vorhergehenden Begräbnisses als Wand einer neuen Steinkiste genutzt. Alle diese Steinkisten waren mit Steinplatten abgedeckt."

Dr. Jones fügte seinem Band, den das Smithsonian Institute veröffentlichte, einen ausnehmend interessanten Bericht über die Steingräber in Tennessee bei. Auf diese wertvolle Arbeit[59] sei der Leser für eine detailliertere Wiedergabe dieser Bestattungssitte verwiesen.

G. K. Gilbert vom United States Geological Survey informiert den Autor darüber, dass er 1878 ein Gespräch mit einem alten Moqui-Häuptling[60] über ihre Bestattungssitten hielt und berichtet dazu folgendes:

„Der Leichnam wird in einer Ruhestatt, errichtet aus Steinplatten oder Holz, in Hockerhaltung positioniert. Die Hände liegen auf den Knien und halten einen Stab (mit dem Toten werden bestimmte Gegenstände begraben). Sie glauben daran, dass die Seele den Weg aus dem Grab findet, indem sie den Stab hinaufklettert, der auch nach der Verfüllung ein Stück aus dem Grab herausragt."

Die Indianer am Saline River in Illinois legen ihre Toten laut George Escoll Sellers[61] ebenfalls in Steinkisten ab, die wie folgt beschrieben werden:

„Oberhalb dieses Steilhanges, wo der Felsensporn eine Neigung von etwa dreißig Grad aufweist, wurden Terrassen angelegt, und diese wie auch der Scheitel des Sporns wurden als Friedhof genutzt. Teile der Terrassen sind unversehrt, und alle Bestattungen scheinen in groben Steinkisten stattgefunden zu haben, die in der Größe zwischen fünfzig Zentimetern mal ein Meter und sechzig Zentimetern mal ein Meter zwanzig schwanken und fünfzig bis siebzig Zentimeter tief angelegt sind. Sie bestehen gemeinhin aus dünn ausgelegtem, grob behauenem Sandstein, wiewohl einige von ihnen mit großer Sorgfalt bearbeitet wurden, was besonders auf den Deckstein zutrifft. Der Hang unterhalb der Terrassen war mit diesen Decksteinen übersät, die

---

59) Antiquities of Tennessee, Smithsonian, 1876, S. 1-82.

60) Die Hopi, früher auch Moki oder Moqui genannt, bilden die westlichste Gruppe der Pueblo-Indianer. Sie leben im Nordosten Arizonas mitten im Reservat der Diné oder Navajo in Siedlungen aus den typischen terrassierten Pueblowürfeln aus Stein und Lehmziegeln, die bis zu fünf Stockwerke hoch werden. Diese legten sie zumeist auf den Hochebenen der Mesas an. Sie bauten Mais und Tabak an und waren für ihre Töpfer- und Webwaren bekannt. Heute besteht die Hopi-Nation aus eng verbundenen Gemeinschaften, die aber durchaus verschiedene Sprachen sprechen.

61) Popular Science Monthly, Sept. 1877, S. 577.

mit fortschreitender Erosion der Terrassen herausgewaschen wurden. Viele von ihnen wurden geborgen und als Türschwellen oder Herdsteine verwendet. Ich habe viele dieser Steinkisten geöffnet. Fast alle enthielten stark verweste menschliche Überreste; es gelang mir kein einziges Mal, einen unversehrten Schädel zu bergen. Selbst die Tongefäße, die man den Toten mit ins Grab gab, waren zerfallen, die übriggebliebenen Stücke fast genauso weich und zerbrechlich wie die Knochen. Bei einigen der Steinkisten, die ich erforschte, war der Boden mit den Schalen von Süßwassermuscheln ausgekleidet, gewöhnlich aber mit Salzpfannen ausgelegt, die bereits soweit dem Zerfall anheim gefallen waren, dass ihre ursprünglichen Umrisse nicht mehr auszumachen waren. Dies scheint die ehemaligen Bewohner, die jetzt in ihren Gräbern ruhen, schlüssig mit den Herstellern und Nutzern dieser Salzpfannen in Verbindung zu bringen. Die große Anzahl der Gräber und die Qualität der ausgewaschenen Deckplatten verweisen auf eine dichte Bevölkerung oder lange Besiedlung oder auch beides."

W. J. Owsley von Fort Hall in Idaho versorgte den Autor mit einer Beschreibung der Steinkistengräber in Kentucky, die sich insofern von den in anderen Berichten genannten unterscheiden, als sie nur vereinzelt auftreten.

„Ich erinnere mich daran, dass ich als Schuljunge in Kentucky, vor bestimmt fünfundzwanzig Jahren, die sogenannten ‚indianischen Gräber' entdeckte. Jene, die ich näher erforschte, befanden sich in der Nähe eines kleines Baches. Die Toten waren in sitzender oder hockender Stellung beerdigt und, von grob behauenen, flachen Steinen umschlossen, in etwa fünfunddreißig Zentimeter bis ein Meter zwanzig Tiefe begraben. Jene Gräber, die ich mir näher ansah – und meine Untersuchung war nicht unbedingt peinlich genau zu nennen –, schienen vereinzelt zu sein, da sich nicht einmal zwei im selben Umfeld fanden. Wann diese Bestattungen stattgefunden haben könnten, vermochte ich nicht zu bestimmen, dem Anschein nach aber wohl vor fünfzig bis hundert Jahren. Die Knochen, die ich entnahm, erschienen auf den ersten Blick leidlich erhalten, zerfielen aber bei meiner Untersuchung an der Luft, und es gelang mir nicht, einen Fund zu sichern. Gerätschaften oder andere Überbleibsel vermochte ich nicht auszumachen, aber ich hörte von anderen, die entsprechende Funde machten. In Kentucky gibt es eine Anzahl von Plätzen, an denen die Indianer ihre Toten verbrannten und über den Gräbern Hügel anhäuften, aber diese habe ich nie selbst untersucht."

Bancroft[62] zufolge bestatteten die Dorachos[63], ein Stamm des mittelamerikanischen Isthmus, ihre Toten ebenfalls in Steinkisten:

---

62) Oviedo y Valdés, Gonzalo Fernández de, Natural Races of the Pacific States of North America, Band I, S. 780.

63) Die *Dorask*, *Dorasque* oder *Dorachos* gehörten zur aztekischen Sprachfamilie der Chibcha und lebten in Panama.

„In Veragua[64] schufen die Dorachos zwei Arten von Grabstätten, wobei jene für ihre Führer aus flachen Steinen bestanden, die mit großer Sorgfalt angeordnet wurden und in welche man kostspielige Gefäße und Töpfe mit Speisen und Wein für den Toten gab. Spürte unter den weniger Privilegierten jemand das Ende nahen, so gingen sie in die Wälder oder wurden von ihren Frauen, Familien oder Freunden dorthin begleitet. Diese versorgten den Sterbenden mit Gebäck oder Kornähren und einer Kalebasse mit Wasser. Danach überließen sie ihn seinem Schicksal oder den wilden Tieren."

---

64) Veragua ist die drittgrößte Provinz Panamas und grenzt sowohl an den Pazifik wie auch den Atlantik.

Hügelgräber

Da die Thematik der Hügelgräber so umfangreich ist und das Bureau of Ethnology wohl in Kürze einen eigenen Band darüber veröffentlichen wird, erscheint es nicht ratsam, dieses Thema hier ausführlich abzuhandeln. Einige interessante Beispiele sollen jedoch angeführt werden, um künftigen Beobachtern wichtige Hinweise zu geben.

Das erste Beispiel ist deshalb von Interesse, weil es einer Steinkistenbestattung in Kombination mit einem Hügelgrab ähnelt. Der Bericht darüber stammt von Prof. F. W. Putnam, Kurator des Peabody Museum of Archeology in Cambridge. Er überließ ihn der Boston Society of Natural History, die ihn am 15. Oktober 1878 in Band XX ihrer Veröffentlichungen abdruckte:

„... Er ließ sodann verlauten, dass es für die Mitglieder von Interesse sei, in Verbindung mit den von Professor Morse beschriebenen Dolmen in Japan darüber in Kenntnis gesetzt zu werden, dass das Peabody Museum vor vierundzwanzig Stunden eine kleine Sammlung von Gegenständen erhielt, die aus den grob behauenen Dolmen (oder Hünengräbern, wie man sie in England nennen würde) stammen, die Mr. E. Curtiss kürzlich öffnete und zur Zeit für das Peabody Museum erforscht.

Diese Kammergräber befinden sich im Ostteil des Clay County in Missouri und bilden eine große Gruppe auf beiden Seiten des Missouri River. Die Kammern messen bei den dreien, die Mr. Curtiss öffnete, ungefähr zweieinhalb Quadratmeter und sind zwischen einem Meter zwanzig und einem Meter fünfzig hoch. An jede Kammer schließt sich ein Gang an, der mehrere Meter lang und etwa sechzig Zentimeter breit ist. Er führt von der Südseite aus zu einer Öffnung in der Hügelseite. Dieser Hügel entstand dadurch, dass man die Kammer und den Gang mit Erde bedeckte. Die Wände der Kammern sind etwa sechzig Zentimeter dick, vertikal und aus sorgfältig behauenen Steinen, die ohne Ton oder anderen Mörtel glatt verlegt sind. Eine der Kammern war mit einem einzigen großen, flachen Stein abgedeckt, die anderen hingegen scheinen mit Holz abgedeckt gewesen zu sein. Die Kammern waren mit gebranntem Ton gefüllt, der anscheinend von oben herabgefallen ist. Die Innenwände der Kammern wiesen ebenfalls Brandspuren auf. Unter dem gebrannten Ton fanden sich in jeder Kammer die Überreste mehrerer menschlicher Skelette, die allesamt so stark verbrannt waren, dass nur kleine Knochenfragmente, vermischt mit Asche und Holzkohle, übriggeblieben waren. Mr. Curtiss geht davon aus, dass eine Kammer fünf Skelette enthielt und eine andere dreizehn. Bei diesen Skeletten lagen auch ein paar Flintwerkzeuge und kleine Fragmente von Tongefäßen.

Ein großer Hügel neben den Hünengräbern wurde ebenfalls geöffnet, allerdings keine Kammern darin entdeckt. Auch waren die Toten hier nicht eingeäschert worden. Dieser Hügel war ausnehmend reich an Flintwerkzeugen und enthielt darüber hinaus schön gearbeitete Keramik und einen eigentümlichen ‚Ringkragen‘[65] aus rotem Stein. Eine Verbindung zwischen den Personen, die die Asche ihrer Toten in

---

65) Hierbei könnte es sich um einen Halsreif ähnlich den keltischen Torques handeln.

Kammergräbern bestatteten, und jenen, die die Erdbestattungen im Hügel vornahmen, muss allerdings erst noch nachgewiesen werden."

Es ist durchaus anzunehmen, dass man diese Kammern für Nachbestattungen nutzte, nachdem die Toten zuerst verbrannt wurden.

Derselbe Exkavator berichtet über weitere Hügelgräber, die wie die vorhergehenden ausgesprochen interessant sind, vor allem, da hier nur Erwachsene bestattet wurden, während man die Kinder unter dem Fußboden der Behausungen begrub.

Mr. F. W. Putnam füllte den Rest des Abends mit einem Bericht über seine Erforschungen der alten Hügel und Begräbnisplätze im Cumberland-Tal in Tennessee.

Bei dieser mehr als zwei Jahre währenden Ausgrabung führte er die Arbeiten selbst aus, assistiert von Edwin Curtiss und zum Nutzen des Peabody Museum in Cambridge. Während dieser Zeit wurden viele Hügel unterschiedlichster Art genauestens untersucht und mehrere tausend Einzelsteingräber dieser Hügelbauer Tennessees vorsichtig geöffnet:

„... Mr. Putnams veranschaulichte seine Ausführungen mit Zeichnungen von mehreren hundert Objekten aus den Gräbern und Hügeln, um vor allem die große Vielfalt der Töpferwaren, mehrere besonders große und viele einzigartige Formen von Flintwerkzeugen zu zeigen. Ausführlich erklärte er auch eine Karte des ummauerten Dorfes. Es befand sich auf dem Lindsley Anwesen in einer Biegung des Spring Creek. Der Erdwall mit dem dazugehörigen Graben umschloss eine Fläche von etwa 4.000 Quadratmetern. Innerhalb dieser Umfriedung befand sich ein großer Hügel mit einer flachen Kuppe, fünf Meter hoch, fünfundvierzig Meter lang und dreißig Meter breit, der sich nicht als Grabhügel herausstellte. Ein weiterer Hügel neben diesem großen, etwa sechzehn Meter im Durchmesser und kaum zwei Meter hoch, enthielt sechzig menschliche Skelette, jedes in einem eigenen, sorgfältig gebauten Steingrab. Die Gräber waren je drei übereinander in zwei Reihen angeordnet, die die vier Seiten eines Quadrates bildeten.

... Die wichtigste Entdeckung innerhalb der Umfriedung waren die Überreste jener Häuser, in denen die Menschen dieses alten Dorfes einst gelebt hatten. Siebzig von ihnen wurden von Professor Buchanan aus Lebanon, der für Mr. Putnam alle Vermessungen erledigte, aufgedeckt und in der Karte eingetragen. Unter den festgestampften Tonfußböden, die an manchen Stellen stark verbrannt waren, fand Mr. Putnam die Gräber der Kinder. Da nur die Leichname der Erwachsenen in dem für Grablegungen vorgesehenen Hügel aufgefunden wurden und fast jedes Haus, das er untersuchte, ein bis vier Kindergräber unter dem Fußboden aufwies, war er davon überzeugt, es sei Brauch gewesen, die Kinder auf diese Weise zu beerdigen. Er stellte auch fest, dass den Kindern offenbar sehr viel Zuneigung entgegengebracht wurde, da in ihren kleinen Gräbern viele der schönsten seiner gefundenen Töpferwaren lagen, darüber hinaus große Mengen von Muschelperlen, mehrere große Perlen und viele andere Gegenstände, die den Kleinen wahrscheinlich als Spielzeug dienten, als sie noch unter den Lebenden weilten."[66]

---

66) 11th Annual Report, Peabody Museum, 1878.

Diese Art der Steinkistenbegräbnisse ist in Tennessee keineswegs ungewöhnlich; sie wird vielfach auch von nordamerikanischen Archäologen aufgeführt.

Die folgenden Beispiele weisen besondere Charakteristika auf, wobei einige von ihnen die Theorie unterstützen, dass Hügel vor allem für Nachbestattungen genutzt wurden, wenngleich Störungen der Grabesruhe wahrscheinlich ebenfalls üblich waren.

Caleb Atwater[67] verfasste diesen Bericht über die

Grabhügel von Ohio

„Nahe der Mitte des runden Forts ... befand sich ein Erdhügel von etwa drei Metern Höhe und einigen Ruten[68] Durchmesser an seinem Fuße. An der Ostseite, sich sechs Ruten von dort aus ausbreitend, befand sich ein gepflasterter Halbkreis aus Kieseln, wie sie sich jetzt im Bett des Scioto River finden, aus dem sie anscheinend auch hergebracht wurden. Die Kuppe dieses Hügels maß fast zehn Meter im Durchmesser, und ein erhöhter Weg führte von Osten aus hinauf, wie eine moderne Mautstraße. Die Kuppe war flach. Der Umriss des gepflasterten Halbkreises und der Weg sind immer noch auszumachen. Die Erde, die diesen Hügel bildete, wurde seither völlig abgetragen. Der Autor war bei der Abtragung anwesend und untersuchte sehr sorgfältig seinen Inhalt. Der Hügel enthielt

1) zwei menschliche Skelette, die auf dem ursprünglichen Erdboden lagen.

2) eine große Menge an Pfeilspitzen, einige von ihnen so lang, dass der Eindruck entstand, es könnte sich auch Speerspitzen handeln.

3) den Griff eines kleinen Schwertes oder sehr langen Messers aus Wapitigeweih. Um das Ende, an dem die Klinge befestigt war, wand sich eine silberne Ferrule[69], die, obwohl geschwärzt, nur wenig unter der Zeit gelitten hatte. Der Griff wies zwar eine Öffnung auf, in die die Klinge einst eingesetzt war, dennoch wurde kein Eisen gefunden, lediglich ein oxidierter Abdruck von gleicher Form und Größe in der Erde.

4) Holzkohle und -asche, auf welchen diese Gegenstände lagen, waren von mehreren, stark gebackenen Ziegeln eingefasst. Das Skelett scheint in einem sehr großen und sehr heißen Feuer verbrannt worden zu sein, das die Knochen des Verstorbenen fast völlig verzehrte. Es lag etwas südlich der Hügelmitte. In ungefähr sechs Meter Entfernung davon fand sich im Norden ein weiteres, bei dem sich folgendes befand:

---

67) Transactions and Collections of the American Antiquarian Society, Band i, S. 174 ff.
Caleb Atwater (1778-1867) war amerikanischer Archäologe, Historiker und Politiker in Ohio. Er untersuchte als erster die prähistorischen Adena- und Hopewell-Erdwälle und ihre Inhalte. Seine Ergebnisse veröffentlichte er in einem 160-Seiten-Werk mit Zeichnungen und Drucken von Anlagen und Fundstücken. Er vertrat die damals unter diversen Anthropologen kursierende Meinung, die Indianerstämme Ohios und anderer Regionen seien einstmals über die gefrorene Beringstraße aus Indien eingewandert und von feindlichen Stämmen bis nach Mexiko abgedrängt worden.

68) 1. amerikanische Rute = 5,0292 m

69) Heftzwinge, eine Metallhülse, die das Holz um die Klinge zusammenpresst.

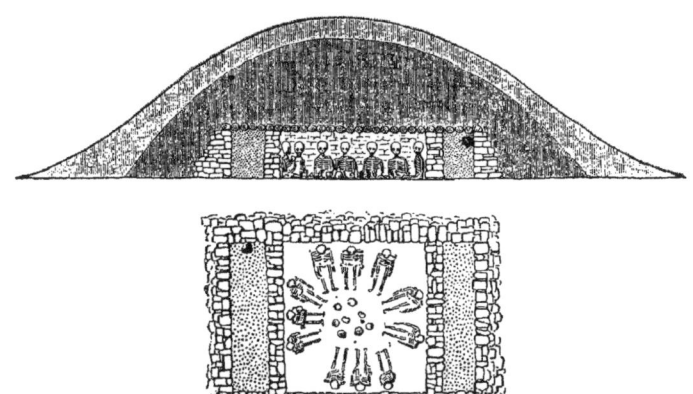

(Abb. 6) Maimisberg Mound
Adenakultur, Montgomery County, Ohio. National Archives of Anthropology,
Smithsonian Institution, Washington, D.C.
„Dieser große Grabhügel entstand sukzessive durch mehrere aufeinanderfolgende Bestat-
tungen. Die Keimzelle bildet ein unterirdisches Grab im Boden eines runden Holzbaues,
der verbrannt und mit einem ersten Erdhügel bedeckt wurde."

5) einen großen Spiegel von etwa dreißig Zentimetern Breite und dreieinhalb Zentimetern Dicke. Dieser Spiegel bestand aus Glimmer (mica membranacea), und auf ihm lag

6) einen völlig verrosteten Teller aus Gusseisen. Der Spiegel versah den von ihm verlangten Dienst ganz ausgezeichnet. Auch dieses Skelett wurde wie das vorige verbrannt und lag auf einem Bett aus Holzkohle und einer großen Menge Holzasche. Ein Teil des Spiegels befindet sich in meinem Besitz, ebenso ein Ziegelstück aus jenem Grab. Der Messer- oder Schwertgriff wurde an Mr. Peals Museum in Philadelphia gesandt.

Im Südwesten dieses Grabhügels, ungefähr vierzig Ruten entfernt, findet sich ein weiterer, der fast dreißig Meter hoch ist. Er krönt einen großen Hügel, der ebenfalls künstlich wirkt. Dies muss der allgemeine Friedhof gewesen sein, da sich in ihm eine immense Anzahl an Skeletten aller Größen und Altersstufen fand. Die Skelette sind liegend gebettet, mit den Köpfen zumeist zur Mitte des Grabhügels und den Füßen nach außen zeigend. Ein großer Bereich dieser Anlage ist noch unangetastet, nur die Zeit hat ihre Spuren hinterlassen. Neben den Skeletten fanden sich Steinmesser und –äxte und Zierrat mit Löchern, durch welche sich ein Lederband ziehen ließ, damit ihre Besitzer sie um den Hals tragen konnten. Auf der Südseite des Grabhügels befand sich in geringer Entfernung ein halbkreisförmiger Graben, der bei meiner ersten Besichtigung gute zwei Meter tief war. Als wir ihn aufgruben, entdeckten wir auf seinem Grund eine große Menge menschlicher Knochen, von denen ich annehmen möchte, dass sie die Überreste jener waren, die in einer großen und zerstörerischen Schlacht fielen: Zunächst deswegen, weil es sich ausschließlich um erwachsene Personen handelte, während im benachbarten Hügelgrab Skelette von Personen aller Altersgruppen ruhten. Des Weiteren, weil sie in großer Unordnung dort lagen, als seien sie in aller Eile verscharrt worden. Dürfen wir angesichts dessen nicht mutmaßen, dass es sich um Bewohner der Stadt handelt, die siegreich aus einer Schlacht hervorgingen? Sonst wären ihnen wohl kaum ehrenhafte Begräbnisse zuteil geworden.

Chilicothe-Mound – Er misst etwa fünf Meter in der Höhe und sein Durchmesser an der Basis ungefähr zwanzig Meter. Der Hügel besteht aus Sand und enthielt menschliche Knochen, die zu Skeletten gehörten, welche an unterschiedlichen Stellen in seinem Inneren lagen. Erst als dieser Erdhaufen abgetragen und der ursprüngliche Boden wieder zu sehen war, ließ sich eine Hypothese bezüglich der ursprünglichen Ausgestaltung bilden. Ungefähr fünfzehn Quadratmeter wurden eingeebnet und mit Rinde bedeckt. In der Mitte lag ein menschliches Skelett, über das eine Matte aus Binsen oder auch Rinde gebreitet lag. Auf der Brust ruhte ein Stück Kupfer in Form eines Kreuzes, das nur noch aus Grünspan bestand. Außerdem lag auf der Brust auch ein Schmuckstück aus Stein mit zwei Durchbohrungen an jedem Ende, durch welche eine Schnur gezogen war, die um den Hals des Trägers lief. Auf diese aus Sehnen geflochtene Schnur, die sehr unter der Zeit gelitten hatte, war auch eine große Anzahl von Perlen aus Elfenbein oder Knochen aufgezogen.

Tumuli[70] – Zwei solcher Hügel wurden bereits im County Perry beschrieben. Andere finden sich in den verschiedensten Teilen des Landes. Mindestens einer befin-

---

70) Künstliche Grabhügel aus Steinen oder Geröll.

det sich in der Nähe des Licking River, nicht weit von Newark entfernt; ein weiterer an einem Nebenarm des Hargus's Creek, ein paar Meilen südöstlich von Circleville. Einige weitere stehen nicht weit außerhalb der Stadt Chilicothe. Wenngleich diese Hügel in erster Linie Ruhestätten für besondere Persönlichkeiten waren, so dienten sie darüber hinaus auch als Monumente zur Erinnerung an große Ereignisse. Im ersten Fall finden sich nicht mehr als ein oder zwei Skelette, im letzteren überhaupt keine menschlichen Überreste. Diese Hügel ähneln den mit Erde aufgeschütteten. Sie bilden aus kleineren Steinen geformte Kegel, an denen sich keinerlei Bearbeitungsspuren feststellen lassen. In ihnen stießen wir auf einige der bisher interessantesten Objekte wie Urnen, Kupferzierrat, Speerspitzen und ähnliches mehr aus dem gleichen Metall sowie Kupfermünzen und Hacken aus Hornblende.[71] ... Anlagen dieser Güteklasse gibt es, verglichen mit denen aus Erde aufgeschütteten, nur wenige, und keine von ihnen kann es an Ausmaßen mit den Hügelgräbern von Grave Creek in der Stadt Circleville aufnehmen, die zu den herausragendsten ihrer Art zählen. Ich sah einen dieser Tumuli, der über drei in Steinkisten unter der Erdoberfläche ruhenden Skeletten aufgehäuft worden war. Er erhob sich auf dem westlichen Ende eines Hügels am Paint Creek, wo sich auch die ‚umwallte Stadt' befand. Die Gräber scheinen genauso tief ausgehoben worden zu sein, wie es bei uns üblich ist. Nachdem der Boden und die Seiten mit flachen Steinplatten ausgekleidet waren, legte man die Toten in ostwestlicher Ausrichtung ab. Dann verschlossen große, flache Steine das Grab, und der Erdaushub wurde darüber angehäuft. Über das Ganze errichtete man sodann einen großen Steinhügel. Es ist allerdings durchaus vorstellbar, dass diese Vorgehensweise sich auf die heutigen Indianer zurückführen lässt. Gräber dieser Art sind in Kentucky wesentlich häufiger als in Ohio. Außer den Skeletten fand sich nichts weiter in diesen Gräbern, und die Skelette glichen doch sehr den heutigen Indianern."

Die Hügelgräber von Sterling County in Illinois werden von W. C. Holbrook[72] wie folgt beschrieben:

„Vor kurzem untersuchte ich einige der vielen Grabhügel, die sich am Rock River finden, ungefähr zwei Meilen außerhalb von Sterling, Illinois. Der erste, den ich öffnete, war ein ovaler Hügel von ungefähr sieben Meter Länge, drei Meter Breite und zwei Meter zwanzig Höhe. Im Inneren fand ich einen Dolmen beziehungsweise eine viereckige Steinkiste von etwa drei Meter Länge, sechzig Zentimeter Höhe und siebzig Zentimeter Breite. Sie bestand aus Kalkstein, der aus einem nahen Steinbruch stammte, und war mit großen, flachen Steinen abgedeckt. Weder Mörtel noch Zement kamen zum Einsatz. Die ganze Struktur ruhte auf dem natürlichen Untergrund, dessen Boden ausgehoben war, um die Anlage noch zu vergrößern. Im Inneren des Dolmen fand ich die teilweise verwesten Überreste von acht menschlichen Skeletten, zwei sehr große Zähne eines mir unbekannten Tieres, zwei Fossilien, von denen eines nicht einheimisch war, und ein Bleigewicht. Einer der Oberschenkelknochen war gebrochen und wieder zusammengewachsen. Allerdings fanden sich an mehreren Stellen auch erhebliche Knorpelverwachsungen (Exostose). Einer der

---

71) Kalziumsilikat

72) American Naturalist, 1877, xi, Nr. 11, S. 688

Schädel wies eine runde Öffnung von der Größe eines Silberdimes[73] auf. Diese Trepanation fand am lebenden Menschen statt, da die Vernarbung der Ränder bereits eingesetzt hatte. Später untersuchte ich noch drei weitere Hügel, stieß aber auf keine Dolmen. Der erste Hügel enthielt die Skelette von drei Erwachsenen und einige Skelettfragmente eines Kindes, dessen Kieferknochen auf ein Alter von etwa sechs Jahren schließen lassen. Ich fand zudem die Krallen einiger fleischfressender Tiere. Der Boden war vertieft worden, die Leichname darin bestattet und sodann mit etwa dreißig Zentimetern Erde bedeckt worden. Auf den Gräbern wurden Feuer entzündet und danach der Hügel aufgeschüttet. Die Knochen waren dem Feuer nicht ausgesetzt. Zwischen den Knochen fanden sich auch keine Holzkohlenreste, wohl aber reichlich in der Erdschicht dreißig Zentimeter höher. Zwei weitere Hügel, die zur selben Zeit untersucht wurden, wiesen keinerlei Bestattungen auf.

Von zwei weiteren Hügeln, die später geöffnet wurden, war der erste rund und in etwa einen Meter zwanzig hoch, und er maß an der Basis etwa fünf Meter im Durchmesser. Er befand sich auf einer erhöhten Stelle unweit eines Flusses. Oben auf dem Hügel stehend öffnete sich der Ausblick über die Gegend über viele Meilen in jede Richtung. Auf der Kuppe befand sich ein ovaler Altar von einem Meter achtzig Länge und siebzig Zentimetern Breite. Er bestand aus flachen Kalksteinblöcken, die rot gebrannt waren, wobei sich einige Abschnitte in fast reinen Kalk umgewandelt hatten. Auf diesem Altar und darum herum fand ich große Mengen an Holzkohle. An seinen Seiten lagen menschliche Knochen, einige davon stark verkohlt. Das Ganze war mit einer etwa zwanzig Zentimeter dicken Vegetationsschicht aus Gras und Unkraut bedeckt. In dieser Vegetationsschicht wuchsen einst hohe Bäume, deren Stümpfe allerdings so verrottet waren, dass sich ihre Art nicht länger bestimmen ließ. Ein weiterer großer Hügel wurde aufgegraben, brachte aber nichts ans Tageslicht."

Der nächste Bericht bezieht sich auf die Grabhügel in der Nähe von Pensacola in Florida und wurde ursprünglich von Dr. George M. Sternberg, Chirurg der Armee der Vereinigten Staaten[74], publiziert.

„Bevor wir den Hügel aufsuchten, setzte man mich darüber in Kenntnis, dass die hiesigen Indianer in aufrechter Haltung und mit einem Tongefäß über dem Kopf bestattet wurden. Diese Vorstellung fußte auf den recht oberflächlichen Untersuchungen, die Kuriositätensammler von Zeit zu Zeit durchgeführt hatten. Ihre Ausgrabungen hatten tatsächlich Töpfe ans Tageslicht gefördert, in denen sich Schädelfragmente fanden, die sich aber nicht in der angenommenen Bestattungsposition befanden. Ausführliche Ausgrabungen, die ich zu unterschiedlichen Zeiten selbst durchführte, zeigten, dass sich nur Schädelteile und Röhrenknochen in den Hügeln auffinden lassen, und zwar gewöhnlich im Zusammenhang mit Tongefäßen, die manchmal vollständig, häufiger aber zerbrochen sind. In einigen Fällen fanden sich Schädelteile in einem Gefäß und die Röhrenknochen gleich daneben. Andere Gefäße enthielten ausschließlich Sand, doch auch hier befanden sich Knochen ganz in der Nähe. Mein interessantester Fund bestand aus fast einem halben Dutzend Töp-

---

73) Amerikanische Zehn-Cent-Münze von 17,91 mm Durchmesser

74) Proceedings of the American Association for the Advancement of Science, 1875, S. 288

fen, die alle in gutem Zustand und mit einem Schädelfragment begraben worden waren, das ich aufgrund seiner Größe einer Frau zuordnen würde. Ob die große Anzahl der Töpfe dieser Frau eine Sonderstellung vor den anderen im Hügel Begrabenen zuwies – etwa weil sie als Töpferin besondere Fähigkeiten besaß, oder ob der größere Wohlstand des trauernden Ehemannes dafür verantwortlich zu machen ist, bleibt reine Mutmaßung. Ich fand insgesamt Schädel- und Knochenfragmente von mindestens fünfzig Individuen, aber kein einziges vollständiges Skelett. Es gab keine Wirbel, keine Rippen, keine Beckenknochen und keinerlei kleine Knochen, wie sie Händen oder Füßen zuzuordnen sind. Zwei oder drei fast intakte Schädel wurden gefunden, die jedoch so zerbrechlich waren, dass sich ihre Erhaltung als unmöglich erwies. Überwiegend fanden sich lediglich Fragmente der Stirn- und Scheitelbeine, in Gefäßen oder Gefäßbruchstücken bestattet, die in jedem Fall zu klein waren, um einen ganzen Schädel aufzunehmen. Die Schlussfolgerung, dass es sich hier um keinen Friedhof für die Leichname der verstorbenen Indianer handelte, drängte sich somit auf. Die Knochen müssen von einer anderen Begräbnisstätte in diesen Hügel gelangt sein, oder sie wurden vor der Bestattung eingeäschert und die nicht verbrannten Knochen sodann gesammelt und im Hügel abgelegt. Letztere Vermutung halte ich für die wahrscheinlichste, da wir bei den Grabungen am Hügel an verschiedenen Stellen Brandspuren fanden. Dabei ließ sich aber kein gleichmäßiges Muster hinsichtlich Tiefe und Position erkennen. Diese Spuren finden sich in Erdschichten von zwei bis vierzig Zentimetern Dicke; der Sand weist hier eine dunkle Farbe auf und ist mit unzähligen kleinen Holzkohleresten vermischt.

Nach meinem Dafürhalten wurde der Hügel langsam aufgeschüttet, und zwar auf folgende Weise: Starb jemand, so errichtete man einen Scheiterhaufen auf dem Hügel, auf dem der Leichnam abgelegt wurde. Nach der Einäscherung wurden übriggebliebene Knochenfragmente aufgesammelt, in einen Topf gegeben und bestattet sowie die Asche und Holzreste mit einer Lage Sand aus der direkten Umgebung des Feuerts abgedeckt. Diese Theorie wird erhärtet durch die Tatsache, dass nur die Schäfte der Röhrenknochen gefunden wurden. Die Gelenkköpfe, die leichter verbrennen, waren verschwunden. Hinzu kommt, dass es keine Kinderknochen gibt. Da ihre Knochen kleiner sind und somit weniger Masse bilden, verbrannten auch sie vollständig.

Die Bestattungsmethode im Santa Rosa-Hügel weicht davon ab. Hier fand ich vollständige Skelette und vermochte neun gut erhaltene Schädel zu bergen. Das mag daran liegen, dass es sich bei den gefundenen Skeletten um im Kampf gefallene Krieger handelte. Diese These wird dadurch untermauert, dass die Skelette ausschließlich männlich sind und zwei der Schädel Spuren tödlicher Verletzungen aufwiesen, die ihnen *ante mortem* zugefügt wurden.“

In seinem Bericht über die Choctaw[75] verweist Bartram[76] auf die Beinhäuser und berichtet, dass, sobald diese gefüllt sind, Erdbestattungen auf folgende Weise stattfinden:

„Sodann werden die entsprechenden Särge von den nächsten Verwandten der Verstorbenen zum Bestattungsplatz getragen, wo sie alle zu einer Pyramide aufgeschichtet und unter einer kegelförmigen Aufschüttung begraben werden.

Die Bestattungsriten schließen mit einem feierlich begangenen Fest, dem Fest der Toten."

Florian Gianque aus Cincinnati, Ohio, reichte einen Bericht über ein etwas merkwürdiges Hügelbegräbnis ein, das im Miami-Tal in Ohio stattfand:

„Ein paar Jahre zuvor wurde an diesem Ort ein Hügel geöffnet, der in seiner Mitte einen sitzenden Leichnam beherbergte und über dreißig weitere Skelette, die in Hockstellung in einem Kreis um diesen ersten bestattet waren. Sie lehnten aneinander, auf die rechte Seite geneigt, und blickten nach innen. Ich war nicht dabei, als dieser Hügel geöffnet wurde, habe ihn aber gesehen, und dazu viel Zierrat, Ahlen und anderes mehr, das sich nahe bei dem Leichnam in der Mitte befunden haben soll. Meine diesbezüglichen Informationsquellen sind vertrauenswürdig."

Als Beispiel einer einzigartigen Bestattung, soweit bisher bekannt und als *sui generis*[77] daher von besonderem Interesse, dient die folgende Beschreibung von Dr. J. Mason Spainhour aus Lenoir, N.C., über eine Ausgrabung, die er selbst am 11. März 1871 auf der Farm von R. V. Michaux nahe John's River im Burke County, N.C., durchführte. Der Autor steht in dem Ruf, ein Beobachter von unangefochtener Integrität zu sein. Daher ist die von ihm verfasste Darstellung nicht in Zweifel zu ziehen:

---

75) Die Choctaw oder Chahta gehören zu den Mississippi-Kulturen. Ihre Sprache zählt zur Sprachfamilie der Muskogee-Sprachen. Im neunzehnten Jahrhundert galten sie als eine der „Fünf zivilisierten Nationen", weil sie kulturelle und technologische „Praktiken" von den Europäern angenommen hatten. 1831 mussten Zehntausende 800 km weit in die Reservation in Oklahoma ziehen. Viele starben auf dem Weg, der als „Pfad der Tränen" in die Geschichte einging. 1847, mitten in der großen Hungersnot in Irland, sammelten die Chahta 710 Dollar – damals eine ungeheure Summe – und schickten sie als Hilfe nach Irland: „Es ist erst sechzehn Jahre her, seit die Chahta den ‚Pfad der Tränen' erfuhren, und sie haben das Verhungern selbst geschaut."

76) Bartram's Travels, 1791, S. 513
William Bartram (1739-1823) war Quäker und Naturforscher. Er hatte seinen Vater John bereits als Junge auf dessen Reisen in die Catskill Mountains begleitet. Schon damals fertigte er qualitativ hochwertige Zeichnungen an. 1772 erhielt er von Dr. John Fothergill den Auftrag, Florida zu erforschen. Er reiste vier Jahre durch die acht südlichen Kolonien und fertigte dabei viele Zeichnungen und Notizen nicht nur über Fauna und Flora, sondern auch über die Indianer an. Bei seinen Reisen durch Florida, Georgia und die Carolinas stellte er eine Liste fast aller amerikanischen Vögel zusammen. 1791 veröffentlichte er seine Tagebücher unter dem Titel „Reisen durch Nord- und Süd-Carolina, Georgia, Ost- und West-Florida, das Cherokee Land etc.", das zum führenden Werk der amerikanischen Naturgeschichte wurde. Er beeinflusste damit viele romantische Schriftsteller wie Thoreau, William Wordsworth und Samuel Coleridge. Bartram starb mit 84 Jahren friedlich in seinem Haus, dessen Garten er das letzte Jahrzehnt pflegte. Er lehnte diverse Lehrangebote für Botanik ab und erteilte auch der Lewis-und-Clark-Expedition eine Absage.

77) = von eigener Art, nur durch sich selbst eine Klasse bildend, einzig, besonders

„Ausgrabung eines indianischen Hügelgrabes

Bei einem Gespräch über indianische Besonderheiten erzählte mir Mr. Michaux von einem indianischen Hügelgrab auf seiner Farm, das einst von stattlicher Höhe war, aber mehr und mehr untergepflügt wurde. Mehrere Hügel in der Nachbarschaft seien ausgegraben worden, aus ihnen sei aber nichts von Belang ans Tageslicht gekommen. Ich bat um die Erlaubnis, diesen Hügel untersuchen zu dürfen. Bei meinen Untersuchungen trat folgendes zu Tage:

An dem Ort angekommen, spitzte ich einen etwa ein Meter fünfzig langen Stock an und stieß ihn an verschiedenen Stellen in die Erde. In knapp fünfzig Zentimeter Tiefe traf ich auf Stein, der sich nach der Freilegung als geglättet herausstellte. Er lag horizontal etwa fünfzig Zentimeter über dem Grabboden und maß fünfzig Zentimeter in der Länge, etwa zweiundvierzig in der Breite und war zwischen achtundzwanzig und dreißig Zentimeter dick und an den Ecken abgerundet.

Als ich unter diesem Stein keine weiteren Funde aufspürte, grub ich an der Südseite des Hügels und traf schon bald auf einen weiteren Felsbrocken, der bei näherer Untersuchung vor einem menschlichen Skelett in Hockstellung lag. Die Finger der rechten Hand ruhten darauf, und daneben lag ein kleiner Stein von etwa zehn Zentimeter Länge, der einem Tomahawk oder indianischen Kriegsbeil ähnelte. Bei einer weitergehenden Untersuchung stellten sich die Knochen als sehr stark zersetzt heraus; sie zerfielen schon kurz, nachdem sie mit der Luft in Berührung kamen. Die Enden der Knochen, ein großes Stück des Schädels, Kieferknochen, Zähne, Hals- und Rückenwirbel befanden sich in ihrer natürlichen Anordnung, obwohl das Gewicht der Erde sie nach unten gedrückt hatte. Trotzdem war das ganze Skelett so perfekt, dass es ein Leichtes war, alle Knochen zu bestimmen. Die Schädelknochen neigten sich leicht nach Osten zu. Um den Hals fanden sich grobe Perlen, die aus einer kreideähnlichen Substanz zu bestehen schienen. Ein kleiner Klumpen roter Farbe von der Größe eines Eis fand sich an der rechten Seite des Skelettes. Der Verwachsungsgrad der Schädelnähte ließ auf ein Alter von fünfundzwanzig bis achtundzwanzig Jahren schließen. Der Scheitel befand sich etwa dreißig Zentimeter unterhalb der Bodenoberfläche.

Im Westen dieses Grabes unternahm ich weitere Ausgrabungen und fand ein zweites Skelett, genau wie das erste in Hockstellung und mit Blick nach Osten. An der rechten Seite befand sich ein Steinbrocken, auf welchem die rechte Hand ruhte, und auch auf diesem Stein fand sich ein Tomahawk von etwa fünfzehn Zentimetern Länge. Obwohl besser ausgeführt, war er in zwei Teile zerbrochen. Um den Hals dieser Person hingen ebenfalls Perlen, aber von besserer Qualität als beim ersten Fund. Das Material schien jedoch dasselbe zu sein. An der Seite dieses Fundes lag ein wesentlich größerer Farbklumpen. Dem Knochenbau nach handelte es sich um eine kräftig gebaute Person von etwa fünfzig Jahren. Alles an ihr deutete auf eine übergeordnete Stellung gegenüber der ersten hin. Der Scheitel des Schädels befand sich hier etwa fünfzehn Zentimeter unterhalb der Bodenoberfläche.

Ich setzte meine Erkundung fort und fand im Norden selbst nach sorgfältiger Suche nichts, im Osten angekommen aber stieß ich auf ein weiteres Skelett in derselben Haltung wie die anderen, doch den Blick nach Westen gerichtet. An der rechten Seite lag ein Felsbrocken, auf dem die rechte Hand ruhte, und auf dem Stein wieder ein Tomahawk, dieser von etwa zwanzig Zentimetern Länge und in *drei Teile* zerbrochen. Die Qualität und Ausarbeitung übertraf die vorigen. Auch hier fanden sich Perlen um den Hals, die aber viel kleiner und feiner gearbeitet waren als bei den anderen. Auch der hier gefundene Farbklumpen war größer als bei den anderen. Die Schädelkrone war durch den Pflug abgeschlagen worden. Die Knochen ließen auf eine Person von etwa vierzig Jahren schließen.

Spuren von Haaren ließen sich nicht nachweisen. Zudem waren die kleineren Knochen nahezu komplett zerfallen und lösten sich auf, wenn man sie aus ihrem Erdbett löste. Dies und die Tatsache, dass die Farm, auf der sich das Grab befand, die erste in dieser Gegend war, was die beurkundete Übertragung von Lord Granville an John Perkins vor gut 150 Jahren belegt[78] (das Land gehört noch immer den Nachkommen jener Familie, die sich einst hier niederließ) beweist eindeutig, dass es sich um einer sehr altes Grab handelt.

Das Grab war sorgsam nach Ost-West ausgerichtet und maß etwa zwei Meter achtzig mal einen Meter achtzig. Die Abgrenzungen waren durch die unterschiedlichen Farben des Bodens deutlich zu erkennen. Es wurde in schwerem, schwarzem Lehm ausgehoben und um die Bestatteten herum mit weißem oder gelbem Sand wieder aufgefüllt, der vom etwa hundertachtzig Meter entfernten Flussufer stammen dürfte. Die Skelette berührten die Grabwände, und direkt bei ihnen befand sich dunkelfarbige Erde, die sich sowohl in der Qualität als auch vom Geruch völlig von der sonstigen Umgebung unterschied, so dass die Umrisse der Körper deutlich hervortraten. Der Geruch dieser verfaulten Erde, die einst Fleisch war, ähnelte geronnenem Blut und bildete klebrige Klumpen, wenn man sie in der Hand zusammen presste.

Dies war keine Grabstätte indianischer Krieger. In diesen finden wir Gefäße aus Ton oder Steingut und alle ihre Kriegsgerätschaften, denn der Krieger glaubte daran, dass er seiner Pfeile, seines Bogens, Kampfbeils und Skalpmessers auch in den ‚Ewigen Jagdgründen‘ bedürfe.

Die hier dargestellten Fakten dürften zweifelsfrei jeden Freimaurer, der den Bericht über diese bemerkenswerte Grabstätte sorgfältig studiert, davon überzeugen, dass die amerikanischen Indianer sich im Besitz zumindest einiger der Mysterien unseres Ordens befanden, und dass es sich hierbei offensichtlich um die Grabstätte von Freimaurern handelte und diese die drei höchsten Meister einer Loge stellten. Das Grab war exakt Ost-West ausgerichtet, in der Mitte befand sich ein Altar, Süden, Westen und Osten waren besetzt, der Norden war es nicht, und neben jedem Leichnam fanden sich Wahrzeichen ihrer Autorität. Die Qualitätsunterschiede der Perlen, die Tomahawks, die in ein, zwei und drei Stücke zerbrochen waren und die unterschiedliche Tiefe, in der sie sich befanden, beweisen zweifelsfrei, dass diese Personen von Freimaurern begraben wurden, die ihre Sache verstanden.

Wird je ein gelehrter Freimaurer dieses Rätsel lösen und die Freimaurergemeinschaft darüber in Kenntnis setzen, wie die Indianer an so viel Freimaurerwissen kamen?

---

78) Ca. 1720 n. Chr.

Die Tomahawks, die Kieferknochen, einige Zähne, Perlen und weitere Knochen wurden dem *Smithsonian Institute* in Washington überstellt, wo sie zur Besichtigung ausliegen."

Sollten sich Dr. Spainhours Schlussfolgerungen als falsch erweisen, so besteht immer noch eine erstaunliche Übereinstimmung mit Riten, die für jeden Freimaurer offensichtlich sind.

Zur Unterstützung der Ansichten dieses Gentleman sei an dieser Stelle die Beschreibung des *Midawan* erwähnt, eine Initiationszeremonie für künftige Medizinmänner. Sie findet sich in Schoolcraft's *History of the Indian Tribes of the United States* aus dem Jahre 1855, Seite 428 und bezieht sich auf die Sioux und Chippewa. In diesem Bericht finden sich bestimmte Abläufe und Ähnlichkeiten, die bei manchen zu der Überzeugung führten, dass die Indianer Kenntnisse über die Freimaurerei besaßen.[79]

---

79) *Anm. d. amerikanischen Herausgebers:* Es könnte durchaus sein, dass es sich hier um frühe Mormonen handelt, heißt es doch, dass die Zeremonien der Kirche Jesu Christi der Heiligen der Letzten Tage (Mormonen) denen der Freimaurertempel gleichen. Folgt man dieser „Logik" weiter, könnte es dann nicht sein, dass diese Indianer lediglich die Aussagen des Buches Mormon bestätigen? Andererseits beweist dieses Beispiel wieder einmal, wie gefährlich es doch sein kann, Schlüsse allein auf Basis eines Einzelfalles oder einer Beobachtung zu ziehen.

Anm. d. Übersetzerin: Die Mormonen sind eine christliche Glaubensgemeinschaft, die in den USA die viertgrößte Religionsgruppe bildet. Im Bundesstaat Utah bekennt sich die Bevölkerungsmehrheit zur *Kirche Jesu Christi der Heiligen der Letzten Tage.* Gegründet hat die Kirche Joseph Smith jun. 1830 in Fayette im Bundesstaat New York. Heute ist der Hauptsitz in Salt Lake City. Die Mitglieder sehen ihren Glauben als von Gott gewünschte Wiederherstellung der urchristlichen Kirche an, dessen Offenbarung direkt an Joseph Smith ging und seither durch weitere Offenbarungen von Jesus Christus weitergeführt wird. Jeder Mensch hat dabei das Recht und die Möglichkeit, direkte göttliche Offenbarung zu empfangen, um wichtige Entscheidungen zu treffen. Die Mormonen haben zwar kein Interesse an Ökumene, setzen sich aber offensiv für interkonfessionelle und menschliche Toleranz ein und arbeiten auf humanitärem Gebiet mit anderen Religionen zusammen.

Anm. d. Verlegers: Ich denke, die Frage, wie die Indianer an so viel Freimaurerwissen kamen, stellt sich eher andersherum: wie kamen die Freimaurer an so viel Indianerwissen bzw. weiter gedacht, wieviel schamanisches Wissen floß in die Freimaurerei ein?

Begräbnisse in Blockhütten, Wigwams, Häusern oder darunter

Obwohl zwischen den zuvor erwähnten Methoden und den als nächstes beschriebenen Hüttenbegräbnissen ein gewisser Grad an Übereinstimmung besteht, unterscheiden sie sich doch insoweit, als es sich um Beispiele von Oberflächen- oder oberirdischen Bestattungen handelt, die ohne Zweifel einer anderen Kategorie angehören.

Bartram[80] sandte den folgenden Bericht über die Muskogee[81] der Carolinas:

„Die Muskogee beerdigen ihre Verstorbenen in der Erde. Sie heben eine ein Meter zwanzig im Quadrat messende, tiefe Grube unter einer Hütte oder dem Bett aus, auf dem der Sterbende in seinem Haus verschied. Sie kleiden das Grab mit Zypressenrinde aus und setzen den Toten sodann in Hockerstellung darin ab, als wäre er noch am Leben. Neben ihn legen sie sein Gewehr, seinen Tomahawk, seine Pfeife und andere Dinge, die in seinem Leben eine wichtige Rolle spielten. Seine älteste Frau oder Königswitwe wählt als nächste unter seinen Besitztümern aus; was übrigbleibt, wird unter den anderen Frauen und den Kindern verteilt."

Laut Bernard Roman[82] unterscheiden sich die „Bestattungssitten der Chickasaw[83] nicht wesentlich von denen der Muskogee. Sie bestatteten ihre Toten, sobald diese den letzten Atemzug aushauchten, unter dem Bett, in dem sie verschieden."

Die Navajo[84] von Neumexiko und Arizona, ein Stamm, der in erheblicher Entfernung von den Chickasaw lebte, folgten ähnlichen Bräuchen, die Dr. John Menard, ein ehemaliger Arzt der Reservation, näher beschreibt:

---

80) Bartram's Travels, 1791, S. 515

81) Die Muskogee oder Creek lebten ursprünglich im Südosten der USA. Die Seminolen Floridas sind eng verwandt mit ihnen. Die Muskogee sind eine der fünf zivilisierten Nationen, die heute vor allem in Oklahoma, Alabama und Florida leben.

82) Romans, Bernard, A Concise Natural History of East and West Florida, 1775
Bernard Romans (1741 im niederl. Delft – 1784 zur See) war amerikanischer Seefahrer, Vermesser, Naturforscher, Ingenieur, Soldat und Autor niederländischer Herkunft. Sein bekanntestes Werk über Florida liefert bis heute wertvolle Erkenntnisse über diesen Landstrich während der britischen Oberherrschaft. Seine ausführlichen Karten der gesamten Küste Floridas waren zu seiner Zeit, und auch viele Jahre danach, die genauesten und besten ihrer Art. 1771 erhielt er den gefährlichen Auftrag, die Gebiete der Choctaw und Chickasaw zu erkunden. Seine Abhandlung über Florida erschien in zwei Bänden und umfasste ca. 800 Seiten mit vielen Kupferstichen, Drucken und Karten.

83) Die Chickasaw stammten eigentlich aus dem Bundesstaat Mississippi. Der Name ist eine Ableitung von *chikasha* und bedeutet „Aufbegehrende". Sie sind verwandt mit den Choctaw, die genau wie sie zur Muskogee-Sprachfamilie gehören. Sie waren Teil der fünf zivilisierten Nationen, die, wie andere Stämme auch, gewaltsam ins Indianerterritorium in Oklahoma ausgewiesen wurden.

84) Die Diné, auch Navaho oder Navajo genannt, sind heute mit rund 340.000 Stammesangehörigen das zahlenmäßig größte aller Ureinwohnervölker der USA. Sie leben überwiegend im Nordwesten Neumexikos, im Nordosten Arizonas und im Südosten Utahs. *Diné* ist ihr Eigenname und bedeutet „Menschenvolk". Das aus der Tewa-Sprache stammende *Navajo* oder *Navahuu* bedeutet „bestelltes Feld", womit

„Es ist Brauch der Navajo, den Verstorbenen dort zu belassen, wo er starb, indem sie das Haus oder den Hogan[85] verschließen oder den Körper mit Steinen und Gestrüpp abdecken. Wird der Leichnam doch einmal entfernt, trägt man ihn zu einer Felsenspalte, wirft ihn dort hinein und verschließt sie daraufhin mit Steinen. Die Person, die den Toten berührte oder trug, zieht zunächst alle ihre Kleider aus und wäscht sich gründlich, ehe sie sich wieder anzieht und unter die Lebenden mischt. Wird ein Verstorbener aus seiner Behausung entfernt, so brennt man diese nieder und verlässt den Ort, da die Navajo glauben, der Teufel käme zum Sterbeort und bliebe beim Leichnam. Häufig machen sich wilde Tiere über den Toten her, und es ist ein leichtes, an solchen Lagerstätten oder Begräbnisorten Schädel und Knochen aufzufinden. In Fällen, da es nicht wünschenswert ist, den Wohnort aufzugeben, werden die Kranken an einen einsamen, von Gebüsch umstandenen Ort verbracht, wo sie entweder ihrem Schicksal überlassen werden oder man ihnen Nahrung und Wasser bringt, bis sie sterben. Dies geschieht nur, wenn jegliche Hoffnung auf Genesung erloschen ist. Ich habe Leichname gefunden, die in so dichtem Gestrüpp niedergelegt wurden, dass nicht einmal die wilden Tiere zu ihnen gelangten. Einen Mann, den sie solchermaßen zum Sterben zurückließen, belebte eine Tasse Kaffee aus unserem Haus; er ist immer noch am Leben und gesund."

Leutnant George E. Ford vom Dritten Kavallerie-Regiment der US-Armee bestätigte in einem Gespräch mit dem Autor den Bericht von Dr. Menard wie folgt:
„Dieser Stamm, der etwa 8.000 Seelen zählt, bewohnt ein Reservat im äußersten Nordwesten Neumexikos und dem Nordosten Arizonas. Die Begräbnisriten der Navajo sind von äußerst simpler Art. Sie schreiben den Tod einer Person der direkten Einwirkung von *Chinde*, dem Teufel, zu und sind davon überzeugt, dass dieser die Seite des Verstorbenen nicht verlässt. Deshalb wird, sobald ein Mitglied des Stammes sein Leben ausgehaucht hat, in dessen Hogan von einem nahen männlichen Verwandten ein flaches Grab ausgehoben, in welches die verstorbene Person ohne weitere Zeremonien von den Verwandten hineingelegt wird. Diese schützen sich dabei vor schädlichen Einflüssen, indem sie ihre nackten Körper zuvor mit dem Saft der heimischen Kiefer einreiben. Nach der Bestattung wird der Hogan (der aus Baumstämmen und Ästen besteht, die mit Erde bedeckt sind) zum Einsturz gebracht und der Ort verlassen. Wenn der Verstorbene keine Familie mehr hatte oder innerhalb des Stammes nicht von Bedeutung war, wird auf das Ausheben eines Grabes verzichtet und lediglich sein Hogan dem Erdboden gleichgemacht. Diese Achtlosigkeit scheint keineswegs einer Gleichgültigkeit den Toten gegenüber zu entspringen, sondern vielmehr der Furcht vor den üblen Einflüssen von *Chinde* auf die überlebenden Verwandten,

---

sich diese erfolgreichen Ackerbauern von den nomadisch lebenden Apachen unterschieden. Die Spanier nannten sie *Apaches de Navahu* („Apachen des bestellten Feldes"). Sie gehören zu den wenigen Stämmen, die immer noch in ihrem angestammten Gebiet leben.

85) Der Hogan ist das traditionelle Wohnhaus der *Diné*, ursprünglich ein kuppelförmiger, runder Bau. Heute sind Hogans meist sechs- oder achteckig mit einem Durchmesser von etwa acht Metern. Der Eingang zeigt nach Osten, damit die Bewohner die aufgehende Sonne begrüßen können. Traditionell werden sie aus den Baumstämmen der dort wachsenden Kiefernart errichtet, die sich an den Enden überkreuzen. Die Fugen werden mit Lehm ausgefüllt und das Dach mit einer dicken Erdschicht isoliert.

(Abb. 7) Grabhaus in Britisch Columbia, Nationalmuseum in Kanada

die alles tun, um dessen Unwillen zu entgehen. Ein Navajo würde lieber erfrieren als ein Feuer aus den Überresten eines niedergerissenen Hogans zu entfachen, selbst wenn dieser schon Jahre zerstört ist. Einziges Zeichen der Trauer ist das Bestreichen der Stirn und der Partie unter den Augen mit Kiefernteer, welcher bis zum natürlichen Abfallen verbleibt, danach aber nicht erneuert wird. Die Verstorbenen werden augenscheinlich vergessen, da niemand von den Hinterbliebenen jemals wieder ihren Namen ausspricht, aus der Furcht heraus, *Chinde* zu verärgern.“

J. L. Burchard, Agent der Round Valley-Indianer[86] in Kalifornien, berichtet von Bestattungen ähnlich jenen der Navajos:

---

86) Das Indianerreservat Round Valley befindet sich im Norden des kalifornischen Bezirks Mendocino und ist heute Lebensraum der indianischen Covelo-Gemeinschaft. Die damals im Round Valley lebenden Yuki wurden wie auch die dort hingetriebenen Stämme mit einer schwierigen Situation konfrontiert. Die Yuki mussten ihre Heimat nicht nur mit verfeindeten Stämmen teilen, sondern auch mit solchen, deren Sprachen, Gebräuche, Glauben und Lebensweise ihnen völlig fremd waren. Diese, die Concow Maidu, Pomo, Nomlaki, Cahto, Wailaki und PitRiver-Stämme, wurden wie Vieh in diesem Reservat zusammengetrieben, was viele Alte und Kinder das Leben kostete. Mit den Jahren bildete sich eine Gemeinschaft heraus, die Covelo Indian Community, eine vielfältige Mischung aus verschiedenen Kulturen.

„Als ich hier ankam, hoben die Indianer ein rundes Loch im Boden aus, wickelten ihren Verstorbenen mit angezogenen Knien in eine Decke und verschnürten ihn zu einem Bündel. So legten sie ihn ins Grab und gaben Perlen, Körbe, Kleidung und seine anderen Besitztümer dazu, häufig auch noch Geschenke. Alle versammelten sich um das Grab und jammerten zum Herzerbarmen, zerkratzten sich die Gesichter, bis das Blut herabfloss, rissen sich die Haare aus und gaben sich weiteren heidnischen Bräuchen hin. Diese Begräbnisse fanden zumeist in ihren schilfgedeckten Häusern oder nahe bei diesen statt. Das Haus, in dem jemand starb, wurde grundsätzlich niedergerissen, dem Erdboden gleichgemacht oder verlassen. Die Totenklage, Reden und dergleichen mehr wurden in ihrer eigenen Sprache abgehalten, die niemand sonst verstand und die auch keinen rechten Sinn zu ergeben schien (wenn ihr überhaupt ein Sinn innewohnte). Es scheint sich dabei um einen reinen Ausdruck der Trauer gehandelt zu haben, die von keiner bestimmten Zeremonie geleitet war. Alle schienen nur ihren eigenen Instinkten zu folgen."

Diese Art der Bestattungsriten ist relativ häufig; auch unter manchen Stämmen Afrikas lassen sich ähnliche Bräuche dokumentieren. So bestatten die Bari[87] in Zentralafrika gemäß Reverend J. B. Wood[88] ihre Toten innerhalb des Krals, rammen einen Pfosten in die Erde und befestigen bestimmte Abzeichen daran. Die Apingi wiederum, so derselbe Autor, belassen den Leichnam in seiner Behausung, bis er verwest. Die Knochen werden daraufhin gesammelt und nicht weit vom Dorf in der Erde bestattet. Die Lotuko[89] begraben ihre Toten in deren Häusern; die Knochen werden später in ein Tongefäß gegeben und außerhalb des Dorfes begraben. Die Kaffern[90] begraben ihre Häuptlinge innerhalb der Viehpferche, während die Gräber der gewöhnlichen Bewohner außerhalb dieser liegen. Die Betschuana[91] folgen denselben Traditionen.

Die nachfolgende Beschreibung eines Damara-Begräbnisses[92] aus einer zuvor schon genannten Studie wird hier angefügt, da sie eine recht detailreiche Darstellung festhält, die in gewisser Weise den Bräuchen der nordamerikanischen Indianer ähnelt. In diesem Bericht wird deutlich, dass eine Bestattung innerhalb einer Behausung nur dann stattfand, wenn die Sterbenden dies ausdrücklich wünschten:

---

87) Das Gebiet der Bari liegt direkt am Horn von Afrika. Im Norden grenzt es an den Golf von Aden, im Osten an den Indischen Ozean. Bari ist somalisch und bedeutet „Osten".

88) Wood, John George, Uncivilized Races of the World, 1870, Band i, S. 464
Reverend J. G. Wood (1827-1889) war ein in Großbritannien und den USA beliebter Autor für Naturgeschichte, der Vorträge über Zoologie, Natur usw. mit Hilfe großformatiger, bunter Zeichnungen abhielt, die er selbst anfertigte.

89) Die Lotuko (auch Lotuxo, Lotuho, Latuka) sind eine Volksgruppe im Süden des Sudan an der Grenze zu Uganda.

90) Kaffern leitet sich ab von *Kafir* („Ungläubiger"), auf Afrikaans *kaffer*. Es ist eine abwertende, rassistische Bezeichnung der europäischen Kolonialisten und Einwanderer im südlichen Afrika, die zunächst nur für die Xhosa galt, später aber auf andere bantusprachige Völker ausgedehnt wurde. Heute ist das Wort in Südafrika und Namibia als „Hassrede" verboten.

91) Betschuanaland war bis 1966 der Name des heute unabhängigen Botswana, einem ehemaligen britischen Protektorat.

92) Die Damara lebten und leben in Namibia.

„Wenn ein Damara-Häuptling stirbt, wird er auf eine ziemlich eigentünliche Weise bestattet. Sobald er verstorben ist – manche behaupten, noch bevor er den letzten Atemzug getan hat – brechen die Anwesenden ihm durch einen Schlag mit einem schweren Stein das Rückgrat. Danach umwickeln sie mit einem langen Seil die Lenden und fixieren den Körper in einer hockenden Stellung, wobei die Stirn auf den Knien ruht. Er wird in Ochsenhäute gebunden und mit dem Gesicht nach Norden bestattet, wie schon bei den Begräbnissen der Betschuana beschrieben. Zu Ehren des verstorbenen Häuptlings werden sodann Rinder geschlachtet und ein Pfahl auf dem Grab errichtet, an dem die Schädel und Häute der getöteten Tiere ausgestellt werden. Der Bogen, die Pfeile, der *Assagai*[93] und die Keulen des Verstorbenen werden an denselben Pfosten gehängt. Große Steine beschweren das Grab und die umliegende Erde, und Dornen werden darüber gehäuft, um die Hyänen abzuhalten, die den Körper ansonsten vor Ende des nächsten Tages ausgegraben und verschlungen hätten. ... Ab und an verfügt ein Häuptling, dass sein Leichnam in seinem Heim zurückzulassen sei. In diesem Fall wird er auf einer erhöhten Plattform ausgerichtet und um die Hütte herum ein fester Zaun aus Dornengestrüpp und Pfählen errichtet.

Nachdem die Bestattungsriten beendet sind, dreht der neue Häuptling diesem Ort den Rücken zu und versammelt den ganzen Stamm unter seinem Befehl. Er lässt sich für mehrere Jahre in größerer Entfernung nieder, in deren Verlauf er die Zeichen der Trauer trägt – eine dunkel gefärbte, konische Mütze und um seinen Hals eine Schnur, an deren Ende zwei kleine Stücke Straußeneierschale hängen. Ist die Trauerzeit vorüber, so kehrt der Stamm zurück. Der Häuptling begibt sich zum Grab seines Vaters, kniet nieder und flüstert ihm zu, dass er mit dem Vieh und den Frauen, die sein Vater ihm gab, zurückgekommen ist. Danach erbittet er vom Vater Unterstützung bei all seinen Unternehmungen und nimmt ab diesem Augenblick die Stellung ein, die sein Vater zuvor innehatte. Es wird Vieh geschlachtet und ein Fest gefeiert zur Erinnerung an den toten Häuptling und zu Ehren des lebenden, und alle Anwesenden laben sich an dem Fleisch, das der Häuptling persönlich verteilt. Der verstorbene Häuptling nimmt symbolisch an dem Festmahl teil. Ein paar Zweige von den Bäumen seines *eanda*[94], dem der Tote angehörte, werden als seine Stellvertreter angesehen, und mit diesen wird jedes Stück Fleisch berührt, bevor die Gäste es verzehren. Auch wird der erste Eimer Milch, der gemolken wird, zum Grab getragen und dort ausgegossen."

---

93) Jagdspeer

94) Umfriedeter Hof, Bauerngehöft.

Halboffene oder Höhlenbegräbnisse

Natürliche oder künstlich angelegte Erdgruben, Höhlen und Felsspalten werden seit frühester Zeit bis heute als Gräber genutzt, und zwar nicht nur von den amerikanischen Indianern, sondern auch von Völkern, die für ihre hohe geistige Entwicklung und Zivilisation bekannt sind. So finden sich auch auf unseren Friedhöfen zahlreiche Exemplare künstlicher oder teilweise künstlicher Höhlen. Eine Diskussion darüber, aus welchen Motiven heraus diese Bestattungsart übernommen wurde, wäre an dieser Stelle verfehlt, es sei denn, diese Motive würden zufällig auf unsere Indianer zutreffen, die, soweit es sich ermitteln ließ, Höhlen lediglich als sich anbietende und bequeme Ruhestätten für ihre verstorbenen Verwandten und Freunde ansehen.

In fast allen Staaten der Union wurden Höhlen entdeckt, aber da sie sich mehr oder weniger gleichen, reichen einige wenige Beispiele, um die Aufmerksamkeit des Beobachters auf dieses Thema zu lenken.

Während seines Aufenthalts im Territorium von Utah entdeckte der Autor 1872 nicht weit von den House Range Bergen eine natürliche Höhle, deren Eingang einem Minenschacht ähnelte. In dieser hatten die Gosi-Utah[95] ihre Toten bestattet, zusammen mit verschiedenen Gegenständen, bis sie nahezu voll war. Zeitmangel verbot leider eine genauere Erforschung. Im Herbst desselben Jahres erfuhr ich von einem indianischen Führer von einer weiteren Höhle im selben Territorium in der Nähe der Grenze zu Nevada. Ein Versuch, diese näher zu erforschen, schlug fehl. Die Gründe hierfür sollen im folgenden näher beschrieben werden. Dieser Indianer, ein Gosi-Utah, teilte mir mit, dass sich ganz in der Nähe unseres Lagers eine große Höhle befände, und er habe selbst dabei geholfen, dort Tote seines Stammes zu bestatten. Er beschrieb sie auf das Genaueste und fertigte eine grobe Zeichnung bezüglich ihrer Lage und ihres Aussehens an. Die Frage, ob sie begehbar sei, verneinte er und erklärte sein Volk habe vor einigen Jahren den schmalen Eingang verschlossen, damit sich kein Wild in den riesigen Gewölben versteckte, und er beteuerte, sie seien so groß und erstreckten sich soweit unter der Erde, dass niemand ihr volles Ausmaß kenne. Angesichts einer sehr großzügigen Bestechung und nach vielem Sträuben willigte er endlich ein, uns zu führen. Nach einem rauen Ritt von etwas über einer Stunde erreichten wir den gewünschten Ort. Es stellte sich heraus, dass dieser sich nahezu auf dem Scheitel eines kleinen Berges befand, der offensichtlich vulkanischen Ursprungs war, denn das Loch, das wir gezeigt bekamen, schien der einstige Schlot des Vulkans gewesen zu sein. Der Eingang war ein unregelmäßiger Kreis und führte schräg nach unten. Wie der Indianer gesagt hatte, war er komplett mit großen Steinen und dem Wurzelwerk des Beifuß verschlossen. Erst nach mehr als sechs Stunden unablässiger,

---

95) Die Westshoshonen, auch Goshute oder Kusiutta, gehören zur uto-aztekischen Sprachfamilie und bewohnen die unwirtlichen Wüstengebiete Utahs. Sie waren Jäger und Sammler, die in kleinen nomadischen Familiengruppen lebten und wohnten in „Wickiups", Unterständen aus Gestrüpp. Im Gegensatz zu den anderen Shoshonen übernahmen sie nie das Pferd und siedelten nicht als Bisonjäger auf die Prärien über. Die Gosi-Utah weigerten sich, in die Fort Hall oder Uintah-Reservation umzuziehen. Sie blieben in den westlichen Wüsten, die ihnen 1910 als Reservat zugestanden wurden.

emsiger Arbeit gaben wir den Versuch, hier zu forschen, auf. Der Führer wurde gefragt, ob sich viele Leichname dort befänden, und er antwortete „ganze Berge, ganze Berge" und streckte die Hände soweit wie möglich in die Höhe. Es gibt keinen Grund, an den erhaltenen Informationen zu zweifeln, da sie freiwillig mitgeteilt wurden.

In einem Bericht von Dr. A. J. McDonald, dem Arzt des Los Pinos Indianerbüros[96] in Colorado, findet sich folgende Beschreibung zu Bestattungen in Felsspalten oder –schächten:

„Sobald der Tod eingetreten ist, wird dies sofort vom Medizinmann verkündet, und die Squaws beginnen geschäftig und ohne weitere Zeit zu verlieren damit, den Leichnam für sein Grab vorzubereiten. Die Gliedmaßen des Toten werden gestreckt, seine Kriegswaffen neben ihn gelegt, seine Kleider und Decken sicher und behaglich um ihn gewickelt. Dann ist alles für die Bestattung bereit. Es ist Sitte, nach Möglichkeit jene Kleidung und Decken für den Toten zu verwenden, in denen er starb. Zur selben Zeit, da der Leichnam für das Begräbnis vorbereitet wird, halten die dafür zuständigen Squaws zusammen mit allen anderen Frauen der Umgebung einen ständigen Totengesang ab, dessen düsterer Rhythmus selbst in großer Entfernung noch zu hören ist. Der Totengesang besteht nicht aus einem bloßen inartikulierten Wehgeheul, sondern beinhaltet Wendungen, die in ihrem Charakter wie eine Hymne klingen. Ob aber tatsächlich bei einer solchen Gelegenheit bestimmte Worte gesungen werden, vermag ich mit dem mir zur Verfügung stehenden Material nicht mit Sicherheit zu beantworten.

Die nächste Pflicht der Squaws besteht darin, den Toten auf sein Pferd zu setzen und ihn zur ausgewählten Begräbnisstätte zu geleiten. Diese befindet sich in einer Felsspalte, und insofern es sich absichern ließ, war es unter den Utah von jeher Sitte, Grabkammern dieser Art auszuwählen. Mr. Harris zufolge, der mehrmals das Glück hatte, sterbliche Überreste zu entdecken, scheint es, dass dieser Stamm hinsichtlich der Ausrichtung des Toten keinen abergläubischen Vorstellungen anhängt und daher wahrscheinlich die Platzverhältnisse innerhalb der Grabkammer diesbezüglich ausschlaggebend sind. Von ihm erfuhr ich auch, dass sich gewöhnlich nie mehr als ein Toter in einer Grabstätte findet. Nachdem der Leichnam in die Spalte gebettet wurde, wird diese mit Felsbrocken gut abgedeckt, um sie gegen wilde Tiere zu schützen. Der Totengesang verklingt, die Squaws gehen ihrer Wege, und die Begräbniszeremonie ist zu Ende. Die Männer waren während dieser Zeit keineswegs untätig, obwohl sie weder bei der Vorbereitung des Toten halfen, noch mit den Squaws zusammen den Toten in einem Lied priesen und nicht einmal als Zuschauer bei der Bestattung

---

96) Das Indianerbüro, das zuvor *Conejos Agency* hieß, wurde 1869 an den Los Pinos Creek im Nordosten Utahs verlegt, später nach einem Häuptling in Ouray-Reservat umbenannt und 1886 mit der Uintah-Reservation zusammengelegt. Hier leben die Uncompahgre Ute.

Die Ute bestanden aus siebzehn großen Stammessippen, die bereits seit tausend Jahren nomadisch in Utah und Colorado lebten. Im Winter bewohnten sie Kuppelhütten mit Grasabdeckung und im Sommer Tipis aus Stangen und Binsenmatten. Als sie ab 1630 die ersten Pferde von den Spaniern erhandeln konnten, erhöhte sich ihre Mobilität erheblich. Sie standen mit den Pueblo-Völkern, verschiedenen Apachen- und Comanche-Stämmen ständig auf Kriegsfuß. Die Uncompahgre Ute waren berühmt für ihre religiösen Perlstickereien, ungewöhnlichen Kunstobjekte und aufwändig verzierten Kriegswaffen. Eine der tödlichsten war die Kriegskeule mit rundem Obsidiankopf, die vom Pferd herab geschwungen wurde. Zu ihren religiösen Riten gehören der Peyote-Kult, der Bären- und der Sonnentanz.

anwesend waren. Dennoch hatten sie Pflichten zu erfüllen. In Übereinstimmung mit einem alten, traditionellen Brauch wird der gesamte persönliche Besitz des Toten sofort vernichtet. Seine Pferde und sein Vieh werden erschossen, sein Wigwam, seine Möbel und dergleichen mehr verbrannt. Die Durchführung dieses Teils der Zeremonien ist den Männern vorbehalten, eine Pflicht, die ihrem Geschmack und ihrer Neigung durchaus entgegenkommt. Manchmal ist die Tötung der Pferde und die Vernichtung des sonstigen Besitzes von erheblichem Umfang, aber dies trifft eher selten zu, da unter ihnen die Sitte herrscht, ihren Besitz unter ihren Kindern aufzuteilen, wenn diese noch sehr jung sind, und nur das zu behalten, was für die Befriedigung der täglichen Anforderungen nötig ist.

Die Witwe ‚trauert‘, indem sie ihr Gesicht mit einer Mischung aus Harz und Holzkohle bestreicht. Sie wird nur einmal aufgetragen und bleibt solange auf der Haut, bis sie sich von selbst abgerieben hat. Dies ist der einzige Trauerbrauch, der mir zur Kenntnis gelangte.

Die Zeremonien beim Tod einer Frau sind entsprechend, bis auf die Zerstörung des persönlichen Besitzes, die in diesem Fall nicht stattfindet, und natürlich werden auch keine Waffen zum Leichnam gelegt. Sollten Jugendliche sterben, während sie sich unter der Obhut von Weißen befinden, so wollen die Indianer als eiserne Regel nichts mit dem Begräbnis zu tun haben. Als so ein Fall vor einiger Zeit in diesem Reservat auftrat, bereiteten die Squaws den Leichnam in der gewohnten Weise vor, die Männer wählten den Ort für das Begräbnis, und die Angestellten des Büros – nachdem sie das Grab ausgehoben und den Leichnam dort gebettet hatten – verfüllten dieses nach Art zivilisierter Menschen und rollten sodann auf die Bitte der Indianer hin große Felsbrocken auf das Grab. Die Indianer waren ängstlich bestrebt, dass die Angestellten die Bestattung so zügig wie irgend möglich durchführten.“

Im vergangenen Jahr starb Ouray, der Utahhäuptling, der in der Los Pinos Reservation lebte, und wurde, soweit sich das mit Sicherheit sagen lässt, in einer Felsspalte oder Höhle sieben oder acht Meilen vom Indianerbüro entfernt begraben.

Eine interessante Höhle im kalifornischen Calavaras County, die für eben solche Bestattungen genutzt wurde, wird von Prof. J. D. Whitney beschrieben[97]:

„Dies ist ein Bericht über die Höhlen, denen die jetzt in der Sammlung des Smithsonian aufbewahrten Schädel entnommen wurden: Sie befinden sich nahe dem Stanislaus River im Calavaras County an einem namenlosen Bachlauf, ungefähr zwei Meilen von Abbey's Ferry, an der Straße nach Vallicito, neben dem Haus von Mr. Robinson. Es begleiteten mich zwei oder drei weitere Personen, die diesen Ort bereits kannten und wussten, dass die fraglichen Schädel dort entnommen worden waren. Ihr Besuch lag gute zehn Jahre zurück, und seit jener Zeit hatten sich die Höhlen dramatisch verändert. Aufgrund einiger Umbauten an der Straße, Bergbauaktivitäten oder anderer Gründe, die ich nicht näher zu verifizieren vermochte, hat sich auf dem

---

97) Report of the Smithsonian Institute, 1867, S. 406
Prof J. D. Whitney war Geologe im Dienst des US-Bundesstaates Kalifornien und ging von einer weitaus früheren menschlichen Besiedelung Nordamerikas aus als die gängige Archäologie und Anthropologie seiner Zeit.

vordem sauberen Stalagmitboden der Höhle eine etwa sechs Meter dicke Erdschicht abgelagert, die sich nur mit großem Aufwand entfernen ließ. Diese Höhle ist am Eingang etwa acht Meter und am Ende wohl an die fünfzehn bis achtzehn Meter breit, bei einer Länge von vielleicht neun Metern. Nach Auffassung jener, die sie einst bemerkten und erkundeten, handelt es sich um einen Bestattungsplatz der jetzt hier lebenden Indianer. Dr. Jones berichtete, er habe zusammen mit den entnommenen Schädeln Überreste von Bogen und Pfeilen sowie Holzkohle gefunden, die aber zerstört wurden, als die Stadt Murphy niedergebrannt wurde. Alle Anwesenden erklärten, die Schädel hätten auf der Erdoberfläche gelegen und seien nicht in den Stalagmiten begraben gewesen."

Die nächste Beschreibung eines Höhlenbegräbnisses von W. H. Dall[98] ist so bemerkenswert, dass sie es wert erscheint, in diese Studie mit aufgenommen zu werden. Sie bezieht sich wahrscheinlich auf die Inuit von Alaska:

„Die frühesten menschlichen Funde in Alaska, die bis zum Zeitpunkt dieses Artikels zu Tage kamen und hier besprochen werden, gehören in diese Epoche (*Echinusschicht* nach Dall). Wir fanden einige Schädel im untersten Teil der Amaknakhöhle[99] und einen weiteren bei Adakh, nahe dem Ankerplatz in der Bay of Islands. Diese waren auf ungewöhnliche Weise bestattet, die absolut mit jener übereinstimmt, welche die meisten der auf dem Kontinent lebenden Inuit befolgen, aber abweichend von den Bräuchen der modernen Aleuten. In der Amaknakhöhle fanden wir eine Einfassung, die wie aus Holz gearbeitet aussah, tatsächlich aber aus sehr zerfallenen Kiefernknochen irgendeines großen Wales bestand. Die Knochen bildeten eine in etwa rechteckige Umfriedung, deren Innenraum mit ähnlichen Knochenstücken abgedeckt war. Dieser maß weniger als einen Meter zwanzig Länge und sechzig Zentimeter Breite, aber fünfeinhalb Meter Tiefe. Der Boden bestand aus flachen Steinen. Drei solche Umfriedungen fanden sich nahe beieinander, bedeckt und verfüllt mit einer Ansammlung aus Pflanzen- oder organischem Mulch. In jeder befand sich ein Skelett im letzten Stadium des Zerfalls. Sie waren offensichtlich nach der Sitte der Inuit verschnürt worden, um in ihre engen Behausungen zu passen, aber alle Knochen, mit Ausnahme der Schädel, waren zu einer weichen Paste zerfallen oder ganz verschwunden. Bei Adakh grub ich aus einer Laune heraus in einem kleinen Hügel neben dem uralten Muschelhaufen, und hier stießen wir in einem genauso angelegten Sarkophag auf die Überreste eines Skelettes, von dem ebenso nur der Schädel ausreichend Zusammenhalt besaß, um eine Konservierung zu erlauben. Dieser umschlossene Bereich war jedoch mit einem dichten Torfmoos aufgefüllt, das noch nicht zu

---

98) Dall, William Henry, Contribution to North American Ethnology, 1877, Band 1, S. 62
William Henry Dall (1845-1927), berühmter Naturforscher und Malakologe, Amerikas Spezialist für lebende und ausgestorbene Weichtiere, beschrieb viele Muschelarten im nordpazifischen Ozean. Er studierte Zoologie, Anatomie und Medizin, interessierte sich für Ornithologie, Ozeanographie und Paläontologie. Er erforschte allein oder in Expeditionen das damals fast noch unbekannte Alaska, schrieb mehrere Bücher und mehr als 1.600 Aufsätze, in denen er 5.302 Tierarten, aber auch Indianervölker beschrieb.

99) Amaknak Island (aleutisch Amaxnax) ist eine kleine Aleuten-Insel. Sie liegt in der Unalaska Bay im Nordosten der Insel Unalaska und gehört wie diese zur Gruppe der Fox Islands.

Mulch zerfallen war, das Resultat Jahrhunderte währenden Sphagnum-Wachstums[100], das eine Dicke von fast achtzig Zentimetern über den Überresten erreicht hatte. Wenn man bedenkt, wie langsam in diesen nördlichen Breiten alles wächst, wird das hohe Alter dieser Bestattung deutlich.

Es scheint keinen Zweifel daran zu geben, dass es sich in der Mehrzahl der Fälle, besonders hinsichtlich der Höhlen der westlichen Staaten und Territorien, um Erstbestattungen handelt. Dies trifft ebenso auf die Höhlen in Ohio, Indiana und Kentucky zu, in denen viele Mumien gefunden wurden. Dennoch ist es durchaus auch möglich, dass solche Höhlen in größerem Umfang als Orte für Zweitbestattungen dienten. Die vielen Skelettfragmente und losen Knochen scheinen diese Ansicht zu bestärken."

---

100) Sphagnum = Torfmoos

Einbalsamierung und Mumifizierung

Als Folge und Verbindung zu Höhlenbestattungen bietet sich das Thema der Mumifizierung oder Einbalsamierung der Toten an, da die meisten Beispiele hierfür an eben solchen Orten aufgefunden wurden.

Es mag interessannt und lehrreich sein, die Gründe zu erforschen, die so viele Nationen und Stämme zu dem Versuch bewegten, die Verwandlung in Staub, der sich jedes Fleisch früher oder später ergeben muss, zu verhindern. Der begrenzte Umfang dieses Werks lässt allerdings nur einen kurzen Überblick über gewisse Theorien bekannter Verfasser zu, die sich auf das antike Ägypten beziehen. Möglicherweise bewegten auch die Indianer Amerikas derartige Ideen, ihre Toten vor dem Zerfall zu bewahren, doch zum derzeitigen Zeitpunkt lässt sich diesbezüglich nichts belegen. Im abschließenden Band aber soll dem Ursprung der Mumifizierung unter den Indianern und Eingeborenen dieses Kontinentes nachgegangen werden.

Gemäß Cassien balsamierten die Ägypter, weil während der jährlichen Überschwemmung des Nils keine Bestattungen erfolgen konnten. Allerdings ist es mehr als wahrscheinlich, dass diese Hypothese ins Reich der Phantasie zu verweisen ist. Andere vertreten die Ansicht, die Ägypter glaubten, die Seele würde solange im Körper ausharren, wie dieser erhalten bleibe. Herodot meinte man wolle die Verstorbenen davor schützen, aufgefressen zu werden. „Sie begruben sie nicht", schrieb er, „weil sie Angst davor hatten, dass die Würmer sie aufzehrten. Auch verbrannten sie sie nicht, da sie das Feuer als wildes Tier verstanden, das alles verschlang, was es berührte." Diodorus von Sizilien zufolge hat das Einbalsamieren mit kindlicher Pietät und Respekt zu tun. De Maillet wiederum schreibt diese Sitte in seinem zehnten Brief über Ägypten ausschließlich der religiösen Überzeugung zu. Die altägyptischen Schriftgelehrten und Priester hätten ihre Schüler gelehrt, dass nach einer gewissen Zahl von Zyklen von vielleicht dreißig- oder vierzigtausend Jahren das gesamte Universum wieder an seinen Anfang gelange und die Seelen der Toten in dieselben Körper zurückkehrten, in denen sie einst lebten, sofern diese unversehrt geblieben seien.. Angesichts der großen Umsicht, die man walten ließ, um die Toten zu bewahren, und der imposanten ägyptischen Grabkammern vermag es kaum zu überraschen, dass diese Theorie viele Unterstützer besitzt. M. Gannal ist der Auffassung, die Einbalsamierung komme der anhänglichen Empfindsamkeit unserer menschlichen Natur entgegen – dem Wunsch, die sterblichen Überreste der geliebten Menschen so lange wie möglich zu bewahren. M.M. Volney und Pariset wiederum postulieren, vor allem in heißen Klimazonen habe man den Gefahren der Pestilenz vorbeugen wollen; Eleganz und Luxus hätten sich erst später eingestellt. Der Graf von Caylus schließlich vertritt die Idee, das Konzept der Einbalsamierung sei nach dem Auffinden ausgedörrter Körper entstanden, welche der brennend heiße Sand Ägyptens aushärtete und bewahrte. Viele andere Vorschläge wurden hierzu unterbreitet, doch ich denke, die wenigen hier aufgeführten reichen aus, um als Einführung in die Einbalsamierung in Nordamerika zu dienen.

Aus den älteren Berichten über nordamerikanische Indianer lässt sich ableiten, dass man bei bestimmten Stämmen in Virginia, den Carolinas und Florida vor allem dann auf Mumifizierung zurückgriff, wenn es sich um herausragende Persönlichkeiten handelte. Das Vorgehen bei Königen in Virginia entwickelte sich gemäß Beverly[101] wie folgt:

„Die Indianer sind sehr gewissenhaft darin, die Leichname ihrer Könige und Herrscher nach deren Tod zu bewahren, wobei sie in der nachfolgenden Weise vorgehen: Zuerst ziehen sie die Haut nach Möglichkeit in einem Stück ab, nachdem sie diese nur auf dem Rücken einschnitten. Danach schälen sie so sauber wie möglich alles Fleisch von den Knochen und belassen nur die Sehnen daran, damit diese die Gelenke zusammenhalten. Sodann trocknen sie die Knochen in der Sonne und stecken sie wieder in die Haut zurück, die in der Zwischenzeit vor dem Austrocknen und Einschrumpfen bewahrt wurde. Befinden sich die Knochen alle an der richtigen Stelle, so füllen sie die Freiräume mit einem sehr feinen weißen Sand. Danach nähen sie die Haut wieder zu, und der Körper wirkt, als sei das Fleisch nie entnommen worden. Sie achten sehr darauf, mit Hilfe von etwas Öl oder Fett die Haut vor dem Schrumpfen zu bewahren, was auch den Zerfall verhindert. Die so behandelte Haut legen sie in einem nur für diese Prozedur benutzten Raum auf einem großen Gerüst ab. Diese Ablagefläche ist mit Matten ausgelegt, damit der Leichnam darauf unbeschwert ruhe, und mit ebensolchen abgedeckt, um den Staub fernzuhalten. Das Fleisch legen sie zum Trocknen auf Gestelle in die Sonne. Ist es ausreichend gedörrt, wird es in Körbe eingenäht und zu Füßen des Leichnams abgestellt, zu dem es einst gehörte. Hier stellen sie auch einen *Quioccos*[102] auf, ein Kultbild, das ihrem Glauben nach den Leich-

---

101) Beverly, Robert, History of Virginia, 1722, S. 185
Robert Beverly (ca. 1673-1722) gehörte zu den Pionieren, die in Virginia Siedlungen gründeten. Er schrieb darüber ein vierbändiges Werk, das posthum veröffentlicht wurde.

102) Gott der Algonkin-Sprachfamilie, der stets ein Auge auf das Verhalten der Menschen hatte, denn er lebte in der Luft, dem Donner und den Stürmen. Sehr strenger Richtergott, der schon kleinste Vergehen scharf bestrafte, die Toten bewachte und auf deren respektvolle Verehrung achtete.

nam bewacht. Tag und Nacht muss einer der Priester hier seinen Dienst verrichten, um für die Verstorbenen zu sorgen. Solche Verehrung erweisen diese unwissenden und ungeschliffenen Menschen ihrer Prinzessin selbst noch nach deren Tod."
Es sei angemerkt, dass der folgende Bericht, wie andere ähnlichen Inhaltes, nach Ansicht des Autors etwas zweifelhaft wirkt und darüber hinaus im Lauf der Jahre mehrfach kopiert und abgeschrieben wurde.

Laut Pinkerton[103], der diesen Bericht aus Smiths Virginia herüberbrachte, bewahrten die dortigen Weroance[104] ihre Toten wie folgt:

„In ihren Tempeln haben sie sein (ihres Hauptgottes, des Teufels) Abbild, sorgsam geschnitzt und bemalt und mit Kupferketten und Perlen behängt, und bedeckt mit einer Haut auf eine Art und Weise, wie es einer derartigen Missgestalt eines solchen Gottes geziemen mag. Bei ihm befinden sich im Allgemeinen die Grabmäler ihrer Könige. Ihre Leichname werden zunächst ausgeweidet, sodann auf Gestellen gedörrt, bis sie sehr trocken sind, und danach hängen sie um die meisten Gelenke und den Hals Armbänder oder Kupferketten, Perlen und ähnliches, wie sie es zuvor zu tragen gewohnt waren. Ihre Körper stopfen sie mit Kupferperlen aus, mit Beilen und gleichermaßen heidnischem Plunder. Danach schlagen sie die Verstorbenen mit großem Bedacht in weiße Häute und rollen sie in Matten ein, das sind ihre Leichentücher. Und in der Grabstätte, einem Bogen aus Matten, legen sie diese in ordentlicher Manier ab. Was vom Reichtum der Könige verblieb, stellen sie in Körbe gefüllt zu ihren Füßen ab. Ihre Priester hüten die Tempel und die Leichname.

Für gewöhnliche Begräbnisse heben sie mit geschärften Pfosten ein tiefes Loch im Boden aus. Den in Häute und Matten gewickelten Leichnam legen sie mit seinem Schmuck auf Stecken ab, und hernach bedecken sie ihn mit Erde. Nach Ende des Begräbnisses sitzen die Frauen, ihre Gesichter bemalt mit schwarzer Kohle und Oleum, vierundzwanzig Stunden in den Häusern und trauern und klagen im Wechsel mit großem Geheule und Geschrei, um ihrem großen Kummer Ausdruck zu verleihen...

Auf dem Scheitel gewisser roter Sandhügel in den Wäldern stehen drei große Häuser mit Abbildern ihrer Könige und Teufel und den Grabmälern ihrer Vorväter. Diese Häuser messen nahezu 18 Meter in der Länge und sind gebaut wie ihre Wohnhäuser. Dieser Ort ist ihnen so überaus heilig, dass nur die Priester und Könige wagen, ihn zu betreten. Auch wagen diese Wilden es nicht, an ihm vorbei flussaufwärts zu gehen, sofern sie nicht feierlich einige Kupferstücke, weiße Perlen oder *pokan*[105] in den Fluss werfen, aus Furcht, sie könnten ihren *Okee*[106] beleidigt und dessen Rachsucht heraufbeschworen haben.

---

103) Pinkerton, John, A General Collection of the best and most interesting Voyages and Travels in all Parts of the World, 1812, Band xiii, S. 39
John Pinkerton (gest. 1826) war englischer Kartograph. Während seiner Vermessungsexpeditionen schrieb er auch vieles über die Ureinwohner nieder.

104) Weroance, *werowance* („er ist wohlhabend"), ist ein Algonkin-Wort der Powhatan-Konförderation und bedeutet Stammeshäuptling, Anführer, König. Der Verfasser beschreibt die Gebräuche der Powhatan in der Nähe von Jamestown zu Zeiten des ersten Gouverneurs James Smith, also um 1607 - 1609 .

105) Algonkin: „Blut"; Dunkelrote, fast schwarze Paste aus Kermesbeeren.

106) Algonkin: Ahnen- und Richtergott, Hüter der Toten und ihrer Stätten, je nach Dialekt auch Quioccos, Oke, Okeus, Cakeres und Kiwasa genannt.

Sie glauben, ihre *weroances*[107] und Priester, die sie achtungsvoll *quiyough-co-sughs*[108] nennen, ziehen nach deren Tod jenseits der Berge in den Sonnenuntergang, um dort auf ewig in Okee einzugehen, ihre Köpfe rot bemalt mit Oleum und Pokan, mit Federschmuck bedeckt und Geschenken wie Perlen, Beilen und Tabak bedacht. Dort tanzen und singen sie unablässig mit ihren Vorfahren. Aber die niederen Angehörigen des Stammes sind nicht für das Leben nach dem Tode bestimmt, sondern verrotten in ihren Gräbern wie tote Hunde."

Dieser Bericht gleicht im Wesentlichen einem zuvor gegebenen, die Sprache unterscheidet sich leicht, die obige Bemerkung bezüglich Vertrauenswürdigkeit gilt sowohl für diesen wie auch für die anderen.

Abbildung 1 mag erneut als Beispiel eines derartigen Totenhauses dienen.

Die Congaree[109] und Santee[110] Südkarolinas balsamierten laut Lawson ihre Toten teilweise ein, wie sich aus dem nachfolgenden Auszug von Schoolcraft[111] ablesen lässt. Anstatt die Überreste in Höhlen abzulegen, bestatteten sie diese jedoch in Kisten, die über dem Boden in der Schere überkreuzter Stangen ruhten.

„Ihre Bestattung verläuft folgendermaßen: Ein Hügel oder eine Pyramide aus Erde wird aufgeschüttet, deren Scheitel sehr glatt und eben verstrichen wird, manchmal höher oder auch niedriger, je nach Rang der Person, um deren Monument es sich handelt. Auf der Kuppe befindet sich eine Abschirmung mit einem First wie ein Hausdach. Diese wird von neun Pfosten oder kürzeren Stangen gestützt. Die Grabstätte misst in der Länge etwa zwei bis zwei Meter zwanzig und in der Breite etwas über einen Meter. Daran hängen Kürbisflaschen, Federn und andere Trophäen, welche die Angehörigen dem Verstorbenen als Respektsbezeugung mit ins Grab gaben. Der weitere Verlauf der Bestattung ist wie folgt: Sobald der Betroffene verstorben ist, legen sie den Leichnam auf einem Rindenstück in die Sonne. Sie dörren oder balsamieren ihn mit einer zu Pulver zerstoßenen, zinnoberrot glänzenden kleinen Wurzel ein. Diese wird mit Bärenfett vermischt, um das Haar zu verschönern. Nachdem der Leichnam einen oder zwei Tage in der Sonne lag, legen sie ihn in Astgabeln, um ihn über der Erde zu halten. Sodann salben sie ihn am ganzen Körper mit dem zuvor genannten Wurzelpulver und Bärenfett. Ist diese Prozedur abgeschlossen, bedecken sie ihn sorgsam mit der Rinde oder dem Kienholz der Zypressen, um den Regen abzuhalten, und fegen den Boden um diese Stätte gründlich sauber. Sein engster Verwand-

---

107) Algonkin: „Stammeshäuptlinge".

108) Algonkin: „die Kleineren nach dem Ersten", Unterhäuptlinge und Priester, die in der Hierarchie unter dem großen Häuptling aller 31 Stämme der Powhatan-Konföderation stehen, in der Algonkin-Mythologie aber auch die untergebenen Götter von Okee.

109) Der damals etwa 800 Menschen zählende Stamm der Congaree lebte am Ufer des gleichnamigen Flusses in South Carolina, unweit des heutigen Congaree-Nationalparks. Sie starben Ende des 18. Jahrhunderts aus. Als enge Verwandte der Catawba und Wateree gehörten sie zur Sprachfamilie der Sioux.

110) Die Santee (oder Dakota) sind der östlichste Stamm der Sioux. Obwohl Angehörige der Sioux-Sprachfamilie, ähnelten sie kulturell ihren benachbarten Algonkinstämmen und gehörten zur Waldland- und nicht zur Präriekultur. Entsprechend jagten sie vor allem Hirsche, betrieben Fischfang und bauten Bohnen, Kürbisse, Mais und Tabak an. Sie ernteten Ahornsirup und Wildreis.

111) Schoolcraft, History of the Indian Tribes of the United States, 1854, Quartal IV, S. 155 f.

ter trägt alle beweglichen Güter heran, die er zum Zeitpunkt seines Todes besaß – Gewehre, Bogen und Pfeile, Perlen, Federn, Zeremonienumhang und alles weitere. Dieser Verwandte ist der Haupttrauernde, der, in Moos gekleidet, mit einem Stab in der Hand, für drei oder vier Tage einen klagenden Gesang anstimmt, das Gesicht geschwärzt mit einer Mischung aus verbranntem Kiefernholz und Bärenfett. Während der gesamten Zeit berichtet er den Verwandten des Mannes und den anderen Anwesenden, wer dieser Tote war, welche großen Taten er in seinem Leben beging, und all seine Rede dient dazu, den Verblichenen zu ehren. Sobald das Fleisch mürbe geworden ist und von den Knochen fällt, lösen sie es ab und verbrennen es. Sie säubern die Knochen auf das sorgfältigste, salben sie mit den bereits genannten Zutaten und wickeln den Schädel in ein Tuch, das nur für diesen Zweck aus dem Haar eines Opossums gewoben wurde. Die Knochen verwahren sie gewissenhaft in einer Holzkiste, die sie jedes Jahr einreiben und reinigen. Dadurch erhalten sie diese über eine lange Zeit, so dass man auf Indianer treffen kann, die sich im Besitz der Knochen ihrer Großväter oder noch älterer Vorväter befinden. Sie besitzen aber auch noch andere Grabstätten, wie jene, die an der Stelle errichtet werden, an der ein Indianer im Kampf fiel. Dort errichten sie einen Steinhaufen (oder häufen Stöcke auf, wenn es an Steinen mangelt). Jeder Indianer, der an dieser Stätte vorbeizieht, legt in Erinnerung an diesen Krieger einen Stein dazu, um dem gefallenen Helden seine Ehrerbietung zu bezeugen. Die Indianer fertigen ein Dach aus leichten Hölzern oder Pechkiefer für die Gräber der herausragenden Mitglieder des Stammes, bedecken diese Konstruktion zunächst mit Rinde und danach mit Erde und belassen den Körper somit in einer unterirdischen Gruft, bis das Fleisch von den Knochen fällt. Die Knochen werden sodann herausgenommen, gesäubert, zusammengesetzt, in weißgefärbte Hirschhäute gehüllt und im Anschluss im *Quigozon*[112] beigesetzt, der Grabstätte ihrer Könige oder Feldherren, einer prachtvollen Blockhütte, deren Bau zu Lasten des Stammes geht. Dieses *Quiogozon* ist Gegenstand der Verehrung, in welchem nach Aussage des Autors der König, alte Männer und Berufene mehrere Tage mit ihren Abgöttern und toten Königen verbrachten, zu dem ihm aber nie Zutritt gewährt wurde."

Zu einer anderen Art von Mumien gehören jene, die in den Salpeterhöhlen und anderen Felshohlräumen Kentuckys gefunden wurden. Es ist immer noch Gegenstand der archäologischen Diskussion, inwieweit tatsächlich Anstrengungen unternommen wurden, diese Mumien bewusst zu erhalten. Viele gehen davon aus, dass die Mineralien in dieser Erde für den Erhaltungszustand verantwortlich sind. Charles Wilkins[113] beschreibt einen dieser Funde:

„... der ausgedörrte Körper einer Frau... wurde etwa drei Meter unter dem Höhlenboden in einer Tonschicht begraben, die stark mit Salpeter getränkt ist. Der Leichnam befindet sich in Hockerstellung, umgeben von hochkant errichteten Steinen, und ein flacher Stein deckt die Konstruktion ab. Der Körper war in grobe Kleidung gehüllt... die Verstorbene in Hirschhäute gewickelt, das Fell auf dieselbe Weise abge-

---

112) Beinhaus

113) Wilkins, Charles, Transactions and Collections of the American Antiquarian Society, 1820, Band 1, S. 360

schabt, in der die Indianerinnen Felle für den Markt herstellen. Innerhalb der Steinkammer befanden sich die Arbeitsgegenstände, Perlen, Federn und anderer Zierrat, der ihr einst gehörte.

Die nächste Beschreibung stammt von Dr. Samuel L. Mitchell und ist datiert auf den 24. August 1815[114]:

„Sehr geehrter Herr, ich unterbreite Ihnen einige Beobachtungen über ein eigentümliches Relikt der amerikanischen Vorgeschichte, das sich jetzt in New York befindet. Es handelt sich um einen menschlichen Körper[115], der in den Kalksteinhöhlen von Kentucky gefunden wurde. Es ist eine perfekte Mumifizierung: Alle Flüssigkeiten sind ausgetrocknet. Die Haut, Knochen und andere feste Bestandteile befinden sich in einem vorzüglichen Erhaltungszustand. Ich bin mir sicher, er genügt, um Bryant und alle anderen Archäologen zu verblüffen.

Auf diesen Fund stießen wir, als wir auf der Suche nach Salpeter eine kalkhaltige Höhle in der Nähe von Glasgow[116] erforschten.

Diese unterirdischen Höhlen sind trocken genug, um Salpetersäure anzuziehen und zu halten. Sie verbindet sich mit Kalk und Kaliumkarbonat, und daraus ergibt sich, dass die Erde dieser Ausgrabungen wahrscheinlich einen ansehnlichen Anteil an kalkhaltigem Karbonat enthält. Es ist anzunehmen, dass durch diese austrocknenden und antiseptischen Bestandteile die Fäulnis eingedämmt und der Zerfall der Körper somit aufgehalten wird. Die äußere Hülle um die Leichen besteht aus Hirschhäuten, die wahrscheinlich auf übliche Weise hergestellt und vor der Verwendung durch Walken schmiegsam gemacht wurden. Die nächste Schicht ist eine Hirschhaut, deren Fell mit einer scharfen Klinge entfernt wurde, einem Filzmesser vermutlich nicht unähnlich. Die verbliebenen Haare und die Einschnitte ähneln sehr dem geschorenen Pelz eines Bibers. Die nächste Lage besteht aus Tuch, das aus zweifach gezwirbeltem Faden gewirkt wurde. Der Zwirn scheint aber weder auf dem Spinnrad noch das Gewebe auf dem Webrahmen entstanden zu sein. Kettfaden und Ausfüllung schienen überkreuzt und verknotet worden zu sein in einer Fertigungsweise, die den Geweben der Nordwestküste und auf den Sandwich-Inseln ähnelt. Ein Botaniker vom Rang des leider verschiedenen Muhlenburg wäre bestimmt in der Lage gewesen, die Pflanze zu bestimmen, die das Fasermaterial lieferte.

Die innerste Bedeckung ist wie schon die vorhergehende ein Stoffmantel; auf diesen sind jedoch große braune Federn aufgenäht. Er wurde mit großer Kunstfertigkeit gefertigt, um den lebenden Träger vor Nässe und Kälte zu bewahren. Das Federkleid ist einzigartig und vollständig, und das Ganze entspricht fast genau den Federumhängen, welche derzeit von den Stämmen der Nordwestküste Amerikas getragen werden. A. Wilson könnte wohl sagen, von welchem Vogel sie stammen.

---

114) Brief an Samuel M. Burnside in: Transactions and Collections of the American Antiquarian Society, 1829, Band 1, S. 318

115) Eine Mumie dieser Art wurde in Kentucky entdeckt. Sie befindet sich jetzt in der Sammlung der American Antiquarian Society. Es handelt sich um eine erwachsene Frau. Es fanden sich mehrere menschliche Körper, die sorgfältig in Häute und Stoffe gewickelt waren. Sie wurden im Boden einer Höhle beerdigtund nicht in Katakomben abgelegt.

116) Ansiedlung im Barren Country, Kentucky.

Der Körper befindet sich in Hockerstellung, wobei der rechte Arm leicht nach vorne gestreckt ist und die Hand das rechte Bein umfasst. Der linke Arm hängt herunter, die Hand liegt teilweise unter dem Sitz. Der junge Mann war zum Zeitpunkt des Todes wohl nicht älter als vierzehn Jahre. Am Hinterhaupt findet sich ein tiefer und ausgeprägter Schädelbruch, der ihn wahrscheinlich das Leben kostete. Die Haut ist überwiegend intakt, sie weist eine dunkle Farbe auf, aber die tatsächliche Hautfarbe lässt sich nur anhand des äußeren Erscheinungsbildes nicht mit letzter Sicherheit bestimmen. Der Skalp ist bis auf kleine Ausnahmen mit rötlichbraunem oder fuchsrotem Haar bedeckt. Die Zähne sind weiß und gesund. Hände und Füße sind in ihrem eingetrockneten Zustand schlank und grazil. All diese wichtigen Erkenntnisse verdanken wir der Untersuchung unseres scharfsichtigen und scharfsinnigen Kollegen Dr. Holmes.

Es finden sich keinerlei pechartige oder aromatische Stoffe in oder an dem Körper wie bei ägyptischen Mumien, und auch keine Bandagen. Abgesehen von den mehrfachen Umhüllungen war der Körper nackt. Es finden sich weder Einschnitt noch Naht, die auf eine Entnahme der Eingeweide schließen ließen.

Es mag an dieser Stelle erwartet werden, dass ich meine Meinung bezüglich des Alters und der Rasse dieser einzigartigen Trockenmumie unterbreite.

Nun denn, erstens lässt sich zu meiner Genugtuung eindeutig sagen, dass der junge Mann nicht der Rasse der Weißen angehört, zu deren Mitgliedern wir zählen.

Zweitens. Genauso wenig glaube ich, dass er zu den Banden spanischer Abenteurer gehörte, die zwischen 1500 und 1600 ihre Streifzüge auf den Mississippi und seine Nebenflüsse ausdehnten. In dieser Hinsicht allerdings hätte ich gerne die Meinung meines gelehrten und scharfsinnigen Freundes Noah Webster gehört.

Drittens. Ich sehe mich ebenso genötigt, jene Meinung zurückzuweisen, nach der er zu einem der Eingeborenenstämme gehörte, die zur Zeit oder bis vor kurzem Kentucky bevölkerten.

Viertens. Der Umhang mit der Federarbeit und der Umhang aus verzwirbelten Fäden ähneln so exakt jenen der Ureinwohner der Wakash[117] und den Pazifikinseln, dass ich diesen Fund in diese Epoche einordne und den Generationen zurechne, die den Indianern des Green River vorangingen, wie auch den Ort, an dem diese Relikte gefunden wurden. Diese Folgerung wird bestärkt durch die Überlegung, dass solche Handarbeiten von den heutigen und hier lebenden Roten nicht angefertigt werden. Wäre dem Abbé Clavigero dieser Fall bekannt gewesen, dann hätte er an Menschen gedacht, die jene uralten Befestigungen und Hügel schufen, deren genaue Geschichte kein lebender Mensch kennt. Aber ich übe mich nun in Zurückhaltung. Meine Absicht war lediglich, der Gesellschaft[118] meinen Respekt zu erweisen, da sie mich als Mitglied aufnahm, und um die Aufmerksamkeit ihrer Altertumsforscher dahin zu lenken, sich einem Fund von derartiger Kuriosität weiter zu widmen.

Voller Respekt verbleibe ich Ihr Samuel L. Mitchell."

---

117) Sechs der Wakash- oder Wakashan-Sprachen werden in Kanada in British Columbia und auf Vancouver Island noch heute von wenigen Ureinwohnern gesprochen. Makah, einst im nördlichsten Teil der USA zu hören, ist ausgestorben.

118) Der wissenschaftlichen Gesellschaft, die das Smithsonian gründete.

(Abb. 8) Grabfigur

Kürzlich erfolgten Nachforschungen gemäß schienen die Ureinwohner an der Nord-westküste ihre Toten mit großer Sorgfalt einzubalsamieren. Dies ist auch dem kürz-lich veröffentlichten Werk von W. H. Dall[119] zu entnehmen, in dem die Mumien wie folgt beschrieben werden:

„Wir fanden die Toten auf verschiedenste Weise bestattet. Erstens durch Begräb-nis in ihrem Teil der gemeinsamen Behausungen, wie bereits beschrieben; zweitens, indem sie auf eine rohe Plattform aus Treibholz oder Steinen im Schutze einiger Fel-sen gebettet wurden. Diese lagen auf Stroh und Moos und waren mit Matten bedeckt, aber fast ohne Beigaben, Waffen oder Schnitzereien. Wir fanden insgesamt lediglich drei oder vier Mumien an diesen Plätzen, von denen wir eine große Anzahl unter-suchten.

Dabei handelte es sich offensichtlich um die ältere Form der Bestattung, die aber für arme und unbeliebte Individuen weiter zur Anwendung kam.

Zuletzt, vergleichsweise neuzeitlich, wahrscheinlich während der letzten paar Jahrhunderte bis in die jetzige historische Gegenwart (1740), wurde für die Wohlha-benden, Angesehenen oder die erlesenere Klasse eine neue Sitte übernommen. Die Körper wurden gedörrt, in fließendem Wasser von allen fettigen Substanzen befreit und in der Regel in angemessene Hüllen aus Fellen und feingearbeiteten Grasmatten gewickelt. Der Leichnam wurde zumeist in Hockerstellung gebracht und der Mumi-enschrein, vor allem bei Kindern, in passenden Felsspalten über dem Boden gelagert (den er nicht berühren sollte). Manchmal wurde der vorbereitete Leichnam aber auch in einer lebensechten Haltung bestattet, bekleidet und bewaffnet. Sie wurden darge-stellt, als seien sie mit einer angenehmen Tätigkeit wie jagen, fischen, nähen und der-gleichen mehr beschäftigt. Zu ihnen wurden auch Bildnisse der Tiere gesellt, denen sie nachspürten, derweil der Jäger seinen hölzernen Panzer und eine riesige Maske trug, die über und über mit Federn und unzähligen, verschiedenen hölzernen An-hängern in bunten Farben geschmückt war. Alle Schnitzereien bestanden aus Holz, selbst bei den Waffen handelte es sich um genaue Nachbildungen aus Holz. Unter den vorhandenen Gegenständen fanden sich Trommeln, Rasseln, Gefäße, Waffen, Nach-bildungen von Menschen, Vögeln, Fischen und Tieren, Panzer aus Holzstäben oder –schuppen und außergewöhnliche Masken, so hergestellt, dass der aufrecht stehen-de Träger nur den Boden vor seinen Füßen sah. Diese wurden bei religiösen Tänzen getragen aus der Vorstellung heraus, dass ein Geist, der dieses zeitweilige Götzenbild belebte, tödlich auf alle wirkte, welche die Maske ansahen. Eine Erweiterung dieser Idee führte zur Maskierung jener, die in die Welt der Geister eingegangen waren.

Die Gepflogenheit, die Körper derjenigen zu bewahren, die der Walfängerkaste angehörten – eine Sitte, die den Kodiak-Inuit[120] eigen ist – wurde fälschlicherweise mit der nun beschriebenen verwechselt. Letzteres traf sowohl auf Frauen wie Män-ner und all jene zu, die die Lebenden besonders zu ehren wünschten. Die Walfän-

---

119) Contribution to North American Ethnology, 1877, Band i, S. 89

120) Die Koniag auf Kodiak und der Alaska-Halbinsel lebten sesshaft an Wasserläufen im Binnenland oder an der Küste des Meeres. Der Handel mit anderen Stämmen sorgte für eine Ergänzung der einsei-tigen Nahrung, die das Meer lieferte. Die Stämme der Pazifikküste sind für ihre reichhaltige Schnitz-kunst bekannt, die sich bis in die heutige Zeit bewahrt hat.

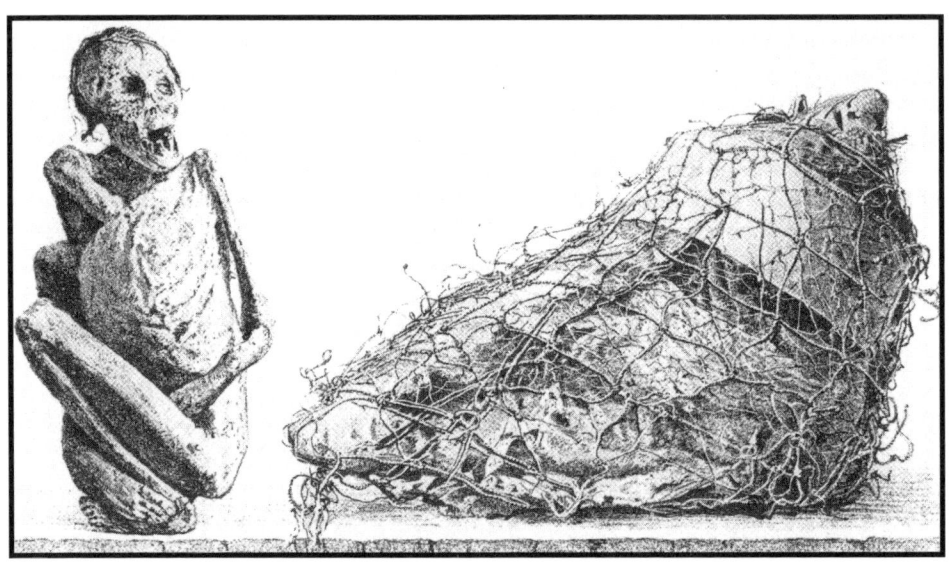

(Abb. 9) Mumien aus Alaska

ger hingegen bewahrten nur die Körper der Männer, jedoch nicht mit dem Aufwand, den ich zuvor beschrieb. Tatsächlich zeigen meine Beobachtungen bei den Walfängern, dass sie mit Steinwaffen und echten Gerätschaften anstatt mit Nachbildungen bestattet wurden, zudem mit kaum nennenswerter Bekleidung und keinerlei bedeutenden Schnitzereien. Diese Einzelheiten und jene vieler anderer Bräuche, über die uns die Muschelhaufen keinerlei Aufschluss zu geben vermögen... gehören nicht zu meinem Forschungsfeld."

Abbildung 9, kopiert von Dall, ist ein Beispiel für Mumien aus Alaska.

Martin Sauer, Schriftführer der Billings-Expedition[121], beschreibt die Einbalsamierungen der Aleuten-Bewohner wie folgt:

„Sie zollen ihren Toten jedoch Respekt, denn sie balsamieren die Körper der Männer mit getrocknetem Moos und Gras, bestatten sie in ihrer besten Kleidung, in sitzender Position, in einer kräftig gebauten Kiste, mit ihren Pfeilen und ihren Gerätschaften und statten die Grabstätte mit verschiedenen buntgewebten Matten, Stickereien und Malereien aus. Den Frauen allerdings wird weniger Aufwand zuteil. Eine Mutter bewahrt ihr derart einbalsamiertes Kind für einige Monate in der Hütte, wobei sie es ständig trockenreibt. Sie begraben es, wenn es Gerüche entwickelt oder wenn sie bereit sind, sich von ihm zu trennen."

Über denselben Stamm verfasste ein Reporter des San Francisco Bulletin folgenden Bericht:

„Der Schoner *William Scutton* der Alaska Commercial Company kehrte von den Robbeninseln der Company mit den mumifizierten Überresten einiger Indianer zurück, die vor hundertfünfzig Jahren auf einer Insel nördlich von Ounalaska lebten. Diesen wissenschaftlichen Beitrag verdanken wir Kapitän Henning, einem Agenten der Company, der lange auf Ounalaska stationiert war. Während seines Umgangs mit den Indianern erfuhr er, dass die fragliche Insel Kagamale gemäß den Traditionen der Aleuten-Bewohner die letzte Ruhestätte ihres großen Königs Karkhayahouchak sei. Im vergangenen Jahr befand sich der Kapitän auf der Jagd nach Seeottern und anderen Felltieren in der Nähe von Kagamale und nahm Kurs auf die Insel, um sich selbst vom Wahrheitsgehalt der Traditionen zu überzeugen, von denen er gehört hat-

---

121) Sauer, Martin, An Account of a Geographical and Astronomical Expedition to the Northern Parts of Russia for ascerting the Degree of latitude and longitude of the mouth of the River Kovim (Kolyma), of the whole Coast of the Tshutski (Chukchi), to East Cape; and of the Islands and the Eastern Ocean, stretching to the American Coast performed by Command of her Imperial Majesty Chatherine the Second Empress of all Russia, by Commodore Joseph Billings in the Year 1785 &c. to 1794. Späterer Kurztitel: Billings' Expedition, 802, S. 161.

Joseph Billings (1758 in Yarmouth, Großbritannien - 1806 in Moskau) nahm 1776 an der dritten und letzten Reise James Cooks in den Pazifischen Ozean teil. Auch danach blieb er der Seefahrt treu. 1783 wechselte er in die Kaiserlich Russische Marine und wurde aufgrund seiner Erfahrungen von Katharina II. zum Kapitänleutnant, also Führer eines der beiden Schiffe der Nordpazifik-Expedition, ernannt. In den folgenden neun Jahren kartographierten Billings, Sarytschew und Hall weite Teile des Nordpazifiks, einschließlich der Beringstraße, Kamtschatkas, der Aleuten und Alaskas mit genauen Beschreibungen der bereisten Gebiete und ihrer Bewohner. Der Brite Martin Sauer war während all dieser Zeit Billings Sekretär.

te. Die Höhle zu betreten, bereitete ihm erheblich mehr Schwierigkeiten, als sie zu finden, da sein Schoner drei Tage lang mit dem Wetter vor der Küste kämpfte. Zuletzt gelang ihm dennoch die Landung, und als er die Felsen erklomm, fand er sich in der Gegenwart des toten Häuptlings, seiner Familie und Angehörigen.

In der Höhle verbreiteten schwefelhaltige Dämpfe starke Gerüche. Die Mumien wurden sorgfältig geborgen und auch der ganze verstreute Zierrat eingepackt.

Alles in allem handelt es sich um elf eingepackte Körper. Nur zwei oder drei wurden geöffnet. Der Körper des Häuptlings ruht in einer großen, korbähnlichen Konstruktion von etwa ein Meter zehn Höhe. Die äußeren Hüllen bestehen aus feingearbeiteten Seegrasmatten von extrem dichter Webart sowie Häuten. Auf dem Boden liegt ein großer Reifen oder flacher Korb aus dünnen Stecken, wobei die Hauptstücke mit einem Körperkorsett aus gebundenem Schilf zusammengehalten werden[122]. Der Körper ist mit feinen Seeotterfellen bedeckt, die bei den Bestattungen der Aleuten-Indianer immer ein Zeichen von hohem Rang bekunden. Um das Bündel spannen sich die Maschen eines Fischnetzes, gewirkt aus den Därmen eines Seelöwen, sowie die eines Vogelnetzes. Offensichtlich wurden dem Häuptling mehrere sperrige Gegenstände mitgegeben. Das Bündel in seiner Gesamtheit unterscheidet sich sehr von den übrigen, die mit ihren braunen Grasmatten eher an Rohrzuckersäcke von den Sandwich-Inseln erinnern als an menschliche Überreste. Die Körper eines *papoose*[123] und eines sehr kleinen Kindes, die wahrscheinlich bei der Geburt oder kurz danach starben, sind in Seeotterfelle gehüllt. Bei einem von ihnen ist ein Fuß nur teilweise bedeckt, ein Zehennagel ist sichtbar. Alle anderen Mumien waren Erwachsene.

Eines der Bündel wurde geöffnet und enthüllte den Körper eines Mannes in erträglichem Erhaltungszustand. Allerdings war ein großer Teil des Gesichtes zerfallen. Dieser und andere Tote wurden nach Eintreten des Todes stark gebeugt, indem man einige Muskeln an der Hüfte und den Knien durchtrennte und die Gliedmaßen parallel an den Körper presste. Das wahrscheinlich auffallendste Bündel, vom Häuptling abgesehen, umfasst in einer einzigen Hülle aus Seelöwenhäuten die Körper eines Mannes und einer Frau. Zur Sammlung gehören zudem einige Schädel, männlich wie weiblich, an denen noch der Haarschopf klebt. Das Haar hat sich rötlichbraun verfärbt. Die mitgegebenen Gegenstände umfassen ein paar sorgfältig ausgearbeitete Holzgefäße; ein Stück eines dunklen, grünlichen, flachen Steines, der härter ist als Smaragd und mit dem die Indianer ihre Häute zu bearbeiten pflegen; eine schwarze Skalp-Locke; eine kleine, grob gearbeitete Figurine, bei der es sich um eine sehr hässliche Puppe oder ein Götzenbild handeln mag; zwei oder drei winzige, sehr genau ausgeführte Elfenbeinschnitzereien von Seelöwen; einen Kamm; eine Halskette aus aneinandergefügten Vogelkrallen; mehrere kleine Beutel und eine Kappe, geflochten aus Seegras und so gut wie wasserdicht."

---

122) Es handelt sich hierbei um eine Hockerbestattung in einem flachen Korb, dessen Wände aus Matten und Fellen bestehen, die durch eine Art Korsett aus festen Schilfbündeln stabilisiert werden.

123) Säugling

In Carys Übersetzung von Herodot[124] (1853, S. 180) taucht die folgende Passage auf, die besagt, in welcher Weise die *makrobioi Aithiopes*[125] ihre Toten bewahrten. Dies wird hier nur als kleine Merkwürdigkeit von keinerlei Bedeutung hinzugefügt, da keine derartig behandelten Überreste je gefunden wurden.

„Nachdem dies geschehen war, besuchten sie zum Abschluss all ihre Grabmäler, die auf folgende Weise aus Kristall gefertigt sein sollen. Nachdem sie den Leichnam so wie die Ägypter oder auch auf eine andere Weise getrocknet haben, bedecken sie ihn komplett mit Gips, bemalen ihn und bemühen sich, ihn so lebensnah darzustellen wie möglich. Danach errichten sie um diesen eine hohle Säule aus Kristall, das sie in großen Mengen ausgraben und das sich mühelos bearbeiten lässt. Der Körper in der Mitte der Säule ist deutlich erkennbar, verströmt aber keinerlei unangenehme Gerüche, noch ist er in irgendeiner Weise abstoßend. Die nächsten Verwandten behalten die Säule für ein Jahr in ihrem Haus, bieten ihr von allem das Erste an und nehmen Opferungen vor. Nach dieser Zeit stellen sie sie in der Nähe der Stadt auf. Man beachte: Die ägyptischen Mumien sind nur von vorne zu betrachten, da den Rücken eine Kiste oder ein Sarg verdeckt. Die äthiopischen Körper hingegen waren von allen Seiten zu betrachten, da die Glassäule durchsichtig war."

Mit den vorgenannten Beispielen als Erläuterung mag die Frage der Einbalsamierung zunächst als abgeschlossen gelten, verbunden mit dem Ratschlag, dass bei der Entdeckung von Mumien besondere Sorgfalt anzuwenden sei, um sicherzustellen, ob die Leichname einem gewollten Erhaltungsprozess ausgesetzt wurden oder ob sie ihren Schutz den Inhaltsstoffen in der Erde ihrer Gräber oder dem Ausdörren in trockenen Gegenden verdanken.

---

124) Von Herodot von Halikarnassos (490-424 v.u.Z.), dem antiken Historiographen, Geographen und Völkerkundler sind neun Bücher erhalten, seine berühmten Historien, in denen er auch die orientalischen Hochkulturen, vor allem Ägypten, beschrieb. Er lieferte Erklärungen zum Pyramidenbau und zur Mumifizierung. Da Herodot einen Dolmetscher benötigte, traten einige Missverständnisse auf, daher sind nicht alle Berichte zuverlässig. Dieser Bericht stammt aus Band 3.

125) Griech.: „langlebige Äthiopier" oder Makrobioi

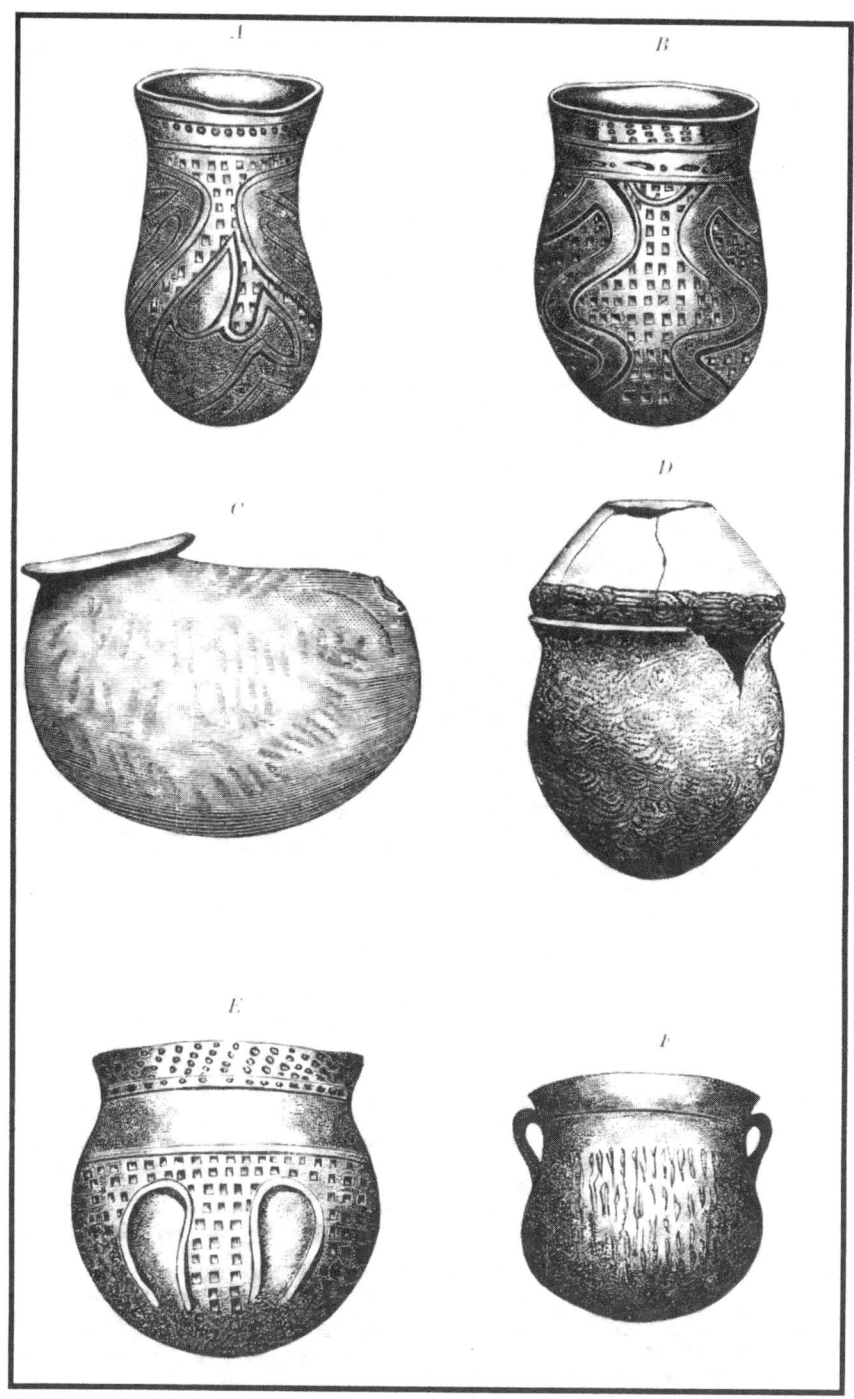

(Abb. 10) Urnen

Urnenbestattung

Um das Thema der unterirdischen Bestattungen ordnungsgemäß abzuschließen, hier der Bericht über eine Urnenbestattung, die sich bei Foster[126] findet:

„Urnenbestattungen scheinen in der Hügelkultur[127] recht häufig vorgekommen zu sein, besonders in einigen der südlichen Staaten. In den Hügeln am Wateree-Fluss, nahe Camden, S.C., fanden sich laut Dr. Blanding Ansammlungen von Gefäßen, eines über dem anderen, alle mit menschlichen Überresten gefüllt. Manchmal, wenn der Hals des Gefäßes zu schmal ausfiel, wurde der Schädel mit dem Gesicht nach unten in die Öffnung gelegt und bildete auf diese Art einen Stopfen. Ganze Friedhöfe wurden gefunden, in denen wohl ausschließlich Urnenbestattungen stattfanden. Ein solcher wurde vor nicht allzu vielen Jahren zufällig auf St. Catherine's Island vor der Küste Georgias freigelegt. Professor Swallow teilte mir mit, dass er aus einem Hügel bei New Madrid in Missouri einen Schädel barg, der in einem irdenen Gefäß steckte, dessen Hals zu schmal war, um ihn dort herauszuholen. Es muss also nach dem Tode in der verbliebenen Hitze um diesen geformt und gebrannt worden sein.

Eine ähnliche Bestattungsart praktizierten die Chaldäer[128]. Ihre Bestattungsgefäße enthielten oftmals menschliche Schädel, deren Ausmaße die Gefäßöffnung

---

126) Foster, John Wells, Pre-historic Races, 1873, S. 199
John Wells Foster (1815-1873): Amerikanischer Geologe, der auf seinen Erkundungen immer sehr an fossilen Funden, vor allem aber an den Hügeln der Mississippi-Kultur interessiert war..

127) Es handelt sich hier um die aztekisch beeinflusste Mississippi-, auch Hopewell- und Marksville-Kultur, die ab 200 v.u.Z. zunächst in Alabama, Mississippi und Louisiana auftrat, sich dann bis 700 n.u.Z. aber über den gesamten Südosten ausbreitete. Die Kultur baute als einzige nördlich von Mexiko befestigte Städte, in denen Erdhügel oder -pyramiden errichtet wurden. Sie baute Bohnen, Mais, Kürbis und Tabak an, hielt Truthähne und Hunde für die Fleischversorgung, betrieb Jagd und Fischfang und stellte reichverzierte Keramik her. An der Spitze der streng hierarchisch gegliederten Gesellschaft stand ein Priesterkönig.

128) Frühbabylonisches Volk des Altertums.

überschritten, so dass der Ton entweder über die Totenreste modelliert und dann gebrannt wurde oder ein nachträgliches Anbringen des Gefäßhalses Teil der endgültigen Begräbnisriten war.[129]"

Ich beuge mich mit Bedauern der Pflicht, dem verehrten Autor des oben zitierten Berichtes insoweit zu widersprechen, als Urnenbestattungen durchaus von einigen zentral- und südamerikanischen Stämmen praktiziert wurden, in Nordamerika bis auf ein sehr eingeschränktes Gebiet aber wohl nur als Zweitbestattung vorkamen. Ich muss einräumen, selbst einige Knochen in Urnen oder *ollas* in den Gräbern Neumexikos oder Kaliforniens gefunden zu haben; allerdings unter Umständen, die eine Bestattung lange nach Todeseintritt nahe legen. In den Gräbern der alten Völker Kaliforniens fanden sich eine Anzahl von *ollas* in seit langer Zeit genutzten Grabanlagen. Es ist durchaus möglich, dass die Knochen für nachfolgende Grablegungen immer wieder ausgegraben und einfach in Töpfe gelegt wurden, die sich als passende Gefäße anboten. Oder die Toten blieben so lange in der Erde, bis das Fleisch verweste und die Knochen dann in Urnen gelegt und erneut begraben wurden. Dr. E. Foreman vom Smithsonian Institute legte den folgenden Bericht über Urnenbestattungen vor:

„Ich möchte Sie auf ein irdene Urne samt Abdeckung im National Museum (Nr. 277976-27977) aufmerksam machen, die erst vor kurzem von Mr. William McKinley aus Georgia überstellt wurde. Sie wurde auf seiner Plantage freigelegt, zehn Meilen unterhalb des Ortes, auf dem tiefer gelegenen Land am Oconee River, das von schier undurchdringlichem Röhricht, hohen Gräsern und Dornenranken völlig überwuchert ist. Ein paar Monate zuvor erhielten wir von dort gleichfalls eine Abdeckung mit abweichender, aber vollständigerer Ornamentik. Ein Teil einer ähnlichen Abdeckung erhielten wir aus Chattanooga, Tennessee. Mr. McKinley schreibt den Gebrauch dieser Urnen und Abdeckungen den Muskogee[130] zu, einem Stamm des Volkes der Creek.

Diese Urnen bestehen aus gebranntem Ton und erinnern von der Form her an die gewöhnlichen Speckstein-*ollas*, die sich in den kalifornischen Küstengräbern fanden. Allerdings ist der Boden hier nicht abgerundet, sondern endet in einer nach unten gerichteten Spitze. Auch der obere Teil der Abdeckung lief spitz zu, und um den Rand sind Rollornamente eingedrückt."

Die Bestattungsurnen Neu Mexikos beschreibt E. A. Barber[131] wie folgt:

„Zu den Bestattungsurnen ... gehören Gefäße oder ollas ohne Henkel, die zur Einäscherung gedacht sind. Diese sind gewohnlich fünfundzwanzig bis vierzig Zentimeter hoch, haben breite Öffnungen und bestehen aus grobem Ton mit einer glasierten

---

129) Rawlinson's Herodotus, Buch i, Kap. 198, Anmerkung.

130) In ihrer eigenen Sprache nennen sie sich *Mvskoke* oder *Maskoki*. Die frühgeschichtlichen Angehörigen dieser Stämme waren wahrscheinlich Nachfahren der Hügelbauer der Mississippi-Kultur. Später trieben sie Handel mit ihren britischen Nachbarn und tauschten Hirschhäute und indianische Sklaven aus Florida gegen europäische Waren. Ab dem 18. Jhd. vermischten sie sich per Heirat mehr und mehr mit britischen Händlern und geflohenen afrikanischen Sklaven.

131) American Naturalist, 1876, Band x, S. 455 ff.

und teilweise verzierten äußeren Oberfläche. Häufig sind die eingedrückten Muster auf den Hals oder Rand des Gefäßes beschränkt und der Rest ist schlicht gehalten." Soweit bekannt, wurde bis zum heutigen Tage in Nordamerika keine Urnenbestattung von der Art gefunden, wie sie in Nicaragua von Dr. J. C. Bransford von der United States Navy entdeckt wurde. Dennoch liegt es durchaus im Bereich des Möglichen, dass künftige Forschungen ähnliche Schätze zutage fördern könnten. *Abbildung 10* zeigt verschiedene Arten von Urnen: *a*, *b* und *e* stammen laut Foster aus Laporte, Indiana; *f*, wiederum nach Foster, fand sich in Greenup County, Kentucky; *d* stammt aus der Sammlung des Smithsonian und kommt aus Millidgeville, Georgia, und *c* ist eine dieser eigenartigen schuhförmigen Urnen, die Bransford von der Ometepec-Insel im Nicaraguasee mitbrachte.

(Abb. 11) Edward S. Curtis: Häuptlingsgrab der Haida in Yan:
„Die sterblichen Überreste des Häuptlings ruhen in einer Aushöhlung im oberen Teil
eines Querbalkens. Ein solches Grabmal ist höchst ungewöhnlich und muß
mit hohem Kostenaufwand für die Hinterbliebenen verbunden gewesen sein."

Halboffene Bestattung

Diese Art der Bestattung wurde, soweit bisher erforscht, nur in geringem Umfang praktiziert und in den meisten Fällen wahrscheinlich nur als Notlösung angewendet, wenn die Überlebenden unter zeitlichem Druck standen. Von den Seminolen[132] Floridas wird berichtet, sie hätten ihre Toten in aufrechter Position in hohlen Bäumen bestattet, sie manchmal aber auch in einen auf dem Boden liegenden hohlen Stamm gezwängt. Bei einigen östlichen Stämmen spaltete man einen Stamm in der Mitte, höhlte ihn aus, bis er einem Toten genügend Platz bot, band ihn dann mit Weidenruten wieder zusammen und ließ ihn an seinem Fundort zurück. Manchmal errichtete man ein Dach darüber und einen Zaun darum herum. Dieser Bericht wird gestützt durch R. S. Robertson aus Fort Wayne, Indiana, der in einem Brief 1877 angibt, dass die Miami[133] die halboffene Bestattung auf zwei verschiedene Arten durchführten: „… 1) Halboffene Bestattung in hohlen Stämmen. Diese finden sich in dichten Wäldern. Manchmal wurde ein Baum gespalten und die Hälften ausgehöhlt, um den Körper zu umfangen, danach mit Weidenruten verschlossen oder unter gekreuzten Stangen am Boden fixiert. Es kommt auch vor, dass die Enden mit einem hohlen Stamm abgeschlossen werden.

---

132) Im 18. Jahrhundert waren die ehemaligen Völker Floridas durch eingeschleppte Krankheiten, Kämpfe mit den Spaniern und die Zwangsumsiedlung nach Kuba verschwunden. An ihre Stellen traten Angehörige der Muskogee oder Creek, die dort einwanderten. Zu ihnen stießen noch entlaufene Sklaven und einige wenige Europäer. Diese neue Bevölkerung nannten die ansässigen Mönche *cimarrón* („wilde Menschen, Flüchtlinge"), woraus auf Muskogee *simano-li* und später Seminolen wurde. Die Florida-Seminolen leben bis heute von der Landwirtschaft, dem Fischfang, der Jagd sowie neuerdings vom Tourismus und Kasinos. Viele wohnen noch immer in strohgedeckten, an den Seiten offenen Pfahlhäusern, den Chickees, und tragen mit Applikationen benähte Patchworkkleidung.

133) Die Miami lebten ursprünglich in Indiana, im Südwesten Michigans und in Ohio. Ihr Name leitet sich ab von Algonkin *Myaamia* („die flussabwärts leben"). Sie selbst nannten sich auch *mihtohseeniaki* („die Menschen"). Sie waren sesshaft und lebten von Ackerbau, Fischfang und der Jagd. Später wurden auch sie zum größten Teil in ein Reservat in Kansas umgesiedelt.

2) Halboffene Bestattung, bei der der Körper durch ein Geviert aus Stämmen eingeschlossen wird, dessen Wände wie ein Blockhaus aufgeschichtet werden, dessen Wände sich nach oben aber immer mehr verengen, bis es sich an der Spitze mit einem einzigen Holzstamm abdecken lässt."

Der Autor erhielt kürzlich eine Abhandlung von Professor C. Engelhardt aus Kopenhagen, in welcher die Eichensärge von Borum-Eschöi[134] beschrieben sind. Angesichts eines Kupferstichs in diesem Band hat es den Anschein, als fände die Art der vorgeschichtlichen Dänen, Stämme zu Särgen auszuhöhlen, ihr Abbild bei den Indianern Nordamerikas...

Sehr romantisch und so genau wie möglich den ante mortem Wünschen des Toten entsprechend waren die Trauerfeierlichkeiten für Blackbird, einen großen Häuptling der Omaha[135]. Der entsprechende Bericht stammt von George Catlin[136]:

„Er bat sie, seinen Leichnam den Fluss hinunter zu seinem Lieblingsplatz zu tragen und ihn auf dem Gipfel des steil aufragenden Felsvorsprunges zu bestatten, auf dem Rücken seines am meisten geschätzten Kriegspferdes, welches lebend unter ihm zu begraben sei, auf dass er, wie er sagte, ‚die Franzosen beobachten kann, wie sie in ihren Booten den Fluss hinauf- und hinunterziehen.' Unter seinen vielen Pferden war ein edler weißer Hengst, den sie auf die höchste Stelle des Grashügels führten. Mit viel Pomp und Aufwand, im Beisein des gesamten Stammes sowie mehrerer Fellhändler und Agenten der Indianerbehörde, setzte man ihn auf den Rücken seines Pferdes, den Bogen in der Hand, Schild und Köcher über den Rücken geschlungen, mit seiner Pfeife und seinem Medizinbeutel, mit der Ration getrockneten Fleisches und seinem bis zum Rande gefüllten Tabakbeutel, auf dass es ihm an nichts mangele auf seiner Reise zu den ewigen Jagdgründen, in denen die Schatten seiner Vorväter weilten; mit seinem Flint und Stahl und Zunder, um auf dem Wege seine Pfeife anzuzünden. Die Skalps, die er seinen Feinden nahm, vermochten niemand anderem von Nutzen zu sein und wurden am Zügel seines Pferdes aufgehängt. Er war prächtig gekleidet, und auf seinem Haupt wiegten sich bis zum letzten Moment die Adlerfedern seines herrlichen Kopfschmuckes. In dieser Stunde der Trauer, nachdem der Medizinmann alle Bestattungsriten beendet hatte, bestrich jeder Krieger seines Trupps die rechte Hand mit roter Farbe und presste einen Abdruck auf die Seiten seines ergebenen, milchweißen Rosses. Nachdem dies alles vollzogen war, trug man Rasensoden heran,

---

134) Auch Borum-Eshoj, bronzezeitlicher Grabhügel in Dänemark, in dem Baumsarge gefunden wurden

135) Die Omaha gehören zur Sioux-Sprachfamilie. Ihr Name bedeutet „Die gegen den Wind oder Strom laufen". Zu Beginn des 19. Jahrhunderts lebten sie nach mehreren Wanderungsschüben im nordöstlichen Nebraska am Missouri River. Als Präriestamm kombinierten sie Ackerbau mit der Jagd, lebten in festen Dörfern aus kuppelförmigen Erdhütten und zogen im Sommer mit tragbaren Tipis in die Jagdsaison.

136) Catlin, George, Manners, Customs, &c., of North American Indians, 1844, Band ii, S. 5
George Catlin (1796-1872): Berühmter amerikanischer autodidaktischer Maler, der acht Jahre bei den Indianern am Yellowstone River, im Indianerterritorium, in Arkansas und Florida verbrachte. In dieser Zeit fertigte er 470 Ganzkörperportraits sowie viele Bilder über Leben und Bräuche der Indianer an. Seine Ausstellung erregte großes Aufsehen. 1852-1857 reiste er durch Süd- und Mittelamerika, wo er erneut viel malte. Die meisten seiner Bilder hängen im Nationalmuseum in Washington.

(Abb. 12) Indianischer Friedhof

legte sie um die Beine des Pferdes und häufte sie immer höher an, bis sie schließlich über den Rücken und Kopf des ahnungslosen Tieres reichten und zuletzt auch dessen Kopf und sogar die Adlerfedern seines heldenhaften Reiters überdeckten, auf dass sie zusammen verglommen und bis zum heutigen Tage ungestört dort ruhen."

Abbildung 12 zeigt laut Schoolcraft eine indianische Begräbnisstätte auf einer Klippe am Ufer des Missouri.

Nach Reverend J.G. Wood[137] bestatteten die Obongo[138], Angehörige eines afrikanischen Stammes, ihre Toten auf eine Weise, die jener der Seminolen ähnelt:

Wenn ein Obongo stirbt, bringt man seinen Leichnam gewöhnlich zu einem hohlen Baum im Wald, lässt ihn in diesen hinab und füllt diesen sodann bis zum Rand mit Erde, Blättern und Zweigen.

M. de la Potherie belegte, dass die Irokesen[139] in New York halboffene Bestattungen vornahmen, und Dr. P. Greeg aus Rock Island, Illinois, war so freundlich, dem Autor die mit eigenen Anmerkungen versehene interessante Arbeit von J. W. Spen-

---

137) Wood, J. G., Uncivilized Races of the World oder Natural History of Man, 1870, Band i, S. 483.

138) Paul Belloni Du Chaillu, französischer Anthropologe und Afrikaforscher, stieß 1864 in Äquatorialafrika auf das relativ hellhäutige „Zwergvolk" der Obongo (auch Babongo oder Abongo), dessen Existenz später durch die Mitglieder der deutsch-westafrikanischen Expedition von 1878 bestätigt wurde.

139) Die Irokesen, auch bekannt als Fünf bzw. Sechs Nationen, nennen sich selbst *Haudenosaunee*, „Völker des Langhauses". Die meisten lebten und leben in Ontario und im Staat New York. Sie lebten sesshaft in palisadenumzäunten Dörfern mit bis zu hundert Langhäusern, kannten Dutzende verschiedener Maissorten, bauten darüber hinaus Kürbisse und Bohnen an und betrieben Jagd und Fischfang. Ihre freiheitlich-demokratische Gesellschaft soll Pate für die Verfassung der Vereinigten Staaten gestanden haben. Ein besonderes Kulturmerkmal sind ihre Medizinbünde.

cer[140] zukommen zu lassen. Spencer beschreibt Oberflächen- und teilweise oberirdische Bestattungen bei den Sauk und Fox, die einst Illinois bewohnten:

„Black Hawk wurde in sitzender Haltung auf dem Boden plaziert. Seine Hände umfassten seinen Stock. Gewöhnlich hoben sie im Boden eine flache Grube aus, in welcher der sitzende Körper bis zur Hüfte verschwand, so dass der größte Teil des Toten herausragte. Der über dem Boden befindliche Teil wurde sodann mit einer Büffelhaut bedeckt und ein Graben von etwa viereinhalb mal viereinhalb Metern um das Grab herum ausgehoben. In diesen Graben steckten sie fast drei Meter hohe Pfähle, um das Grab gegen wilde Tiere zu sichern.

Als ich zum ersten Mal hierherkam, gab es noch eine ansehnliche Zahl dieser hohen Pfahlumfriedungen, in denen ihre Häuptlinge ruhten; und der Leichnam eines Häuptlings wurde auf diese Art bestattet, als ich in der Nähe ihres Dorfes lebte. Die gebräuchliche Art der Bestattung sah eine flach ausgehobene Grube vor. Der Körper wurde in eine Decke gehüllt, in das Grab gesetzt und dieses fast bis zum Rand mit Erde verfüllt. Dann steckte man Pfähle von fast drei Meter Länge so in die Erde, dass sie an der Spitze zusammentrafen. Danach wurde noch mehr Erde hinzu geschaufelt, um die Hölzer in Position zu halten. Ich sah einen Vater und eine Mutter, die ganz allein ihren etwa einjährigen Säugling bestatteten. Sie trugen ihn in eine oben verknotete Decke gewickelt, durch die ein Stock gesteckt worden war; jeder der beiden hatte ein Ende der Stange geschultert.

Ich sah auch, wie sie Tote in Bäumen bestatteten. Dies geschieht durch Aushöhlen eines Baumstammes; dort legen sie den Toten hinein und bedecken ihn. Ich sah mehrere Tote in einem Baum. Ich denke, sie werden auf besonderen Wunsch hin so bestattet, denn ich habe Kenntnis von einer Indianerin, die bei einer weißen Familie lebte, und diese wünschte, sie in einem Baum bestattet zu sehen. Diesem Wunsch wurde entsprochen. Zweifellos verbindet sich irgendein sonderbarer Aberglauben mit dieser Tradition, obwohl ich mich nicht erinnere, darüber genaueres gehört zu haben."[141]

Richter H. Welch[142] gibt an, „die Sauk, Fox und Potawatomi[143] werden bestattet, indem man ihre Körper auf dem Boden auslegt und sodann aus Stöcken und Blöcken

140) Spencer, J. W., Pioneer Life, 1872.
J. W. Spencer (1851-1921); kanadischer Pionier und Geomorphologe, arbeitete als Assistent für Leute wie Robert Bell oder den Mineralogen und Ingenieur Luther Emerson und bereiste große Teile des heutigen Kanada.

141) „Ich sah den Körper dieser Frau in dem Baum. Es handelte sich zweifelsohne um einen besonderen Fall. Als ich hierher kam (Rock Island), waren die Steilufer auf der Halbinsel zwischen Mississippi und Rock River (drei Meilen voneinander entfernt) übersät mit indianischen Grabhügeln, der eindeutig üblichen Bestattungsmethode. Das Anlegen von Straßen, Wegen und Fundamenten brachte Schädel, Knochen, Zierrat, Perlen usw. in großer Zahl ans Tageslicht. Alles Beweise dafür, dass viele Dinge (dem Wohlstand und gesellschaftlichen Rang entsprechend) in die Gräber mitgegeben wurden. 1836 war ich Zeuge bei den entsprechenden Bestattungen zweier Häuptlinge." P. Gregg.

142) Abhandlung Nr. 50, Western Reserve and Northern Ohio, Historical Society (1879?), S. 107.

143) Die zur Algonkin-Sprachfamilie gehörenden Potawatomi oder Bode'wadmi lebten ursprünglich an den Großen Seen, wurden aber größtenteils nach Kansas und Oklahoma umgesiedelt. Sie sind mit den

(Abb. 13 und 14): Totenpferch

ein Geviert um sie herum errichtet. Ich meine, ihre Köpfe seien gen Osten ausgerichtet gewesen."

C. C. Baldwin aus Cleveland, Ohio, schickte hierzu einen detaillierteren Bericht:
„Ich hielt mich bereits seit einiger Zeit im Seneca County auf und lernte dort Richter Welch kennen. ...1824 fuhr er mit seinem Schwiegervater, Richter Gibson, nach Fort Wayne. Unterwegs kamen sie am Grab eines Ottawa- oder Potawatomi-Häuptlings[144] vorbei. Der Tote lag auf dem Boden und war mit eingekerbten Pfählen abgedeckt. Er lag wohl schon einige Tage dort, und die Würmer krochen über die Leiche. Mein besonderes Interesse erregte der Umstand, dass eine junge Squaw der Hexerei bezichtigt und hingerichtet wurde, da man ihre Künste für den Tod des Häuptlings verantwortlich machte. In den Summit County-Hügeln hingegen fanden sich nur mit Kohle und Asche vermischte Skelettteile, was auf ihre Einäscherung hinwies."

W. A. Brice[145] berichtet von einer kuriosen Variante der Oberflächenbestattung, die bisher nicht bekannt war:
„Vor Jahren war oftmals zu sehen, wie von einem Ast oder in einer zwischen zwei Stämmen gespannten Hängematte der Säugling einer indianischen Mutter im Winde schwang. Jahrelang erblickten die wenigen Bleichgesichter, die hier vorüberkamen, immer wieder auch kleine Holzumfriedungen, in denen die Leichen von Erwachsenen aufrecht saßen, in all ihre ehemalige Pracht gewandet und ihren Zierrat, Tomahawks und anderes an ihrer Seite."

Eine Beisetzungsart, die sich in derartiger Nähe zur Oberflächenbestattung befindet, dass sie dieser sogar zugeordnet werden kann, pflegten einige der Ojibwa[146] und Swampy-Cree[147] Kanadas. Eine flache Mulde wird ausgehoben, der Leichnam dort hi-

---

Ojibwa und Ottawa verwandt, mit denen sie den Rat der Drei Feuer bildeten. Der Name Potawatomi bedeutet „Feuerbewahrer". Sie selbst nennen sich *Nishnabek*.

144) Dieser Stamm lebte ursprünglich entlang des Ottawa-Flusses im Osten Ontarios und Westen Quebecs. Sie gehörten zu den Algonkinstämmen und waren daher mit den Delaware, den Miami und den Shawnee verwandt. Wie fast alle Algonkin waren sie erklärte Feinde der Irokesen. 1794 besiegte General Anthony Wayne die Ottawa und andere Ohio-Stämme. 1833 wurden sie gezwungen, nach Kansas in die Reservation umzusiedeln.

145) Brice, Wallace A., History of Fort Wayne, 1868, S. 284.

146) Die Ojibwa, eigentlich *Anishinabe*, „das erste Volk", gehören zur Algonkinsprachgruppe. Durch fehlerhafte Namenswiedergabe machten Missionare und Händler daraus „Chippewa". Diese Bezeichnung wird bis heute von der amerikanischen Regierung verwendet. Ihr traditionelles Siedlungsgebiet erstreckt sich über Kanada und den Norden der USA. Sie gehörten zusammen mit den Ottawa und Potawatomi zum einst sehr mächtigen Rat der Drei Feuer, der sogar der Irokesenliga die Stirn bot. Von einer heiligen Muschel aus der Geisterwelt geleitet, wanderten sie später in das Gebiet der Großen Seen ein.

147) Das Stammesgebiet der Cree, auch Kri oder frz. Cri, reichte in den USA und Kanada von den Rocky Mountains bis zum Atlantischen Ozean, wo sie auch heute noch die größte First Nation bilden (ihre 135 Stämme umfassen ca. 200.000 Menschen). Sie breiteten sich vom südlichen Ende der Hudson Bay aus und bildeten dabei zwei Gruppen, die Plains Cree, die die Prärien besiedelten, und die Wood Cree, die die Waldgebiete mit ihren Flüssen vorzogen und vor allem vom Fischfang lebten. Von diesen spalteten sich drei weitere Gruppen mit eigenen Dialekten ab: Die Eastern und die Moose Cree sowie die Central oder Swampy Cree südlich der James Bay. Diese wurden von den ersten Europäern als Kristineaux,

neingelegt, mit etwas Erde bedeckt und sodann darüber ein Wall aus gespaltenen Planken, Pfosten oder Birkenrinde errichtet.

Prof. Henry Youle Hind, der Leiter der Kanadischen Red River-Forschungsexpedition von 1858, besaß die Freundlichkeit, dem *Bureau of Ethnology* zwei Photographien zukommen zu lassen, welche die Vielfalt der Grabtypen dokumentieren, die er fünfzehn oder zwanzig Meilen vor der Stadt Winnipeg entdeckte. Es sind dies die *Abbildungen 13* und *14*.

Bestattungen unter Geröllkegeln

Die nächste Art der Bestattung, mit der wir uns befassen, jene unter Geröllkegeln und Steinhaufen, hat sich bis heute erhalten und wird unter den Stämmen der Rocky Mountains und der Sierra Nevada noch immer in großem Umfang praktiziert.

Im Sommer 1872 besuchte ich einen der Felsfriedhöfe in Mittel-Utah, der erst seit fünfzehn oder zwanzig Jahren benutzt wurde. Er befand sich unterhalb einer Geröllawine am Hang eines Berges, so sorgfältig zum Zweck der Verheimlichung ausgewählt, dass er ohne die Hilfe eines Führers fast nicht auffindbar war. Mehrere der Gräber waren offen und schienen folgendermaßen konstruiert: Aus der Lawine barg man Felsbrocken in ausreichender Menge, bis eine Höhle entstand. Diese wurde mit Häuten ausgekleidet, der Leichnam zusammen mit Waffen, Schmuck und anderem dort abgelegt und sodann mit Espen-Schösslingen bedeckt. Über diesen herangeschleppten Brocken häuften sie einen riesigen Steinkegel an, der ausreichte, die letzte Ruhestätte eines Elefanten zu bezeichnen. Direkt um diese Gräber verstreut lagen die Knochen mehrerer Pferde, die zweifelsohne während der Bestattungszeremonien als Opfergaben dienten. Eines der Gräber, so wird berichtet, beherberge den Leichnam eines Häuptlings, in dem sich neben einer Ansammlung nützlicher und schmückender Gegenstände auch Skelettteile eines Knaben fanden. Der Tradition gemäß sei ein in Gefangenschaft gehaltener Knabe an diesem Ort lebendig begraben worden.

Von Dr. O. G. Given, Arzt der Kiowa and Comanche Agency im Indianerterritorium, erhielten wir folgenden Bericht der dortigen Bestattungszeremonien. Diesem Gentleman zufolge bezeichnen die Kiowa sich selbst als *Kaw-a-wah*, die Comanchen als *Nerm*[148] und die Apachen als *Tah-Zee*.

„Sie bestatten in der Erde oder in Felsspalten. Dabei scheinen sie keine festen Regeln hinsichtlich der Position der Leichname zu verfolgen; manches Mal sind sie bäuchlings hingestreckt, dann wieder auf dem Rücken, aber immer liegend. Sie wählen einen Ort, an dem sich das Grab ohne großen Aufwand mit Werkzeugen errichten lässt, die gerade zur Hand sind, wie Squaw-Beilen oder Hacken. Befinden sie sich

---

bzw. Kinisteneaux bezeichnet, einer Verballhornung von Kenistenoag, Algonkin für „Erste Menschen". Daraus entstand die Kurzbezeichnung Cree. Sie selbst bezeichnen sich als *Ayisiniwok*;„wahre Menschen", Nehiyawok, „die unsere Sprache beherrschen" oder *Iyiniwok*, „Menschen".

148) „der/die aus dem Volk"

(Abb. 15) Edward S. Curtis: Navaho-Grab.
„Überall im Navaho-Reservat finden sich Gräber aus Steinhaufen.
Die Navaho, ob sie nun allein sind oder zu mehreren, nähern sich den Gräbern,
indem sie einige Pinienzweige oder Zedernäste aufsammeln und auf das Grab legen.
Sie stäuben eine Prise geheiligten Schrots darüber und bitten dann um etwas,
das sie in einer bestimmten Situation oder im Alltag benötigen."

auf der Wanderung, so werden die Gräber hastig vorbereitet und auch kein großer Aufwand auf deren Ausgestaltung verwendet. Ich war anwesend, als Black Hawk, ein Apachen-Häuptling, vor zwei Jahren seine letzte Ruhestätte fand, und fuhr den Leichnam in meinem leichten Wagen den Berg hinauf zu seinem Grab. Sie fanden eine Felsspalte von etwa einem Meter zwanzig Breite und einem knappen Meter Tiefe, häuften an beiden Enden lose Steine an und schufen so eine sehr schöne Grabstätte. Der Tote wurde mit dem Gesicht nach unten plaziert, kurze Stöcke darüber gekreuzt, die auf seitlichen Vorsprüngen auflagen, buschige Zweige obenauf gehäuft und das Ganze mit flachen Steinen abgedeckt.

Der Körper des Verstorbenen wird in seine besten Kleider gehüllt, zusammen mit allem Zierrat, den diese Person während ihres Lebens am höchsten schätzte. Meinen Beobachtungen zufolge wird das Gesicht mit der Farbe bemalt, die gerade zur Hand ist, zumeist gelb oder rot. Danach wird der Leichnam in Häute, Decken oder Stoffe eingewickelt; die Hänken liegen dabei über der Brust und die Beine sind angewinkelt. In die Gräber geben sie Gewehr, Bogen und Pfeile und Tabak des Toten und wenn möglich auch eine Decke, Mokassins und Zierrat verschiedenster Art. Eines oder auch mehrere Pferde werden über dem Grab oder in dessen Nähe getötet. Neben dem Grab von Black Hawk opferte man zwei Pferde und ein Maultier. Die Tiere wurden zu Boden gezwungen und in den Kopf geschossen. Einige Jahre zuvor, so wurde mir berichtet, tötete man anlässlich des Todes eines Comanchen-Häuptlings siebzig Pferde, und einige Jahre zuvor, als ein bekannter Häuptling der Kiowa starb, sogar noch mehr.

Die Trauerverrichtungen obliegen Verwandten und engen Freunden, obwohl alle, die vorbeikommen, ob aus dem eigenen Stamm oder einem anderen, sich der Totenklage anschließen. Sie besteht in einem markerschütternden Heulen, das sich nicht beschreiben lässt, sondern gehört werden muss. Einmal vernommen, wird niemand es je wieder vergessen. Hinzu kommt das Schlitzen der Gesichter und Beine mit scharfen Klingen, das Abschneiden des Haars und oftmals auch die Abtrennung eines Fingergliedes, üblicherweise des kleinen Fingers. (Die Comanchen hacken sich keine Fingerglieder ab)

Länge und Ausmaß der Trauer sind von den Beziehungen und der Stellung des Verstorbenen innerhalb des Stammes abhängig. Ich habe Fälle beobachtet, in denen Indianer ihrem Kummer auch noch ein Jahr nach dem Todesfall Ausdruck verliehen, sobald sie am Grab vorüberkamen."

Die Shoshonen[149] Nevadas bedeckten laut H. Butterfield aus Tyho (Tahoo) im Nye County Nevadas ihre Verstorbenen ebenfalls mit Steinhaufen; manchmal verbrannten

---

149) Die Shoshonen (Eigenname *Nimi*) gehören der uto-aztekischen Sprachfamilie und damit der Kultur des Großen Beckens im Westen der USA an. Sie lebten früher in den Berggebieten im Westen von Wyoming und Montana, in Zentral- und Süd-Idaho und in Teilen von Utah, Nevada und Oregon in kleinen Familienverbänden, die sich vorwiegend vom Sammeln von Wildgrassamen, Wurzeln und Beeren sowie Insekten, Maden, Kleintieren und Antilopen ernährten. Zusammen mit den benachbarten Bannock und den Paiute werden sie oft als Schlangen-Volk („Snake") bezeichnet. Die bedeutendste Untergruppe stellen die Comanchen. Als die östlichen und nördlichen Stämme um 1700 begannen, Pferde zu zähmen, zogen sie in die Plains, jagten Bisons und übernahmen die Sitten und Lebensweise der dort ansässigen Stämme. Die meisten der rund 6.000 Shoshonen leben heute in Reservaten in Idaho, Wyoming und Nevada.

oder beerdigten sie sie jedoch. Für die Steinhaufenbestattung listet er folgende Gründe auf: Erstens, um die Kojoten von den Leichnamen fernzuhalten; zweitens mangele es ihnen an Werkzeugen, um tiefe Gräber auszuheben, und drittens kommt die natürliche Abneigung der Indianer zum Tragen – namentlich jene, mehr Schweiß aufzubringen als unbedingt nötig ist.

Die Pi-Ute[150] Oregons bestatten ihre Toten unter Geröllkegeln, die Blackfeet[151] ebenfalls, und auch die Acexer[152] und Yaqui[153] in Mexiko und die Esquimaux (Eskimo)[154]. Tatsächlich ließen sich hier eine ganze Reihe von Beispielen aufzählen. In fernen Ländern hält sich dieser Brauch bei manchen afrikanischen Stämmen, und es wird erzählt, auch die ursprünglichen Bewohner der Balearen-Inseln hätten ihre Toten unter einem Steinhaufen begraben. Allerdings ging dieser Zeremonie eine Handlung voraus, in welcher der Körper in kleine Stücke zerteilt und diese in einem Topf gesammelt wurden.

---

150) Die Selbstbezeichnung der Nördlichen Paiute lautet *Numa*, die der Südlichen Paiute *Nuwuwi*, beide Worte bedeuten „das Volk". Die nördlichen Stämme leben in Kalifornien, Nevada und Oregon, die südlichen in Arizona, Utah, dem Südosten Kaliforniens und Nevada. Sie sind verwandt mit den Ute, Shoshonen und Bannock. Die an das Wüstenklima perfekt angepassten nördlichen Paiute-Stämme lebten in Territorien mit jeweils einem See und ernährten sich hauptsächlich von der Jagd und vom Fischfang. Die südlichen Paiute bauten mit Hilfe ausgeklügelter Bewässerungstechniken Mais, Kürbisse, Wassermelonen, Weizen, Bohnen, Sonnenblumen, Amarant, Sorghum und Kartoffeln an.

151) Die im Süden Kanadas lebenden Blackfoot, im Norden der USA Blackfeet genannt, unterteilen sich selbst in die *Siksika*, die eigentlichen Blackfoot, die *Kainai* (auch Kainah = Blut) und die *Piegan, Pekuni* oder *Pikanii*. Sie gehörten zu den ersten Algonkin, die aus dem Waldland ins offene Grasland zogen und begannen, Bisons zu Fuß zu jagen. Um 1730 zähmten sie die ersten Pferde und ertauschten sich europäische Feuerwaffen. Neben dem Bison, der zur Gänze verarbeitet wurde, jagten sie noch Großwild wie Bären, Hirsche, Wildschafe und -ziegen, aber auch Kleinwild und Vögel. Fische und Hunde aßen sie nur im Notfall. Ergänzend sammelten sie Beeren. Die Blackfoot beteten die Sonne als höchste Gottheit, den Mond als seine Frau und den Morgenstern als beider Sohn an. Der Donner galt als mächtiger Geist. Adler, Rabe und anderen Vögeln sprachen sie besondere Macht zu. In den hundert Jahren nach 1780 wurden die Stämme durch (teilweise absichtlich herbeigeführte) Epidemien, Krieg, Massaker, Alkohol und die Vernichtung der Büffel von 15.000-20.000 auf etwas über 4.000 Menschen reduziert.

152) Verballhornung von Azteke, gemeint sind die Pima Alto und Bajo, die von diesen abstammen. Sie nannten sich selbst *Akimel O'Odham* oder *Ak-chin O'Odham* (O'odham = Volk, Pima bedeutet „nein"), gehören zu den Ranchería-Stämmen und lebten an den Ufern des Gila River, in den Wüstengebieten und Hochebenen Arizonas und des mexikanischen Sonora. Sie betrieben Töpferhandwerk und Korbflechterei, bauten Feldfrüchte und Baumwolle an, letztere mit Hilfe eines aufwändigen Bewässerungssystems. Alle wichtigen Entscheidungen wurden von langen religiösen Zeremonien und Visionssuchen begleitet, denen Schamanen vorstanden, die eine lange Ausbildung durchlaufen mussten.

153) Zum Zeitpunkt der Conquista lebten die acht Nationen der Yaqui auf einem gemeinsamen Territorium mit dem heiligen Land, der Sierra del Bacatete, als Mittelpunkt. Dieses verteidigten sie vehement sogar gegen Feuerwaffen und Kanonen. Aufgrund ihres langanhaltenden und erfolgreichen Kampfes gegen die Weißen wurden sie zum Symbol des indianischen Widerstandes. Die heutigen Yaqui leben z.T. im Norden Mexikos.

154) Eskimo (Crow-Bezeichnung = „Rohfleischesser") ist eine veraltete umgangssprachliche Sammelbezeichnung für alle arktischen Völker des nördlichen Polargebietes, deren Siedlungsgebiet sich von der Tschuktschen-Halbinsel Nordostsibiriens über die Beringstraße und die arktischen Regionen Alaskas und Kanadas bis nach Grönland erstreckt. Heutzutage ist der Begriff Inuit (sing. Inuk) gebräuchlich. Die Inuit Circumpolar Conference zählt dazu die kanadischen Inuit und Inuvialuit, die Kallalit Grönlands, die Inupiat und Yupik Alaskas sowie die Yupik Russlands. Die Inuit Kanadas sind die einzigen Ureinwohner des nordamerikanischen Kontinents, die mit Nunavut („unser Land"), ihr Territorium fast vollständig zurückerhalten haben.

Einäscherung

Als nächstes sollte diese Art der Bestattung zur Sprache kommen, eine gebräuchliche Sitte unter einer großen Anzahl nordamerikanischer Stämme, besonders bei jenen, die auf der Westseite der Rocky Mountains leben, wenngleich auch Beweise vorliegen, die diesen Brauch auch für weiter östlich lebende Stämme belegen. Dieser Brauch ist nicht zuletzt deshalb besonders interessant, weil er uralt ist. Tegg[155] setzt uns darüber in Kenntnis, dass er sich bis zum thebanischen Krieg zurückverfolgen lässt; im Bericht über diesen ist die Einäscherung von Menoeacus und Archemorus[156] vermerkt, die zur Zeit Jairs, des achten Richters Israels, lebten. Diese Sitte herrschte im Inneren Asiens und bei den alten Griechen und Römern, und sie wird bis zum heutigen Tage bei den Hindus befolgt. Tatsächlich wird die Einäscherung inzwischen rasch zu einem Brauch unter zivilisierten Völkern.

Obwohl eine gewisse Übereinstimmung zwischen diesem Ritual bei den erwähnten Völkern und den Indianern Nordamerikas feststellbar ist, könnte eine Diskussion über Einzelheiten der Durchführung bei den antiken Völkern und seinem Ursprung durchaus von Nutzen sein. Aus Platzgründen mag jedoch die schlichte Erzählung über eine Einäscherung mit erläuternden Anmerkungen und einem Bericht

---

155) Powers, Stephen, The Last Acts, 1876.

156) Griech. Mythen: Die sieben Helden, die nach Theben zogen, gaben diesen Namen Opheltes, dem Sohn der Eurydice, der durch Unaufmerksamkeit seiner Amme von einer Schlange getötet wurde. Die Helden nahmen sein Schicksal als Omen für ihr eigenes und nannten ihn daher „Vorläufer im Schicksal."

über den Ursprung dieser Sitte bei den Nishinam[157] Kaliforniens genügen, die Stephen Powers[158] beitrug:

„Mond und Kojote taten sich zusammen, um alle Dinge zu schaffen, die existieren. Mond war gut, aber Kojote war schlecht. Als sie Mann und Frau schufen, wünschte Mond ihre Seelen so zu gestalten, dass diese nach ihrem Tod nach zwei oder drei Tagen zur Erde zurückkehren sollten, wie auch er zurückkehrt, nachdem er gestorben ist. Aber Kojote war ihm übel gesonnen und meinte, dies ginge nicht an. Statt dessen sollten beim Tod eines Mannes seine Freunde den Körper verbrennen und einmal im Jahr eine große Trauerfeier abhalten. Kojote behielt die Oberhand. Wenn also ein Hirsch starb, so verbrannten sie ihn, wie Kojote es angeordnet hatte, und hielten nach einem Jahr eine große Trauerfeier ab. Mond aber schuf die Klapperschlange und veranlasste sie, Kojotes Sohn zu beißen, auf dass auch er sterbe. Nun, obwohl Kojote willens war, die Angehörigen des Hirsches verbrennen zu lassen, verweigerte er die Einäscherung seines eigenen Sohnes. Da erwiderte Mond: ‚Dies ist dein Gesetz. Du wolltest es so, und nun soll dein Sohn verbrannt werden wie alle anderen.‘ Also übergab man ihn den Flammen, und nach einem Jahr trauerte Kojote um ihn. So nahm das Gesetz auch Gültigkeit an für Kojote, und da er die Herrschaft über die Menschheit besaß, galt es auch für diese.

Diese Geschichte ist an sich ohne jeden Wert, aber nützlich insoweit, als dass sie eine Zeit aufzeigt, in der die kalifornischen Indianer ihre Toten nicht verbrannten, was durch andere Traditionen bestätig wird. Sie verweist auch auf die Tatsache, dass die Nishinam noch heute den Mond hoch verehren. Sie sehen ihn als ihren Wohltäter und beobachten aus vielerlei Gründen seine Veränderungen.“

Einen anderen Mythos um die Einäscherung lieferte Adam Johnston in Schoolcraft[159], der sich auf die Bannock[160] oder Wurzelgräber bezieht:

„Die ersten Indianer waren Kojoten. Wenn einer von ihnen starb, füllte sich der Körper mit lauter kleinen Tieren oder Geistern, wie sie glaubten. Nachdem sie eine

---

157) Die Nishinam oder *Nisenan* („unsere, einer von uns“), auch bekannt als Südliche- oder Tal-Maidu, lebten im Central Valley Kaliforniens zwischen dem Sacramento River und den Sierra-Bergen. Sie bildeten keinen homogenen Stamm, sondern bestanden aus unabhängigen Dörfern, die unterschiedliche Dialekte sprachen, aber regen Handel untereinander und mit ihren Nachbarn trieben. Die Nisenan der Flüsse lebten vom Fischfang und der Jagd auf Wasservögel. Sie flochten kunstvolle Körbe, stellten Federmäntel und aufwändige rituelle Gewänder her, betrieben aber keine Landwirtschaft. Die Berg-Nisenan lebten zu Füßen und an den Hängen der Sierra. Sie lebten vor allem von der Jagd. Die höchste Position nahmen ihre Schamanen ein, da religiöse Riten und Tänze auch das alltägliche Leben mit beeinflussten. Während des Goldrausches wurden die friedlichen Nisenan fast ausgerottet.

158) Contribution to North American Ethnology, 1877, Band iii, S. 341.

159) Schoolcraft, Historical Indian Tribes of the United States, 1854, Teil IV.

160) Die Bannock wanderten im Sommer nach Westen zu den Shoshonefällen, um Lachs zu fangen, Kleinwild zu jagen und Beeren zu sammeln. Im Herbst zogen sie nach Nordosten in das Gebiet des Yellowstone zur Büffeljagd, bei der sie eng mit den Shoshoni kooperierten. Bis 1853 dezimierte eine Pockenepidemie den knapp 2.000 Menschen zählenden Stamm, der 1869 in das Fort Hall Reservat in Idaho zwangsumgesiedelt wurde. Aufgrund der hohen Sterberate zogen sie in die Rocky Mountains zurück. Obwohl klein, stachelten sie immer wieder ihre indianischen Nachbarn zu Aufständen und Überfällen an. Den durch Hunger ausgelösten Bannock-Krieg von 1878 beendete die U.S.-Kavallerie durch ein Massaker bei Charles Ford in Wyoming.

Zeitlang über den Körper gekrochen waren, nahmen sie ganz verschiedene Gestalt an, einige wurden zu Hirschen, andere zu Elchen, Antilopen und so weiter. Man entdeckte jedoch, dass vielen von ihnen Flügel wuchsen, und eine Zeitlang zogen sie am Himmel ihre Kreise, flogen dann aber zum Mond davon. Die alten Kojoten oder Indianer befürchteten nun, die Erde würde auf diese Weise entvölkert werden, entschieden, dies sofort zu unterbinden und verlangten, dass alle, die starben, zu verbrennen seien. Seither übergeben sie ihre Verstorbenen den Flammen."

Ross Cox beschreibt, auf welche Art und Weise die Tolkotin[161] Oregons dies durchführen[162]:

„Die Totenbräuche sind einzigartig und ein besonderes Merkmal dieses Stammes. Der Leichnam wird neun Tage lang in seiner Hütte aufgebahrt und erst am zehnten bestattet. Zu diesem Zweck wird eine Erhöhung ausgewählt, auf der eine Anzahl säuberlich gespaltener und etwa zwei Meter langer Zypressenhölzer aufgestapelt werden. Die Zwischenräume werden mit harzgetränkten Spänen ausgefüllt. Gleichzeitig werden Einladungen an die Nachbardörfer überbracht, in denen um ihre Teilnahme bei der Zeremonie gebeten wird. Wenn die Vorbereitungen abgeschlossen sind, wird der Leichnam auf dem Scheiterhaufen verbrannt; und während der Einäscherung scheinen die Anwesenden sich in einem gesteigerten Zustand der Erheiterung zu befinden. Sollte sich ein Fremder unter ihnen befinden, so wird dieser ausnahmslos ausgeplündert. Ist ihnen dieses Vergnügen versagt, so trennen sie sich nie, ohne Streitigkeiten untereinander entfacht zu haben. Alle Besitztümer des Toten werden um den Leichnam herum angehäuft. Handelte es sich bei ihm um eine Person von Rang, so erstehen seine Freunde im Allgemeinen eine Decke, ein Hemd, ein Paar Beinkleider oder etwas anderes, das ebenfalls auf den Stapel gelegt wird. Entkam der Doktor, der ihn behandelte, ohne Blessuren, so ist er verpflichtet, an der Zeremonie teilzunehmen und einen letzten Versuch zu unternehmen, den Verblichenen wieder zum Leben zu erwecken. Nach dem Scheitern dieses sinnlosen Unterfangens wirft er ein Stück Leder oder einen anderen Gegenstand als Geschenk auf den Leichnam, um den Unmut der Verwandten zu mildern und sich vor weiteren Misshandlungen zu schützen. Während der neun Tage der Aufbahrung muss die Witwe des Verstorbenen von Sonnenuntergang bis Sonnenaufgang an seiner Seite nächtigen. Für diese Pflicht gilt selbst an den heißesten Sommertagen keine Ausnahme! Während der Doktor seine letzten Anwendungen vornimmt, muss sie auf dem Scheiterhaufen liegen, und auch nachdem das Feuer entzündet ist, darf sie kein Glied rühren, solange der Dok-

---

161) Vereinfachung von Thlcharghilitun, einem der neun Chetko-Dörfer (*Cheti* = „nahe der Flussmündung"), deren Bewohner eng mit den Tolowa verwandt waren, teilweise auch mit diesen gleichgesetzt werden und zur Pacific Coast-Gruppe der Athapasca, der zweitgrößten indigenen Sprachfamilie gehörten. Sie lebten in festen Dörfern und vom Fischfang im Fluss und an der Küste. Die Stellung in der Hierarchie hing vom persönlichen Wohlstand ab und vom Reichtum der Braut, um die man in einem Nachbardorf warb.

162) Cox, Ross, Adventures on the Columbia River, 1831, Band ii, S. 387.
Ross Cox (1793-1853); Sekretär und Autor, emigrierte 1811 von Dublin nach Amerika, wo er als Angestellter ab 1812 im kanadischen Fort Astoria für die North West Fur Company arbeitete. 1817 kehrte er nach Irland zurück und arbeitete als Korrespondent für den London Morning Herald und als Sekretär für das Dubliner Polizeibüro. Sein 1831 in London erschienenes Buch ist bis heute ein wichtiges Geschichtswerk über den Pelzhandel am Columbia River.

(Abb. 16) Einäscherung bei den Tolkotin

tor nicht ihre Entfernung anordnet, die jedoch immer erst erfolgt, wenn sie vollkommen mit Brandblasen überzogen ist. Nachdem sie auf ihre Füße gestellt wurde, muss sie mit den Händen durch die Flammen streichen und etwas von dem flüssigen Fett auffangen, das dem Leichnam entströmt, um sich damit Gesicht und Körper zu benetzen. Wenn die Freunde des Verstorbenen bemerken, dass sich dessen Arm- und Beinsehnen verkrümmen, so zwingen sie die unglückselige Witwe auf den Scheiterhaufen zurück, um durch kräftiges Knien diese Gliedmaßen wieder zu strecken.

War sie zu Lebzeiten ihres Ehemannes untreu, ließ es an gutem Essen mangeln, vernachlässigte den Zustand seiner Kleidung oder machte sich anderer Vergehen schuldig, so ziehen die Verwandten sie für diese Versäumnisse nun auf das Grausamste zur Verantwortung, indem sie sie immer wieder auf den Scheiterhaufen stoßen, von dem sie ebenso oft von ihren Freundinnen wieder heruntergezogen wird. Und so, zwischen glühender Hitze und Abkühlung immer wieder hin-und hergerissen, schwinden ihr schließlich die Sinne.

Nach der Einäscherung sammelt die Witwe die größeren Knochen auf, die sie in Birkenrinde eingerollt mehrere Jahre auf dem Rücken zu tragen hat. Sie wird nunmehr als Sklavin betrachtet und entsprechend behandelt; alle schweren Pflichten wie Kochen, Holz sammeln und anderes mehr fallen ihr zu. Sie muss allen Frauen und sogar den Kindern des Dorfes Folge leisten. Der geringste Fehler oder Hauch des Ungehorsams zieht unweigerlich schwere Bestrafungen nach sich. Die Asche ihres verstorbenen Gatten wird sorgfältig zusammengetragen und in einem Grab bestattet, welches sie sorgfältig von allem Unkraut freizuhalten hat. Sollte sich solches zeigen, ist sie genötigt, es mit bloßen Fingern auszugraben. Während dieser Arbeiten stehen die Verwandten des Verstorbenen neben ihr und schlagen auf sie ein, bis die Arbeit entweder beendet oder sie der Brutalität zum Opfer gefallen ist. Die zutiefst unglücklichen, elenden Witwen nehmen sich immer wieder das Leben, um diesen Grausamkeiten zu entkommen. Wenn sie aber drei oder vier Jahre überstehen, kommen die Freunde des Verstorbenen überein, sie aus der schmerzhaften Trauer zu entlassen. Dies ist eine überaus wichtige Zeremonie, und die Vorbereitungen dauern dementsprechend lange, gewöhnlich um die sechs bis acht Monate. Die Jäger ziehen in die verschiedenen Jagdgebiete, um Rehwild und Biber zu erbeuten, und kehren mit großen Mengen an Fleisch und Fellen zurück. Im Dorf werden die Felle und Häute ohne Umschweife gegen Gewehre, Munition, Kleidung, Zierrat und dergleichen eingetauscht. Daraufhin wird der Grund der Zusammenkunft offenbart und die Frau herbeigeführt, die immer noch die Knochen ihres verstorbenen Gatten auf dem Rücken trägt. Diese werden nun entfernt und in eine Kiste mit Deckel gelegt, die an einem vier Meter hohen Pfosten befestigt wird. Als treu ergebene Witwe wird die Frau nun gepriesen und die Zeremonie ihrer Entlassung bestätigt, indem ein Mann ihr Haupt mit Daunenfedern bestäubt und ein weiterer darüber eine Feldflasche voller Öl ausgießt! Danach besitzt sie die Freiheit, erneut eine Ehe einzugehen oder in glückseliger Ehelosigkeit zu leben. Nur wenige dürften allerdings den Wunsch verspüren, das Risiko einer erneuten Witwenschaft einzugehen.

Den Männern stehen ähnliche Torturen bevor, doch sie weisen nur selten dieselbe Standhaftigkeit auf. Viele von ihnen fliehen in abgelegene Gegenden, um sich der brutalen Behandlung zu entziehen, welche die Tradition zu einer Art religiösem Ritus verklärte."

Abbildung 16 ist eine vorzügliche Wiedergabe der zuvor beschriebenen Einäscherungsart.

An dieser Stelle sollte ein kurzer Rückblick auf einige der absonderlicheren und augenfälligeren Aspekte dieser Erzählung gestattet sein.

Es wird berichtet, dass der Leichnam nach dem Tode neun Tage aufgebahrt bleibt – sicher eine lange Zeit, wenn man bedenkt, dass sich die Indianer ihrer Toten ansonsten schnellstmöglich zu entledigen suchten. Diese Ausnahme ist vermutlich darauf zurückzuführen, dass man Freunden Verwandten Gelegenheit zur Versammlung, Feststellung des Todes und angemessenen Vorbereitungen für die Zeremonie einräumen möchte. Bezüglich der Feststellung des Todes berichtet William Sheldon[163] über einen ähnlichen Brauch bei den Kariben Jamaikas[164], der etwas Licht auf die ungewöhnliche Aufbewahrung der Verstorbenen beim fraglichen Stamm zu werfen vermag, wiewohl angemerkt werden muss, dass es sich nur um eine Hypothese handelt:

„Sie besaßen einige sehr ausgefallene Bräuche im Umgang mit ihren Verstorbenen. Wenn jemand starb, so mussten all seine Verwandten ihn sehen und berühren können, um seinen natürlichen Tod sicherzustellen. Sie hielten derartig starr an diesem Prinzip fest, dass alle anderen einen einzigen, der den Toten nicht gesehen hatte, nicht von einer natürlichen Todesursache zu überzeugen vermochten. In einem solchen Fall empfand der abwesende Verwandte es als Ehrenschuld, alle anderen Verwandten als Mordkomplizen des Toten anzusehen, und er ruhte nicht, bevor er nicht einen von ihnen aus Vergeltung für dessen Tod getötet hatte. Starb ein Karaibe[165] auf Martinique oder Guadeloupe und seine Verwandten lebten auf St. Vincents, so war es notwendig, sie alle zu versammeln, damit sie den Leichnam in Augenschein nahmen, und so vergingen mehrere Monate, bevor er endlich zur letzten Ruhe gebettet werden konnte. Starb ein Karaibe, so wurde er am ganzen Körper mit *roucou* [166]bestrichen, sein Oberlippenbart und die Streifen in seinem Gesicht mit schwarzer Farbe aufgetragen, die sich von jener zu Lebzeiten verwendeten unterschied. Eine Art Grab wurde sodann ausgehoben in dem *carbet*[167], in dem er starb, ungefähr einen Meter

---

163) Sheldon, William, in: Transactions and Collections of the American Antiquarian Society, 1820, Band I, S. 377.

164) Die Bezeichnung Insel-Kariben verwendeten die Spanier für die Ureinwohner, die sie auf den Antillen antrafen. Die Urbevölkerung war das Ergebnis einer Vermischung der ansässigen Arawaks mit Festland-Kariben (Kahlin/Galibi), die auf die Inseln vorgedrungen waren. Als die Engländer 1655 Jamaika eroberten, hatten die Spanier die Indianer dort längst ausgerottet.

165) Die Karaiben gelangten 600 n.Chr. von Südamerika aus auf die Antillen. Sie jagten und betrieben Fischfang, buken Fladen aus Maniokmehl, aßen Papayas, Guaven, Ananas und Avocados. Die Männer rauchten zudem Zigarren. Die Frauen stellten Tongefäße, Flechtschalen und Baumwoll-Hängematten her. Frauen trugen einen Lendenschurz, Männer gingen nackt. Die Gerüchte um Kannibalismus lassen sich auf sensationslüsterne Berichterstattung und falsch verstandene Bestattungsriten reduzieren. Die Karaiben der Antillen wehrten sich seit 1493 erfolgreich gegen die Spanier und wurden erst nach 1674, nach der Kolonisierung durch die Franzosen, besiegt und auf die Nachbarinsel Dominica verbannt.

166) Zum Schutz gegen Insekten, als Schmuck und als Kriegsbemalung rieben sich die Karaiben mit dem roten Pflanzenfarbstoff des Annattostrauches (auch Orleans- oder Rukustrauch, span. Achiote) ein, der mit Öl vermischt wurde.

167) Typische Hütte aus Holz und mit Laubdach.

im Quadrat messend und etwa zwei- bis zweieinhalb Meter tief. Der Leichnam wurde hinab gesenkt und darob Sand hinein geschaufelt, bis er zur den Knien reichte. Der Körper wird jetzt in eine sitzende Position gebracht, die jener entspricht, in der sie zu Lebzeiten um das Feuer oder den Tisch herum hocken, mit den Ellenbogen auf den Knien und den Kopf in die Hände gestützt. Kein Teil des Körpers ragt über das Grab hinaus, welches mit Holz und Matten abgedeckt wird, bis alle Verwandten es in Augenschein genommen haben. Waren die traditionellen Besichtigungen und Untersuchungen abgeschlossen, füllte man das Loch zur Gänze auf, und die Toten blieben danach ungestört. Das Haar der Verstorbenen blieb zurückgebunden. Auf diese Weise wiesen die Leichname über Monate hinweg keinerlei Anzeichen des Verfalls auf und erzeugten auch keine unangenehmen Gerüche. *Roucou* schützte sie nicht nur zu Lebzeiten vor Sonne, Luft und Insekten, sondern schien den gleichen Effekt auch im Tode zu haben. Die Waffen der Karaiben wurden neben sie gelegt, sobald man sie für die Untersuchung abdeckte, und schließlich mit ihnen begraben."

Auch hier lesen wir, dass die Anwesenden während der Einäscherung sehr fröhlich sind. Diese übermütige Ausgelassenheit ähnelt jener, die Japaner bei einer Bestattung zeigen, die sich darüber freuen, dass der glückliche Tote die Unbilden und Sorgen der Welt für immer hinter sich gelassen hat. Wir erinnern uns, dass die Plünderung anwesender Fremder auch bei den Indianern in Carolina stattfand. Und wie bereits erwähnt, scheint die brutale Behandlung der Witwe eine Abmilderung des hinduistischen *Suttee*[168] zu sein. Sollte der Bericht jedoch der Wahrheit entsprechen, wäre der Tod solchen Torturen vielleicht vorzuziehen.

Interessanterweise warfen sich auf Korsika die Frauen eines Dorfes beim Tod eines verheirateten Mannes bis 1743 auf die Witwe und schlugen heftig auf sie ein. Bruhier vermerkte dazu amüsiert, dieser Brauch sorge dafür, dass sich die Frauen anständig um ihre Männer kümmerten.

George Gibbs berichtet in Schoolcraft[169], dass bei den Indianern des Clear Lake in Kalifornien[170] „der Körper auf einem Holzgerüst den Flammen überantwortet wird, welches über einem Loch errichtet wurde. Dieses wird mit der Asche gefüllt und sodann verfüllt."

---

168) Sati (Sanskrit: „Wahre Frau" = treue Frau, die den richtigen, den mutigen Weg wählt) ist die fast schon religiös verehrte Ehefrau, die ihrem toten Mann auf den Scheiterhaufen folgte. Diese rituelle Verbrennung, auch Witwenfolge, geschah aus religiöser Überzeugung oder aus sozialem Druck. Ursprünglich opferten sich nur die Frauen im Kampf gefallener, adeliger Männer, um nicht den Feinden in die Hände zu fallen und damit unkeusch zu werden. Diese Sitte, zunächst als Selbstopfer gedacht, wurde jedoch im Lauf der Zeit in vielen Bevölkerungskreisen eingeforderte Praxis, vor allem bei den Kshatriya-Kasten wie den Raiputs in Nordindien, wo sie bis heute vereinzelt vorkommt.

169) Schoolcraft, Historical Indian Tribes of the United States, 1853, Teil iii.

170) Das Gebiet Clear Lake war mindestens 11.000 Jahre lang Heimat der Ureinwohner. Als die spanischen Missionare dort ankamen, trafen sie auf Tausende von Indianern, die vor allem, aber bei weitem nicht nur, den Stämmen der Pomo, Yuki-Wappo und Miwok angehörten. Nach Eintreffen der europäischen Siedler kam es 1850 zum Bloody Island Massaker. Mächtige Siedlerfamilien unterdrückten und versklavten die Indianerfamilien, die sich wehrten und daraufhin von der amerikanischen Armee zusammengetrieben und abgeschlachtet wurden. Die Pomo wurden in kleine, armselige Rancherías umgesiedelt, die nach Hunger und Elend heutzutage endlich sehr profitable Kasinos betreiben.

Laut Stephen Power war die Einäscherung auch unter den Se-Nel[171] Kaliforniens üblich. Er berichtet darüber wie folgt:[172]

„Die Toten werden zumeist verbrannt. Mr. Willard beschrieb mir eine Einäscherung, deren Zeuge er einst wurde und die aufgrund der vorgekommenen fanatischen Raserei und Narrheit ausgesprochen beängstigend wirkte. Bei dem Leichnam handelte es sich um einen wohlgestellten Häuptling; und als er auf dem Scheiterhaufen lag, legten sie ihm zwei goldene Zwanziger in den Mund und mehrere kleinere Münzen in seine Ohren und Hände, auf seine Brust etc., zusätzlich zu all seiner reichen Ausstattung, seinem Federmantel, den Federn, Kleidungsstücken, dem Muschelgeld, seinen verzierten Bogen, bemalten Pfeilen und dergleichen mehr. Als die Fackel entzündet wurde, hoben sie ein klagendes Geheul an, sangen und tanzten um ihn herum und versetzten sich nach und nach in wilde und ekstatische Raserei, die fast einer dämonischen Besessenheit glich: Sie sprangen, heulten und zerkratzten sich die Haut. Einige schienen jegliche Kontrolle zu verlieren. Die jungen, englisch sprechenden Indianer hielten sich bei derartigen abergläubischen Riten meist zurück, insbesondere wenn sich amerikanische Beobachter unter den Anwesenden befanden. Aber hier ließen sogar sie sich von der alten, ansteckenden Tollheit ihrer Rasse mitreißen. Einer schlüpfte aus seinem schwarzwollenen Mantel, welcher noch recht neu und fein erschien, rannte dann wild schreiend vor und warf ihn auf den lodernden Haufen. Ein anderer lief herbei und war drauf und dran, einen Stapel kalifornischer Decken dazu zu werfen, als ein Weißer, um seine Ernsthaftigkeit zu prüfen, ihm 16 Dollar dafür bot. Er klingelte mit den glänzenden Münzen vor seiner Nase, aber der zu allen anderen Zeiten so habgierige Wilde (denn ein solcher war er wieder in diesem Augenblick), stieß ihn mit einem Schrei der Abscheu beiseite und warf seine Gabe in die Flammen. Squaws, noch viel toller, warfen mit wilden Gesten all ihre weltlichen Besitztümer auf den Scheiterhaufen – ihren liebsten Zierrat, ihre buntesten Kleider, ihre Ketten mit den schimmernden Muscheln. Kreischend, klagend, die Haare raufend, schlugen sie in ihrer wahnhaften und übersteigerten Tollheit auf ihre Brüste, und einige hätten sich selbst in die brennenden Reste geworfen, um mit dem Häuptling zu vergehen, wenn ihre Begleiter sie nicht zurückgehalten hätten. Dann leckten die hellen, flinken Flammen mit ihren heißen Zungen diese ‚kalte Erstarrung‘ in die chemische Transformation und der einst ‚lebendige Geist‘ des Wilden wurde emporgehoben…

Es scheint, als teile der Wilde Shakespeares Schauder beim Gedanken daran, in einem düsteren Grab zu vermodern, denn es ist eine Passion seines Aberglaubens, sich die Seele seines dahingegangenen Freundes frei und geläutert durch die rasche, klärende Hitze der Flammen vorzustellen; nicht eingekerkert, um die Fesseln eines faulenden Körper zu ertragen, sondern emporgetragen zu werden in dem sanften, warmen Streitwagen des Rauches, der Schönheit der Sonne entgegen, um in deren

---

171) Kein Stamm, sondern eine Dorfgemeinschaft, die zur Gruppe der nordkalifornischen Huchnom gehörte, die am Eel River und den umliegenden Flüssen und Gebieten lebten. Ihre Nachbarn waren die Witukomnom Yuki, die Wintun und die Pomo. 1902 lebten im dort eingerichteten Reservat nur noch ein Dutzend Huchnom, die meisten Dörfer, auch das der Se-Nel, existierten nicht mehr.

172) Powers, Stephen, in: Contribution to North American Ethnology, 1877, Band iii, S. 169.

Wärme und Licht zu baden und sodann in die Ewigen Jagdgründe des Westens hinüberzugehen. Welch Wunder, dass der Indianer voll des unaussprechlichen Grauens zurückschreckt vor dem Gedanken, *die Seele seines Freundes zu begraben!* – dieses innere Wesen, das einst im wohligen Licht der Sonne solche Wonnen verspürte, herunterzudrücken und mit unbarmherzigen Erdschollen gefangen zu halten! Welch Wunder, dass es vieler Jahre bedarf, sie davon abzubringen und zu überzeugen, unseren Bräuchen zu folgen! Welch Wunder, dass sie diese selbst dann mit schmerzlichen Ängsten und größten Bedenken ausüben! Warum ihnen nicht ihre Bräuche lassen! In der großartigen Landschaft und dem milden Klima Kaliforniens ist die indianische Einäscherung für den Wilden so natürlich wie seine Liebe zur Sonne. Lasst die widerwärtigen Esquimaux (Eskimo) und die Eis liebenden Sibirier ihre Toten begraben, so sie es denn wünschen; es bedeutet nichts, denn die Erde ist oben nicht anders als unten; oder ihnen erscheint der Busen der Erde sogar heimeliger, in Kalifornien aber verurteilt den Wilden nicht, wenn ihn der Gedanke, sich unter die Erde zu begeben, derart abstößt! Dieser sanfte, pastellfarbene Nimbus der fliederbekränzten Hügel – oh, lasst ihm den Trost seines Glaubens, dass sein toter Freund sich immer noch an ihnen erfreut! Der Erzähler schließt damit, dass alles in allem Besitztümer im Wert von 500 Dollar vernichtet worden seien. ‚Die Decken‘, so bemerkte er mit feinem kalifornischem Hohn angesichts der absurden Achtlosigkeit gegenüber einem guten Handel, ‚diese Decken, für die der Amerikaner 16 Dollar bot, waren nicht einmal die Hälfte des Geldes wert.‘

Im Glauben der Se-Nel kehren schlechte Indianer als Kojoten zurück. Andere stürzen von der Brücke, über die alle Seelen schreiten müssen, oder werden am fernen Ende von einem wilden Büffel aufgespießt und hinuntergeworfen, während die Guten es hinüber schaffen. Gleich den Yukian[173] und den Konkow[174] glauben sie daran, dass sie die Geister der Toten ein Jahr lang nähren müssen. Diese Aufgabe obliegt zumeist einer Squaw, die *pinole*[175] in ihre Decke füllt und sich zur Bestattungsstätte oder jenem Ort begibt, an dem der Toten gedacht wird. Dort verstreut sie es über die Erde, während sie sich tanzend wild hin und her wiegt und folgendes singt:

Hel-lel-li-ly,
Hel-lel-lo,
Hel-lel-lu.

Dieser Refrain wird immer und immer wieder wiederholt, obwohl die Worte keinerlei Bedeutung haben.“

---

173) Kleine Stammes-/Dorfgemeinschaften mit ähnlichen Dialekten im Gebiet des Eel River im Norden Kaliforniens. Sie lebten vom Jagen und Fischen. Die Frauen tätowierten sich Wangen und Kinn. Die Welt erschuf ihrem Glauben nach Taikomol, „der allein reist“, dem der Kojote zu Diensten ist. Die Durchführung seiner Zeremonie oblag einer Geheimgesellschaft, welche die Geister der Toten repräsentierte. 1902 zählte man im dortigen Reservat knapp hundert Yukian.

174) Am Eel River lebende Dorfgemeinschaft, die zu den Maidu gehörte und sich hauptsächlich von Eichelmehl, Kleinwild und Lachs ernährte. Sie bauten eingetiefte Hütten mit einem Oberbau aus Halbstämmen und Moos oder Laubhütten. *Kuksu*, ihre Geheimgesellschaft, wachte über die Riten, die sie mit Masken durchführten, welche die Geister, die *Kakemi*, symbolisierten. Bereits stark durch Epidemien, Goldsucher und Siedler dezimiert, mussten 1863 auch sie in die Round Valley Reservation umziehen, wo sie mit anderen Gemeinschaften verschmolzen.

175) Mehl aus zerstoßenem, geröstetem Mais und Mesquite-Bohnen, den Früchten des Süßhülsenstrauches.

Henry Gillman[176] veröffentlichte einen interessanten Artikel über die Erkundung eines Grabhügels nahe Waldo, Florida, in welchem er reichhaltige Beweise dafür fand, dass die Feuerbestattung bereits in der früheren indianischen Bevölkerung gebräuchlich war:

„Beim Öffnen eines Grabhügels bei Cade's Pond, einem kleinen See ungefähr zwei Meilen nordöstlich vom Santa Fe Lake, stieß der Autor auf zwei Fälle von Einäscherung, in denen die unbeschädigten Schädel der Individuen als Gefäß für deren Asche dienten. Darüber hinaus enthielt der Hügel eine große Anzahl von Gräbern, deren Knochen stark verwest waren. In ihnen fand sich eine Fülle von Tongefäßen, viele von ihnen in leuchtenden Farben bemalt, vorwiegend rot, gelb und braun. Einige wiesen Verzierungen großer Kunstfertigkeit auf, wiewohl sich von diesen nur noch Fragmente fanden. Der erste der genannten Schädel wurde in einer Tiefe von etwa achtzig Zentimetern aufgefunden. Er ruhte auf seinem Scheitelpunkt (die Unterseite zuoberst) und war mit teilweise verbrannten menschlichen Knochen gefüllt, welche wiederum mit dunklem Staub und Sand vermischt waren, die unter den gegebenen Umständen unvermeidlich in den Schädel einsickern. Unter dem Schädel fand sich der größere Teil eines menschlichen Schienbeines, welches die eigentümliche Stauchung, bekannt als Platyknemie (seitliche Verflachung), zu einem Grad aufwies, der einem Breitenindex von .512 entsprach. Des weiteren waren darum herum eine Vielzahl menschlicher Knochen verstreut, die vielleicht sogar einem vollzähligen Skelett entsprachen. Im zweiten Fall dieses eigentümlichen Einäscherungsbrauches fand sich der Schädel fast am anderen Ende des Grabhügels in etwa ein Meter achtzig Tiefe. Genau wie der vorherige Fund ruhte auch dieser auf seinem Scheitelpunkt. Er war mit einer schwarzen Masse verfüllt – den Rückständen verbrannter Knochen, vermischt mit Sand. Etwa einen Meter weiter im Osten lag ein weiterer Teil eines verflachten Schienbeines, welches den Längenindex .527 aufwies. Beide Schädel zeigten keinerlei Brandspuren; und obwohl sie bei der Entnahme zerfielen, war es dem Autor möglich, ihre starke Ähnlichkeit mit den kleinen, orthokephalischen[177] Schädeln zu vergleichen, die er in einem Grabhügel in Michigan exhumierte. Dieselben Ähnlichkeiten ließen sich auch bei dem anderen Schädel dieses Grabhügels feststellen. Die kleine, schmale, zurückweichende Stirn, markante seitliche Knochenausbildungen, ein ausnehmend ausgeprägter Hinterkopf, in keiner Weise deformiert, die klar definierten Augenbrauenbögen und die oberen Bögen der Augenhöhlen, die eine quadratische Kontur ergaben, wurden ebenfalls besonders vermerkt. Die unteren Gesichtsknochen einschließlich der Unterkiefer fehlten. Bei der Durchsicht aller ihm zugänglichen, entsprechenden Werke vermochte der Autor keinen weiteren Vermerk über ähnliche Funde in den Grabhügeln Floridas oder an anderer Stelle zu finden. Für weitere Besonderheiten sei hier der Verweis auf einen Vortrag zu diesem Thema angebracht, der im August 1878 beim Treffen der *American Association* in Saint Louis gehalten wurde."

---

176) Gillman, Henry, in: American Naturalist, November 1878, S. 753.
William Henry Gillman war Autor und Sekretär Ralph Waldo Emersons, mit dem er dessen Notizen zu seinem Buch „Journals and Miscellaneous Notebooks: 1835-1862" zusammenstellte.

177) Mittelhohe Schädel.

Die Entdeckungen von Mr. Gillman scheinen darauf hinzudeuten, dass die Toten, deren Gebeine er ausgrub, teilweise eingeäschert wurden, wie spätere weitere Beispiele zeigen werden. Die Verwendung des Schädels als Urne ist auf jeden Fall bemerkenswert, wenn nicht sogar einzigartig.

Es ist Archäologen wohl bekannt, dass, wo immer Indianer Einäscherung praktizierten, es zu den traditionellen Gebräuchen gehörte, auf den lodernden Scheiterhaufen alle Arten von Gegenständen zu werfen, die dem Toten nützlich sein könnten. Allerdings findet sich kein Fall einer totalen Zerstörung aller Besitztümer wie bei der Totenverbrennung der Indianer im Süden Utahs. Doktor E. Foreman veröffentlichte im *American Naturalist* vom Juli 1876 den Bericht über die Erforschung eines Grabhügels in diesem Gebiet, welche den Beweis erbrachte, dass nach dem Tode einer Person nicht nur deren Überreste dem Feuer anheimfielen, sondern auch alle persönlichen Gegenstände, ja sogar die Behausung, die ihr als Heim diente. Nach der Einäscherung wurde alles, was die Flammen nicht verzehrt hatten, mit Erde überdeckt und ein Grabhügel aufgeschüttet.

A.S. Tiffany[178] beschreibt einen von ihm so genannten Einäscherungsofen, den er keine sieben Meilen von Davenport in Iowa entdeckte:

„... ein Grabhügel sieben Meilen unterhalb der Stadt, ein erhöhter Geländepunkt namens Eagle Point. Die Oberfläche bestand aus der normalen schwarzen Erde, die bis in eine Tiefe von ein Meter achtzig bis zwei Metern reichte. Als nächstes fand sich gebrannter harter Ton, der in Farbe und Struktur einem mittelhart gebrannten Ziegel glich, in ungefähr achtzig Zentimetern Tiefe. Direkt unterhalb dieser Tonschicht folgte eine Schicht aus verkohlten menschlichen Überresten von fünfzehn bis fünfzig Zentimetern Dicke. Diese lag auf dem unveränderten und ungestörten Lössboden der natürlichen Erhebung, die den Boden der Grube ausmachte. Eingebettet in dieser Bodenschicht aus ungebranntem Lehm fanden sich einige wenige, sehr zerfallene, aber nicht verbrannte Knochen. Gegenstände irgendwelcher Art fanden sich nicht. Die Konstruktion des Ofens geschah offensichtlich durch Aushebung der Grube, auf deren Boden man die Körper oder Skelette legte, die wahrscheinlich zuvor von den Gerüsten heruntergenommen wurden. Danach häufte man brennbares Material auf und um die Leichname. Es folgte eine Abdeckung mit Pfosten oder gespaltenen Hölzern, die ihrerseits mit dem Lehm abgedeckt wurde, den wir jetzt auf den verbrannten Überresten fanden. Die Enden der auf der Erde liegenden Holzabdeckung waren so von unten und oben geschützt und verwandelten sich in Holzkohle, parallele Stücke, die sich im rechten Winkel zur Längsseite des Hügels befanden. Zwischen oder nahe bei den Überresten war keine Holzkohle zu entdecken, die Verbrennung verzehrte sie völlig. Die porösen und weicheren Knochenteile wurden zu pulverisierter Knochenschwärze. Mr. Stevens untersuchte auch den Ofen. Der Hügel scheint nach der Einäscherung nicht mehr geöffnet worden zu sein.

Viele weitere Berichte über Einäscherungen bei den unterschiedlichsten Stämmen könnten noch angeführt werden, um aufzuzeigen, wie vorherrschend dieser Brauch war, doch die oben genannten dürften als Beispiele ausreichen.

---

178) Tiffany, A. S. in: Proceedings of the Dav. Academy of Natural Sciences, 1867-76, S. 64.

Teilweise Einäscherung

Mit der Einäscherung lässt sich in gewisser Weise auch eine eigentümliche Bestattungsart in Zusammenhang bringen, die bei den Cherokee[179] oder einem anderen Stamm Nordkarolinas stattgefunden haben soll und die J. W. Foster[180] wie folgt beschreibt:

„Bis 1819 gehörte dieses Land den Cherokee. In Erfüllung eines Vertrages, verließen sie danach das Gebiet im Tal des Little Tennessee River. 1812 begann Mr. McDowell mit der Bodenbearbeitung. An einer bestimmten Stelle im Feld erzeugte die Pflugschar ein hohles Geräusch. Als Mr. McDowell nachforschte, stieß er zunächst auf eine dünne Holzkohleschicht, unter der sich eine Platte aus gebranntem Ton befand. Sie war ungefähr zwei Meter lang und einen Meter breit. Bei dem Versuch, sie aufzuheben, zerbrach sie in mehrere Teile. Unter der Platte befand sich nichts, aber auf ihrer Unterseite fand sich zum allgemeinen Erstaunen der Reliefabdruck eines nackten Menschen. Während des ersten Jahres seiner Bewirtschaftung stieß Mr. McDowell auf drei dieser Grabmäler aus gebranntem Ton. Seither gab es keine weiteren Funde, bis vor kurzem... Letztes Jahr (1872) brachte der Pflug ein weiteres Fragment eines solchen Reliefs ans Tageslicht, das den Abdruck eines fülligen menschlichen Armes aufwies.

Colonel C. W. Jenkes, der Direktor der Corundum-Minen, die hier kürzlich eröffnet wurden, erteilte mir folgenden Rat: ‚Wir haben hier überall Indianer um uns herum, deren Traditionen bis zu 500 Jahre zurückreichen. In dieser Zeit bestatteten sie ihre Toten unter riesigen Steinhaufen. An einer Stelle haben wir die Überreste von 600 Kriegern unter einem einzigen Haufen, aber gerade wurde ein Grab folgender Bauweise geöffnet: Man hob eine Grube aus, in welche der Leichnam mit dem Gesicht nach oben gelegt wurde. Über diesen strich man eine Lage Mörtel, die seine Gestalt einhüllte. Auf dieser wurde ein sehr heißes Feuer entfacht, das einen vollständigen Tonschild für den Toten bildete. Die Öffnung einer solchen Grabstätte liefert das perfekte Abbild des Toten.‘

Colonel Jenkes, dem der Wert dieser archäologischen Funde wohl bewusst war, teilte einen Mann ein, um die Exhumierung zu überwachen. Dieser ließ die Erde von der Gussform entfernen, zu der er durch eine Lage Holzkohle gelangte, und sie sodann mit einer Kelle freilegen. Der Ton war nicht vollkommen durchgebacken, so

---

179) Die Cherokee (Eigenbezeichnung *Tsalagi*) bilden heute das größte noch existierende Indianervolk Nordamerikas. Ihr Siedlungsgebiet umfasste ursprünglich das Gebiet vom Ohio River bis in die heutigen US-Bundesstaaten Gerogia und Alabama. Mit den Chickasaw, Choctaw, Muskogee und Seminolen wurden sie 1820 zu den fünf zivilisierten Nationen gezählt. Wie groß der Stamm der Cherokee bei der Ankunft der Spanier war, ist nicht bekannt. Wenn man aber britischen Schätzungen von 1674 Glauben schenken kann, soll der Stamm der Cherokee zu der Zeit ca. 50.000 Angehörige umfasst haben. Von ca. 20-25.000 wurde nach den Pockenepidemien von 1738 und 1753 ausgegangen, rund 1/4 ließen ihr Leben im Bürgerkrieg und noch einmal rund 1/4 starben auf dem *Trail of Tears,* dem Pfad der Tränen, auf dem Weg in die Reservation nach Oklahoma. Dorthin wurden sie illegal und sehr nachdrücklich gezwungen, als man auf ihrem bisherigen Land Gold fand.

180) Foster, J. W., Pre-historic Races of the United States of America, 1873, S. 149.

dass kein Abdruck des Leichnams verblieben war, abgesehen von der Stirn und den Beinen von den Knöcheln bis zu den Knien. Aber auch diese Teile der Form zerfielen. Der Körper war in Ost-West-Richtung ausgelegt, mit dem Kopf im Osten. ‚Ich hatte gehofft‘, fuhr Mr. McDowell fort, ‚dass der Abdruck im Ton so perfekt ausfiele wie jener, den ich vor 51 Jahren fand, ein Fragment, das ich Colonel Jenkes zeigte, mit dem teilweisen Abdruck eines Armes auf der einen Seite und Fingern auf der anderen, die den weichen Ton auf den darunter liegenden Körper modelliert hatten.‘ Die Grabhügelbauer des Ohio-Tals verteilten, wie bereits gezeigt, oft eine Schicht Ton über dem Toten, die allerdings nicht in direkten Kontakt mit ihm kam, und auf der sie das Feuer entfachten. Die Beweise, dass diese Art der Einäscherung häufig praktiziert wurde, sind zu vielfältig, um sie zu leugnen.“

Dies wurde auch von Mr. Wilcox bekräftigt[181]:

„Mr. Wilcox stellte auch fest, dass bei seinem kürzlichen Aufenthalt in Nordkarolina seine Aufmerksamkeit auf eine ungewöhnliche Bestattungsmethode einer vor langer Zeit dort lebenden Indianerrasse gerichtet wurde. In zahllosen Fällen stieß man auf Bestattungen, in denen der Tote mit dem Gesicht nach oben abgelegt und sodann mit einer etwa zwei Zentimeter dicken, weichen Tonschicht bestrichen wurde. Darauf häufte man einen Stoß Holz und zündete diesen an. Dieser verzehrte den Leichnam und brannte den Ton, der den Abdruck des Körpers erhielt. Das Ganze wurde zuletzt mit einer dünnen Schicht Erde abgedeckt.“

Diese Aussagen bergen nach allgemeiner Einschätzung keinen Anlass für Zweifel; dennoch sind diese Fälle insofern bemerkenswert, als sie die einzigen ihrer Art sind, auf die ich während meiner umfangreichen Lektüre zur Vorbereitung einer Studie über Bestattungssitten gestoßen bin. Allerdings sei hier angemerkt, dass Bruhier angibt, die alten Äthiopier hätten ihre Toten mit Gips (wahrscheinlich Schlamm) abgedeckt, ohne diese seltsamen Särge jedoch zu verbrennen.

Eine andere Methode, die sowohl Beerdigung als auch Einäscherung umfasst, praktizierten die Pitt River-Indianer oder Achomawi[182] Kaliforniens:

„Sie beerdigen den Toten stehend in der Erde, die Schultern auf Bodenhöhe. Das Grab wird vorbereitet, indem eine ausreichend tiefe und große Grube ausgehoben wird, um den Leichnam aufzunehmen. Der Kopf wird abgeschlagen. In das Grab werden die Bogen, Pfeile, Perlenarbeiten und anderer Besitz des Verstorbenen gelegt; hinzu kommen Nahrungsmittel wie getrockneter Fisch, Wurzeln, Kräuter und

181) Wilkox in: Proceedings of the Academy of Natural Sciences in Philadelphia, November 1874, S. 168.

182) Die Achumawi (Achomawi, Ajumawi, Ahjumawi von *àdzùmà-wi* = Menschen vom Fluss) bestanden aus mehreren Stämmen, deren Lebensraum sich vom Fall River, Tule Lake und Pitt River des Shasta-Countys im Nordosten Kaliforniens bis zum Goose Lake an der Grenze zu Oregon erstreckte. Ihre Dörfer bewohnten sie nur in den Wintermonaten, die meiste Zeit wanderten sie durch ihre angestammten Gebiete. Sie bauten Hütten aus Rinde, Gras und Gestrüpp und lebten vom Fischfang und der Jagd. Ihre Beute räucherten sie, um sie zu lagern oder einzutauschen. Darüber hinaus sammelten sie Bucheckern, Pinienzapfen, Wildkräuter, Beeren und die essbare Prärielilie, deren Überschüsse sie ebenfalls als Handelsobjekt einsetzten. Heutzutage kommen die Einnahmen eher aus ihrem Kasino.

dergleichen. Dann wird das Grab aufgefüllt, bis der kopflose Leichnam bedeckt ist. Nun verteilen Mitglieder des Stammes Feuerholz auf dem Grab, und auf dieses setzt man das Haupt. Der Stapel wird angezündet, und der Kopf zu Asche verbrannt. Die weiblichen Mitglieder, die als Klageweiber mit geschwärzten Gesichtern erschienen, tauchen danach ihre Finger in die Asche des eingeäscherten Kopfes und zeichnen sich drei Streifen auf die rechte Wange. Diese Handlung läutet die Trauerzeit ein, die andauert, bis die schwarze Substanz von ihren Gesichtern verschwunden ist. Zusätzlich zu dieser Trauerbezeugung schnitten sich die Verwandten der weiblichen Blutlinie (es handelte sich in diesem Fall offenbar um einen Mann von gewisser Bedeutung)[183] die Haare kurz. Mir fiel auf, dass während der Einäscherung des Hauptes die alten Frauen des Stammes in einem großen Kreis auf dem Boden saßen, in welchem ein weiterer Kreis aus jungen Mädchen sich hin und her wiegte und eine klagende Weise sang. Dies war die einzige Bestattung eines Mannes, bei der ich zugegen war. Die Bräuche bei der Bestattung einer Frau sind völlig anders; ihre Körper werden in Häute eingewickelt und in Höhlen oder Felsnischen abgelegt, zusammen mit ihrem Zierrat und in manchen Fällen auch mit Nahrungsmitteln, die in den Mund gelegt werden. Manchmal wird auch Geld zurückgelassen, um für Nahrungsmittel in der Geisterwelt zu bezahlen."

Diesen Bericht lieferte General Charles H. Tompkins, stellvertretender Quartiermeister der Armee der Vereinigten Staaten, welcher der beschriebenen Bestattung beiwohnte. Bemerkenswert ist dieser Bericht, weil er offenbar der einzige dieser Art ist, wenngleich E. A. Barber[184] eine Beschreibung ablieferte, die vielleicht einer Einäscherung wie der oben beschriebenen glich:

„Mr. William Klingbeil aus Philadelphia richtete mein Augenmerk auf einen recht einzigartigen Fall einer einheimischen Bestattung. Am New Jersey-Ufer des Delaware River, nicht weit von Gloucester City entfernt, stieß man im hohen, roten, lehmigen Sandboden eines Kliffs, das über den Fluss aufragte, auf das Skelett eines Mannes, welches sich stehend in seinem Grab befand. Nicht allzu tief unter der Oberfläche fanden sich die Halswirbel und unter diesen die Überreste des Skeletts, abgesehen von den Hand- und Fußknochen. Da der Schädel fehlte, ließ sich nicht feststellen, ob es sich um die Überreste eines Weißen oder eines Indianers handelte. In jedem Fall aber war die Grabstätte ein Zeugnis der Ureinwohner. Die sorgfältige Ausgrabung und kritische Untersuchung durch Mr. Klingbeil zeigte auf, dass man um die unteren Gliedmaßen des Leichnams eine Reihe größerer Steine gelegt hatte, die Brandspuren aufwiesen in Verbindung mit verkohltem Holz; die Knochen der Füße waren eindeutig verbrannt. Dieser Fund lässt darauf schließen, dass diese Person hingerichtet

---

183) Das Original lässt hier zwei Interpretationen zu: einerseits die hier stehende Übersetzung, die den Moralvorstellungen der damaligen Europäer entsprach. Angesichts des Erstaunens, dass es sich um einen Mann handelt, liegt allerdings die Vermutung nahe, dass hier nur die weiblichen Verwandten gemeint sind und es sich bei dem besonders angesehenen Stammesmitglied um einen transsexuellen Mann handelt, der entschieden hat als Frau zu leben – eine Wahl, die bei den meisten Indianerstämmen als normal galt und dem Nichtmehr-Mann sogar hohes Ansehen einbrachte, keinesfalls aber Anfeindungen und Intoleranz zur Folge hatte.

184) Barber, E. A. in: American Naturalist, September 178, S. 629.

wurde, vielleicht als Kriegsgefangener. Er wurde aufrecht in eine ausgehobene Grube gestellt und sodann um ihn herum ein Feuer entzündet. Danach wurde er lebendig begraben oder zumindest sein Körper, falls er die Feuerqualen nicht überstand, mit Erde bedeckt, bis auf den Kopf, der frei blieb. Da sich kein Schädel fand, wurde dieser entweder verbrannt oder abgeschlagen und entfernt, oder er diente räuberischen Vögeln als Beute. Das einen Meter achtzig große Skelett gehörte unzweifelhaft zu einem Mann.“

Das im ersten Bericht erwähnte Schwärzen des Gesichts als Zeichen der Trauer ist ein Brauch, der bei vielen Stämmen überall auf der Welt zu finden ist. Die Ureinwohner Guineas streichen als Zeichen des Kummers eine kalkartige Substanz auf ihre Körper; und es ist allgemein bekannt, dass die alten Israeliten Asche auf ihre Häupter und Kleider streuten. Dem Leichnam Nahrungsmittel und Geld mitzugeben, findet seine Entsprechung in den Bräuchen der alten Römer, die vor der Bestattung dem Leichnam eine Münze in den Mund legten als Lohn für Charon, damit er die entwichene Seele über den Fluss der Verdammnis ruderte. Ferner steckte man dem Verblichenen einen besonderen Kuchen aus Mehl, Honig und anderen Zutaten in den Mund, der die Wut des Zerberus, des höllischen Türstehers, mildern und eine sichere und ruhige Überfahrt gewähren sollte. Diese Beispiele mögen als seltsame Übereinstimmungen gewertet werden, aber nicht viel mehr.

(Abb. 17) Begräbnisplattform der Absaroka

Oberirdische Bestattung

Bestattungen in der Wohnstatt

Unsere Aufmerksamkeit gilt als nächstes Bestattungen oberhalb der Erde, einschließlich jener in Hütten, Häusern, Zelten, Kisten, Bäumen, Kanus und auf Gerüsten. Das erste Beispiel beschreibt Bestattungen in Zelten, die eher selten vorkommen. Die folgende Beschreibung stammt von Stansbury[185] und bezieht sich auf die Sioux[186]:

---

185) Stansbury Howard, Exploration and Survey of the Valley of the Great Salt Lake of Utah, 1852, S. 43. Major Howard Stansbury (1806-1863); vormals ziviler Ingenieur, der sich auf Kanäle und Hafenerweiterungen spezialisiert hatte. Entsprechend inspizierte er die mögliche Route eines Kanals zwischen dem Erie-See, dem Michigan-See und dem Wabash River. In Indiana untersuchte er den James River für eine Hafenerweiterung in Richmond und das Gelände zwischen Milwaukee und Dubuque für eine Eisenbahnlinie. Er war verantwortlich für den Bau einer Straße zwischen Milwaukee und dem Mississippi. 1838 trat er dem topographischen Ingenieurskorps der US-Armee bei. Auch dort war er für Flusserkundungen, Häfen und Straßen zuständig, außerdem ließ er den größten und ersten eisernen Leuchtturm in Florida errichten. Von 1849-1851 nahm er an der Great-Salt-Lake-Expedition teil.

186) Die Crow, auch Krähen-Indianer, Absaroka oder *Asarokee* („Kinder des langschnabeligen Vogels") unterteilen sich in die vier Gruppen der Berg-, Fluss- und Tal-Absarokee sowie die *Kicked in the Bellies* („die in den Bauch getretenen"). Ihre Sprache gehört zur Sioux-Sprachfamilie. Als sie um 1730 an die ersten Pferde gelangten, wanderten die zuvor sesshaft lebenden Crow aus dem nordöstlichen Waldland in die Great Plains ein, übernahmen rasch die dortige Lebensweise und verdrängten mit der Zeit die dort zuvor lebenden Stämme. Sie ließen sich vor allem am Yellowstone River, beim Powder, Wind und Big Horn River nieder, die Berg-Absarokee zogen sogar bis nach Montana und Wyoming und darüber hinaus nach Kanada. 1804 stieß die Lewis-und-Clark-Expedition als erste Weiße auf die Absarokee. Ab 1859 wurden sie von den verschiedensten Stämmen hart bedrängt, schlossen sich daher eng an die Weißen an und dienten sogar General Custer als Späher. Das machte sie bei den anderen Indianern nicht unbe-

„Ich streifte meine Mokassins über und hielt mein nasses Hemd wie eine Fahne in den Wind. Auf diese Weise begaben wir uns zu den Zelten, die meine Neugier erregt hatten. Fünf von ihnen waren auf der offenen Prärie errichtet worden, und in ihnen fanden wir die Leichname von neun Sioux, abgelegt auf dem Boden, gekleidet in Büffelleder; ihre Sättel, Speere, Lagerkessel und weitere Ausstattung um sie herum angehäuft. Einige Zelte beherbergten drei, andere nur einen Leichnam; aber alle befanden sich in mehr oder minder fortgeschrittener Verwesung. Nicht allzu weit entfernt stand ein Zelt, das trotz seiner geringeren Größe höheren Ansprüchen zu entsprechen schien und mit großer Sorgfalt errichtet worden war. Es enthielt den Leichnam eines jungen indianischen Mädchens von sechzehn oder achtzehn Jahren, auf dessen Antlitz ein friedvoller Ausdruck lag; sie war reich gekleidet in Leggings aus feinem scharlachrotem Tuch mit aufwändiger Verzierung; ein neues Paar Mokassins, wundervoll mit Stachelschweinborsten verziert, schmückte ihre Füße, und ihr Körper war in zwei ebenfalls verzierte, prächtige Mäntel aus Büffelleder gewickelt. Sie war offensichtlich erst vor ein oder zwei Tagen verstorben, und zu unserer großen Überraschung lag ein Teil ihres Oberkörpers bloß und gab den Blick auf das Gesicht und einen Teil der Brust frei, als wären die Umhänge durch irgendetwas in Unordnung geraten, während alle anderen Leichname sorgfältig verhüllt lagen. Zu jener Zeit vertraten unsere Bergführer die Meinung, dass diese Indianer mit einer Gruppe Crow zusammengestoßen sein mussten; später aber erfuhr ich, dass alle an der Cholera starben und dass dieses junge Mädchen, der Ansicht der anderen nach, wohl jenseits jeder Hoffnung darniederlag. So staffierten ihre Freunde sie wie eine Verstorbene aus und überließen sie, noch lebend, im Zelt ihrem Schicksal – so große Furcht beherrschte die Indianer angesichts dieser ihnen unbekannten und schrecklichen Seuche."

Möglicherweise ist diese Form der Bestattung eher als Ausnahme zu betrachten und auf das Grauen davor zurückzuführen, die Zelte weiter zu nutzen, in denen die Choleraopfer einst lebten. Dies ist aber wohl eher nicht der Fall, da dem Autor weitere Berichte über die gleiche Art der Bestattung im selben Stamm und auch bei anderen, vor allem den Crow, vorliegen, deren Häuptling Long Horse wie folgt bestattet wurde:

„Die Zeltpfähle umschließen ein Oval, das am Boden etwa fünfeinhalb auf sechseinhalb Meter misst, und treffen erst in mindestens neun Metern Höhe zusammen. Sie sind mit bearbeiteten Büffelhäuten abgedeckt, die bis auf einen Teil der Schwanzspitze kein Fell mehr bedeckt. Diese hängt nach außen und ist von menschlichen Skalpen umgeben. Die verschiedenen Häute sind sorgfältig mit Sehnen zusammengenäht und mit sieben horizontalen Streifen in Braun und Gelb sowie mit verschiedenen lebensnahen Kampfszenen bemalt. Über dem schmalen Eingang befindet sich ein großes, helles Kreuz, dessen senkrechter Balken aus einem ausgestopften, wei-

---

dingt beliebter, zumal sie auch als hervorragende Diebe galten. 1868 schlossen sie den zweiten Vertrag von Fort Laramie, der ihnen das verbliebene Stammesland als Reservat zuwies, 1883 gründete sich dort die offizielle Asarokee-Agentur. Seit 1948 lebt die heutige Crow Nation dort unter Selbstverwaltung mit eigener Verfassung.

ßen Wolfsfell auf seiner Kriegslanze besteht; auf dem Querbalken aus grellrotem Flanell befindet sich sein Köcher mit Bogen und Pfeilen, die fast alle Krieger immer noch mit sich führen, auch wenn sie mit Repetiergewehren bewaffnet sind. Da das Kreuz kein heidnisches, sondern ein christliches Symbol ist (eine Religion, der Long Horse nicht angehörte), wurde es vielleicht auf Betreiben einiger seiner weißer Freunde dort aufgehängt. Ich trat ein und erblickte Long Horse, bestattet auf indianische Weise in vollständiger Kriegsausrüstung, mit Bemalung und Federn, in einem rohen Sarg auf einer brusthohen Plattform, die mit Waffen, Skalpen und Zierrat geschmückt war. Eine große Öffnung und ein Windfang an der Spitze sorgten für Lüftung, und obwohl er seit einem vollen Monat in einem offenen Sarg lag, gab es kaum Verwesungsgerüche. In der Tat stieß ich auf solche Bestattungstipis außerordentlich selten, und wenn die Bestattung auf diese Weise erfolgt, ist sie weniger abstoßend, als man meinen würde."

Diesen Bericht legte Colonel P. W. Norris vor, der Leiter des Yellowstone Nationalparks, der 1876 selbst Augenzeuge des oben Beschriebenen war. Und obwohl der Bericht in Zweifel gezogen wurde, ist er in diesem Werk enthalten, da der Gentleman nach einer erneuten Prüfung seines Artikels darauf beharrt, dass die Tatsachen korrekt dargestellt seien.

General Stewart Van Vliet von der U.S. Army informierte den Autor darüber, dass bei den Sioux von Wyoming und Nebraska für einen Verstorbenen von hohem Rang in seiner Hütte ein kleines Gerüst errichtet, der Leichnam in Häute gewickelt und sodann dort abgelegt wird. Verschiedene Gebrauchsgegenstände und Waffen werden ihm an die Seite gegeben. Nach der Opferung eines Pferdes wird die Hütte verbarrikadiert.

Dr. W. J. Hoffmann verfasste Folgendes über die Bestattungshütten der Shoshoni von Nevada:

„Es liegen keinerlei Beobachtungen darüber vor, dass die Shoshoni im oberen Nevada jemals die Einäscherung praktiziert hätten. Im Independence Valley fand ich unter einem verlassenen und eingefallenen Wigwam oder ‚Gestrüppzelt' den eingetrockneten Leichnam eines Jungen von vielleicht zwölf Jahren. Meinen Informationen zufolge lag er dort seit mindestens sechs Wochen und bot einen grässlich fratzenhaften Anblick. Die trockene Luft hatte die Verwesung verhindert. Die Indianer dieser Region lassen den Körper nach Verlöschen des Lebens in der Regel zurück und werfen nur etwas Kehricht oder Erde darüber, was eben gerade zur Hand ist, oder sie decken ihn mit den Überresten ihrer primitiven Schutzzelte ab, die überwiegend aus kleinen Ästen, Blättern, Gras und dergleichen bestehen.

Die Shoshoni, die am Independence Creek und am Ostufer des Owyhee River im oberen Teil Nevadas leben, begruben 1871, zur Zeit meines dortigen Besuches, ihre Toten nicht. Wenn jemand starb, wurde seine Hütte (gewöhnlich aus Pfählen und Weidenruten errichtet) zerstört und in einem wirren Haufen auf die menschlichen Überreste geworfen; danach zog der Stammesverband ein Stück weiter. Ist die Krankheit nicht zu schwerwiegend oder der Tod trat sehr plötzlich ein, so wird die kranke Person an einen günstigen Platz in einiger Entfernung zum derzeitigen Lagerplatz der Gruppe umgelagert, damit diese nicht weiterziehen muss. Kojoten, Raben

(Abb.18) Eskimobestattung unter Spitzgiebeldach

(Abb. 19) Bestattungshütten

und andere Aasfresser verschlingen schnell alles Fleisch, so dass nichts als die Knochen verbleibt, und selbst diese werden von den Wölfen verstreut. Die Indianer von Tuscarora[187], Nevada, meinten dazu, dass sie, wann immer sie auf die knöchernen Überreste eines Shoshonen stießen, diese nach Möglichkeit begruben, aber auf welche Weise, gelang mir nicht zu erfahren, da sie in dieser Hinsicht sehr verschwiegen waren und jede Aussage über die Toten vermieden. Ein völlig ausgetrockneter und zusammengeschrumpfter Toter fand sich, aber dies lag lediglich an der großen Trockenheit jener Region."

Captain F. W. Beechey[188] beschreibt eine eigentümliche Bestattungsform der Esquimaux an der Westküste Alaskas, die der Hüttenbestattung ähnlich zu sein scheint. Die nach seiner Zeichnung gefertigte *Abbildung 18* zeigt eine solche Bestattungshütte.

„In unserer Nähe befand sich ein Friedhof, welcher, zusätzlich zu dem, was wir bereits bei Cape Espenburg[189] beobachten konnten, mehrere Beispiele dafür bot, wie diese Ureinwohner mit ihren Toten verfuhren. In manchen Fällen wurde eine Plattform aus Treibholz errichtet, die sich etwa einen Meter über dem Boden erhob. Darauf wurde der Tote mit dem Kopf im Westen abgelegt und ein Doppelzelt aus Treibholz über ihm errichtet: das innere aus Rundhölzern von etwa zwei Metern Länge und das äußere mit Hölzern, die etwa dreimal so lang waren. Sie wurden dicht übereinander errichtet und reichten zunächst mit Sicherheit aus, um Verwüstungen durch Füchse und Wölfe zu verhindern. Mittlerweile aber hatten sie nachgegeben und sämtliche Leichen, ja sogar die Häute, die sie einst bedeckten, hatten unter diesen räuberischen Tieren gelitten.

In diesen Totenzelten befanden sich keine Särge oder Planken wie auf Cape Espenburg. Die Leichen waren in Gewänder aus Eiderentenhäuten gehüllt, über die eine Hirschhaut gelegt war, und darauf war die Haut eines See-Elefanten ausgebreitet, wie sie die Einheimischen für ihre *baidar*[190] verwenden. An den Pfosten aufgehängt und nahebei auf dem Boden fanden sich mehrere Esquimaux-Gerätschaften, darun-

---

187) Die Tuscarora oder Skarohreh gehören zu den Irokesen und siedelten wohl ursprünglich am kanadischen Sankt-Lorenz- Strom, den sie aber in Richtung North Carolina verließen. 1722, nach ihrer Niederlage im Tuscarora-Krieg, kehrten sie in ihr altes Siedlungsgebiet zurück, wo sie von den Oneida und Cavuga in die Irokesen-Konföderation aufgenommen wurden. Heute leben ca. 1.000 von ihnen im kanadischen Ontario im Six Nations Reserve, im Niagara County New Yorks in der Tuscarora Indian Reservation und in North Carolina.

188) Beechey, Frederick, William, Narratives of a Voyage to the Pacific and Bering Strait to Co-operate with the Polar Expeditions, 1825-1828, 1831, Band I, S. 332.
Konteradmiral F. W. Beechey (1796-1856); englischer Marineoffizier und Geograph, wurde in London geboren. 1806 trat er der Marine bei und nahm an den Kämpfen zwischen Frankreich und Amerika teil. 1818 begleitete er John Franklin auf David Buchans Arktisexpedition, über die er sein erstes Buch veröffentlichte. Es folgten weitere Forschungsreisen entlang der afrikanischen Küste, der nordamerikanischen Pazifikküste und der Beringstraße und der südamerikanischen Küste. 1854 ernannte man ihn zum Konteradmiral, im folgenden Jahr zum Präsidenten der Royal Geographical Society. Seine Tochter war die bekannte kanadische Malerin Frances Anne Hopkins.

189) Auch Cape Spanberg oder Nuvua, am Kottzebue Sound Alaskas gelegen.

190) Russische Bezeichnung für den Kajak.

(Abb. 20) Begräbnismaske, Ipiutakkultur, 100-600 n. Chr.,
Point Hope, Alaska. Walrosselfenbein. Höhe: 31,1 cm.
American Museum of Natural History, New York.
„Diese Maske bestand aus mehreren zusammengebundenen Stücken Walrosselfenbein.
Man fand sie in Einzelteilen im Grab ihres Besitzers auf dem Ipiutak-Friedhof
in Point Hope. Fachleute nehmen an, daß der Verstorbene diese Maske bei
den Trauerfeierlichkeiten trug, die dem Begräbnis vorausgingen.
Sie rahmten sein Gesicht mit den typischen haarfeinen Ritzzeichnungen
der Ipiutak-Elfenbeinschnitzerei ein.“

ter Holztabletts, Paddel und ein Tamburin. Soweit wir der Zeichensprache entnehmen konnten, lagen diese Dinge hier für den Gebrauch des Verstorbenen, der in der nächsten Welt (dabei wiesen sie auf den westlichen Horizont) aß, trank und Lieder sang. Ohne Übersetzer waren dies die einzigen Informationen, die ich zu gewinnen vermochte. Allerdings ist der Brauch, solche Instrumente beim Bestattungszelt abzulegen, nicht ungewöhnlich, und in aller Wahrscheinlichkeit glauben die Esquimaux, dass die Seele in der nächsten Welt ähnlichen Freuden frönt, die ihnen auch hier Vergnügen bereiteten."

Die Blackfeet, Cheyenne[191] und Navajo bestatten ebenfalls in Zelten, und die Indianer der Bellingham Bay legen ihre Toten laut Dr. J. F. Hammond von der U.S. Army in geschnitzten Holzsarkophagen ab, über die sie ein weißes, rechteckiges Zelt errichten. Einige Stämme an der Nordwestküste bestatten in Hütten, die jenen in *Abbildung 19* ähneln.

Bankcroft[192] meldet, dass gewisse Indianer Costa Ricas nach Eintreten eines Todesfalles den Körper in einer kleinen Hütte aus geflochtenen Palmwedeln begraben:
„In dieser wird er drei Jahre verwahrt und mit Nahrung versorgt. An seinem Todestag wird er neu eingekleidet und unter bestimmten Zeremonien bedient. Dem Autor wurde kürzlich zugetragen, dass es in Demerara einen ähnlichen Brauch gab. Über entsprechende Bestattungsbräuche bei den Völkern der Alten Welt liegen keine authentischen Berichte vor, obwohl die Toten recht häufig unter dem Fußboden ihres Heimes begraben wurden, ein Brauch, dem auch die Mosquito-Indianer[193] Zentralamerikas wie auch ein oder zwei unserer Stämme folgen."

---

191) Die Dakota-Sioux nannten die Cheyenne (Eigenname *Tsitsistas* = „die Gleichgesinnten") *Sahíyena* („kleine Cree"). Der zweite Stammesverband der Cheyenne sind die Suhatai. Beide gehören zur Sprachfamilie der Algonkin. Sie lebten ursprünglich im heutigen Minnesota in festen Hütten, betrieben Ackerbau und Jagd und waren für ihr Kunsthandwerk bekannt. Von den bereits mit Gewehren bewaffneten Anishinabe vertrieben, zogen sie über North Dakota gegen Ende des 18. Jahrhunderts nach South Dakota und Colorado. Dort passten sie sich an das Prärieleben an und folgten den Büffelherden. 1833 wurde am oberen Arkansas River Bent's Fort errichtet. Der später Südliche Cheyenne (*Sowonia*) genannte Stammesverband verblieb in der Nähe, während die späteren Nördlichen Cheyenne (*O mi sis*) zum Yellowstone und North Platte River zogen. Seit dem 1851 geschlossenen Vertrag von Fort Laramie wurde die Trennung als solche festgehalten. 1920 erkannten die USA die Cheyenne als amerikanische Staatsbürger an. In den 1970er Jahren erhielten sie das Recht zur Ausübung ihrer Religion zurück, was zur Belebung des Stammesbewusstseins, der alten Sitten und Gebräuche führte.

192) Bancroft, George, Native Races of the Pacific States of North America, 1874, Band I, S. 780.

193) Der Name Miskito, Miskitu entstammt der eigenen Miskitosprache und ist nicht mit dem span.-port. Mosquito verwandt, auch wenn der entsprechende atlantische Küstenstreifen, an dem sie heute hauptsächlich leben, zu Recht den Namen Moskitoküste trägt. Sie lebten traditionell von Ackerbau, Jagd, Fischfang und der Jagd auf die Grüne Meeresschildkröte. Da die Briten die Miskiuo als willkommene Verbündete gegen die Spanier sahen, behandelten sie diese anständig, spanische Siedler ließen sich hingegen ab 1787 kaum im Miskitoland nieder, da dieses sehr unzugänglich war und die Miskitokrieger gefürchtete Widersacher darstellten. Bis ihr Land 1894 Teil des Staates Nicaragua wurde, verteidigten sie erfolgreich ihre Unabhängigkeit, überfielen spanische Siedlungen, um indianische Sklaven zu befreien oder selbst welche zu erbeuten. Sie lebten in Polygamie, oftmals mit Sklavinnen anderer Stämme, waren versessen auf Gewehre, europäische Kleidung und englische Namen. Sie kämpften an der Seite der Briten im Unabhängigkeitskrieg und 200 Jahre später als Contras gegen die sandinistische Regierung. Nachdem 1847 Missionare der sächsischen Herrnhuter Brüdergemeine dort ihre Arbeit be-

Kistenbestattung

Hier finden sich Beispiele für Bestattungen der Nordwestküstenindianer. Diese Stämme schnitzen für ihre Toten wundervolle Holztruhen, die entweder auf einer niedrigen Plattform oder auf dem Boden stehen. Der Form nach ähneln sie einem kleinen Haus mit angewinkeltem Dach, und jede hat eine Öffnung, durch die dem Toten Nahrung gereicht werden kann.

Einige der Stämme, die früher im Staat New York lebten, verwendeten Kisten, die den hier beschriebenen ähneln, und die Creek, Choctaw und Cherokee folgten diesem Brauch ebenfalls.

Captain J. H. Gageby von der U.S. Army legte folgenden Bericht über die Creek im Indianerterritorium vor:

„...werden an der Oberfläche bestattet, in einer Kiste oder ähnlichem aus Ästen, die sie mit Zweigen, Blättern und Erde bedecken. Ich sah mehrere ihrer Gräber, die nach ein paar Wochen abgedeckt waren und ihren Inhalt dem Blick freigaben. In einem Cree-Grab (dem eines Kindes) sah ich eine kleine Summe Silbermünzen, in einem anderen (dem eines erwachsenen Mannes) einige Kriegsgerätschaften, Bogen und Pfeile. Sie waren alle mit den Füßen im Osten bestattet. Während der Trauerzeremonien der Creek beschmieren sich die nächsten Verwandten Haare und Gesicht mit einer Mischung aus Fett und Holzasche und belassen diesen Zustand für mehrere Tage, wahrscheinlich einen Monat."

Josiah Priest berichtet über die Totenladen eines Stammes an der Pazifikküste am Talomeco River in Oregon. Ich halte diese Darstellung für völlig unglaubwürdig, habe sie aber als warnendes Beispiel für die Leichtgläubigkeit vieler Autoren und Leser hier mit aufgenommen:

„Die Leichname der Kaziken[194] waren so fachkundig einbalsamiert, dass von ihnen keine Verwesungsgerüche ausgingen. Sie lagen in großen Holzsärgen von robuster Machart, die auf Bänken etwa 60 Zentimeter über dem Boden ruhten. In kleineren Särgen und Körben fanden die Spanier die Kleider der verstorbenen Männer und Frauen, und so viele Perlen, dass sie diese mit vollen Händen unter den Offizieren und Soldaten verteilten."

Bancroft berichtet über die Totenkisten der Esquimaux:

---

gannen, hatten sie bis zum Ende des Jahrhunderts fast alle Indianer „bekehrt". In Nicaragua und Honduras leben etwa 125.000 Nachfahren von Miskitu und entflohenen oder gestrandeten schwarzen Sklaven, die zwei Stämme bilden: die eher indigenen Tawira-Miskitu und die Nachkommen indigener-afrikanischer Herkunft, die Sambo-Miskitu.

194) Kazike (span. „cacique") war eine Bezeichnung für die Stammesoberhäupter oder Adeligen der Ureinwohner Mittel- und Südamerikas. Zum ersten Mal genannt wird der Begriff 1492 im Bordbuch von Christoph Kolumbus. Später verwendeten die Konquistadoren, Missionare und Entdecker diese Bezeichnung in ihren Chroniken auch für andere Stämme.

„Die Eskimo begraben ihre Toten nie, sondern legen den Leichnam auf der Seite zusammengerollt in eine Bretterkiste, die in etwa einem Meter Höhe über der Erde auf vier Pfosten ruht. Diese Totenkiste ist oftmals mit aufgemalten Vögeln, Fischen und Tieren verziert. Manchmal wird sie in Häute gewickelt und auf einem erhöhten Gestell platziert und sodann mit Brettern oder Baumstämmen abgedeckt, um sie vor wilden Tieren zu schützen. Auf das Gestell oder auch in die Totenkiste werden Waffen, Kleidung und manchmal auch die häuslichen Gerätschaften der Verstorbenen gelegt. Häufig wird von Reisenden über Bestattungsplätze berichtet, an denen die Leichname unbedeckt und mit dem Kopf im Norden liegen."

Frederic Whymper[195] beschreibt die Totenkisten der Kalosh[196] in jenem Territorium:
„Ihre Totenkisten oder Grabstätten sind durchaus interessant. Sie enthielten lediglich die Asche der Toten. Dieses Volk verbrennt seine Verstorbenen ausnahmslos. Eine der Kisten war mit mehreren Gesichtern bemalt, von denen lange Strähnen menschlicher Haare herabhingen. Jeder Kopf repräsentierte ein Opfer der Wildheit des (glücklich) Verstorbenen. Zu seinen Lebzeiten war er zweifellos angesehener als einer, der nie einer Fliege etwas zuleide getan hat. Alle ihre Gräber sind reich mit geschnitzten oder aufgemalten Gesichtern und anderen Motiven verziert."

W. H. Dall[197], wohl einer der erfahrensten und sorgfältigsten amerikanischen Ethnologen, beschreibt die Totenkisten der Inuit von Unalaklik und Yuka und der Inglakik von Ulukuk. Die *Abbildungen 21* und *22* entsprechen seinen Illustrationen im vermerkten Werk:

„Die Inuit von Unalaklik

Der althergebrachten Sitte gemäß wird der Leichnam, auf der Seite zusammengerollt, in eine Bretterkiste von etwa einem Meter Länge gelegt, die aus Fichtenholz gezimmert wurde. Diese wird auf vier die Kiste überragenden Pfosten etwa einen Meter

---

195) Whymper, Frederick, Travel and Adventure in the Territory of Alaska, 1869, S. 100.
Frederick Whymper (1838-1901); geboren in London, Sohn des berühmten Holzgravuers und Künstlers Josiah Wood Whymper, älterer Bruder des Alpinisten Edward Whymper, der 1865 als erster das Matterhorn bestieg und selbst bekannter Maler und Kupferstecher. Reiste 1862 nach British Columbia, brach im nächsten Jahr aber auf, weitere Gegenden zu erkunden, wobei er oft das Dampfschiff benutzte. Seine Bilder umfassen Vulkane auf Kamtschatka und Gletscher in Alaska. Er schloss sich der Vancouver Island Forschungsreise sowie der Union Telegraph Expedition an. 1866 verbrachte er den Winter mit W.H. Dall in Nulato und reiste den Yukon River bis Fort Yukon hinauf. Im November 1867 kehrte er nach England zurück und veröffentlichte sein Buch, ging 1869 aber wieder in die USA und arbeitete in San Francisco als Journalist, Bergbauingenieur und Maler. Bei seinem letzten Aufenthalt in London, wo er sein nächstes Buch publizierte, verstarb er an Herzversagen. Nach ihm ist der Mount Whymper benannt.
196) Die Kalosh, die zu den Tlingit gehören, bewohnen Sitka an der Küste Alaskas zwischen dem Stekine und dem Chilcat River. 1799 schätzte die dortige Russian American Company sie auf 2.500 Personen. Mit den Russen und den Amerikanern kam es immer wieder zu blutigen Auseinandersetzungen, die auch in Massakern gipfelten.
197) Dall, William H., Alaska and its Resources, 1870, S. 19, 132, 145.

(Abb. 21) Inuit-Bestattung

über der Erde aufgestellt. Die Seiten sind oft mit rotem Kalk bemalt und zeigen Pelztiere, Vögel und Fische. Dem Wohlstand des Toten entsprechend werden zahlreiche persönliche Gegenstände zum Sarg gelegt oder darum verstreut. Bei einigen liegen Kajaks, Pfeil und Bogen, Jagdgerätschaften, Schneeschuhe und sogar Kessel. Fast immer aber wird an einen der Pfosten das hölzerne Brett oder *Kantag* gehängt, von dem der Verstorbenen einst aß.

Die Inuit von Yukon

Die Toten werden über der Erde in einer wie schon zuvor beschriebenen Kiste bestattet. Die angefügte Skizze zeigt die Form des Sarges, der in diesem Fall mit Schneeschuhen verziert ist, einer Seilrolle für die Jagd auf Seelöwen, einer Angelrute und einem Holzbrett oder *Kantag*. Letzteres findet sich bei jeder Bestattung und wird gewöhnlich mit in den Sarg gelegt. Manchmal werden auch Besitztümer der Verstorbenen mit in den Sarg oder darum herum gelegt. Mitunter werden dem Toten seine gesamten Besitztümer mitgegeben. Üblicherweise aber werden die Pelze, Nahrungsmittel und die Kleidung (bis auf die getragene) unter den nahen Verwandten des Verstorbenen verteilt; oder sie verbleiben im Besitz seiner Familie. Kleidung, Haushaltgerätschaften und Waffen, die die Verstorbenen benutzten, wurden fast immer mit in den Sarg gegeben. Treten viele Tode zur selben Zeit auf oder gibt es gar eine Epidemie, so werden alle Besitztümer der Toten zerstört. Das Heim, in dem der Tod eintrat, wird grundsätzlich verlassen und üblicherweise zerstört. Um diesen Umstand zu vermeiden, ist es durchaus üblich, die erkrankte Person aus dem Haus zu schaffen und in einem Zelt dem Tod zu überantworten.

Den Sarg einer Frau erkennt man an den Kesseln und anderen weiblichen Gerätschaften. Andere Unterschiede in der Bestattung von Männern und Frauen gibt es nicht. Auf die Särge werden gewöhnlich mit rotem Ocker Bilder aufgetragen. Solche von Pelztieren verweisen im Allgemeinen darauf, dass der Tote ein guter Fallensteller war. Überwiegen Robben- oder Hirschdarstellungen, so war er ein guter Jäger. Bilder von Muschelketten zeigen, dass er wohlhabend war. Manchmal werden auch die Todesumstände auf diese Weise dargestellt. Vier Tage lang nehmen die Frauen des Dorfes keine Nähnadel zur Hand, und fünf Tage lang schlägt kein Mann Holz. Ein Jahr lang dürfen die Verwandten des Toten an den Klippen nicht nach Vogeleiern suchen, da sie sonst abrutschen und zu Tode stürzen würden. Trauer wird weder durch Kleidung noch auf andere Weise ausgedrückt, allein das Haar wird gekürzt. Die Frauen wachen im Kreis sitzend über den Toten und singen bis zur Bestattung die Totenklage. Sie hegen nur selten den Verdacht, andere könnten mit Hilfe von Schamanismus für den Tod verantwortlich sein, wie es andere Indianer fast ausnahmslos tun.

Ein Jahr nach dem Tod wird ein Fest organisiert, bei dem jene, die bei der Herstellung des Sarges halfen, mit Geschenken bedacht werden. Danach ist die Trauerzeit abgeschlossen. Ihre Trauer geht scheinbar nicht sehr tief, dennoch beklagen sie immer wieder über längere Perioden ihren Verlust. Ich weiß von mehreren Frauen, die sich weigerten, ein zweites Mal zu ehelichen und trotz mehrfacher Anträge viele Jahre allein blieben.

Die Ingalik von Ulukuk

Als wir näher kamen, vernahmen wir einen tiefen, klagenden Gesang und Mikala, einer meiner Männer, teilte mir mit, dass hier Frauen um einen Toten klagten. Während der Anlandung sah ich, wie mehrere Indianer die Kiste herrichteten, in welcher der Tote ruhen sollte... Der Leichnam lag auf der Seite auf einer Hirschhaut; die Füße waren hochgebunden und der Kopf auf die Brust gedrückt worden, so dass der Sarg nicht mehr als etwas über einen Meter in der Länge messen musste."

(Abb. 22) Ingalik-Bestattung

123

Baum- und Gerüstbestattung

Wir wenden uns nun der so genannten echten oberirdischen Bestattung zu, deren häufigste Beispiele sich auf Baum- und Gerüstbestattungen beziehen, die sogar heute noch häufig praktiziert wird. Nach unseren Kenntnissen hängt die Wahl der Bestattungsart von den vorherrschenden Möglichkeiten ab: Wo es Bäume gibt, werden diese genutzt, fehlt sie, so werden Gerüste verwendet.

Von William J. Cleveland von der *Spotted Tail Agency*[198] in Nebraska erhielten wir einen sehr interessanten Bericht über die Bestattungssitten der Brulé[199] oder Teton Sioux, die der Lakota-Allianz angehören. Sie werden Sicangu oder, in der Sprache der Indianer, *Seechangus* (Volk der verbrannten Schenkel) genannt. Der Bericht wird hier in seiner Gänze abgedruckt, nicht nur aufgrund der sorgfältigen, detaillierten Beschreibung, sondern auch wegen seiner bekannt wahrheitsgemäßen Darstellung:

„Bestattungszeremonien und Trauerriten

Manche dieses Stammes begraben ihre Toten inzwischen in grob gezimmerten Kisten in der Erde, sofern sie entsprechende Gerätschaften besitzen, oder stellen sie auf der Kuppe eines Hügels oder auf einer anderen Erhöhungen ab, wenn sie kein Grab ausheben können. Dies geschieht jedoch in reiner Imitation der Weißen; ihre wahren Bräuche unterscheiden sich wohl kaum von jenen, die ihre Vorfahren seit vielen Generationen befolgten. Für die Bestattung rollen sie den Toten fest in Decken oder Häute (manchmal auch beides), umwickeln diese eng mit Riemen aus Tierhaut, strecken ihn der Länge nach aus und legen ihn entweder in den Ästen eines Baumes ab

---

198) Spotted Tail, auch Sinte Galeshka, Sinte Gleska oder Sinte Gle´ska, war ein Häuptling der Brule-Lakota. Seinen englischen Namen erhielt er von weißen Pelzjägern. Seine Häuptlingswürde verdankte er seinen Verdiensten als Krieger. Er gehörte zu der Ureinwohner-Delegation, die am 6. Juni 1870 Washington D. C. und den damaligen Präsidenten Rutherford B. Hayes aufsuchte. Während einer Gefangenschaft in Fort Laramie lernte er Englisch schreiben und lesen. Er wurde von einem anderen Indianer am 5. August 1881 erschossen und auf dem Friedhof der Rosebud-Reservation in South-Dakota begraben.

199) Die vollständige Stammesbezeichnung der Brulé lautet *Sincangu Lakota Oyate*. Den französischen Namen Brulé erhielten sie von Weißen, nachdem viele Stammesmitglieder auf der Flucht vor einem Präriefeuer Brandwunden davontrugen. Sie bilden einen der sieben Lakota-Stämme, die zur Sioux-Sprachfamilie gehören. Erstmals erwähnt werden sie 1804 von Lewis und Clark, die sie an den Mündungen des White und Teton River trafen, weswegen sie auch Teton genannt wurden. Ursprünglich lebten die Sioux an der Atlantikküste als Waldlandbewohner. Von dort zogen sie an den oberen Mississippi und ernährten sich vom Anbau von Mais, Bohnen und Kürbis sowie der Wildreisernte. Da sie nahe der Durchzugswege der weißen Siedler lebten, litten sie stärker als andere Stämme unter Epidemien wie Masern und Pocken. Als die Anishinabe sie vertrieben, erwarben sie auf ihrer nächsten Wanderung frühzeitig Gewehre von französischen Händlern. Auf dem Weg nach Westen teilten sie sich dann in drei große Gruppen, von denen die Lakota über den Missouri bis nach Nebraska und Dakota zogen. Dort übernahmen sie Pferde und Lebensweise der Prärieindianer, lebten in Tipis und von der Büffeljagd. Heute leben die meisten Brulé in der Rosebud Reservation South Dakotas, wo sie als *Rosebud Sioux Tribe* bundesstaatlich anerkannt sind.

(Abb. 23) Karl Bodemer „Baumgrab"

oder auf einem zu diesem Zweck errichteten Gerüst. Diese Gerüste sind etwa zwei Meter fünfzig hoch und werden errichtet, indem man vier an den Enden gegabelte Pfosten fest in den Boden rammt, an jeder Ecke einen, und sodann andere quer darüber legt, so dass sie eine Plattform bilden, auf welcher der Leichnam sicher befestigt wird. Manchmal wird mehr als ein Körper auf dem Gerüst abgelegt, in der Regel allerdings wird für jeden ein eigenes erbaut. Da diese Indianer in jeder Hinsicht höchst abergläubisch sind, messen sie diesen Gerüsten und allen Materialien, die für die Toten verwendet wurden, eine gewisse Heiligkeit zu. Dieser Aberglauben reicht in den meisten Fällen aus, um die Störung der Toten zu unterbinden. Sollte sich ein Angehöriger eines anderen Stammes daran zu schaffen machen, so wird der Tod als Strafe für dieses Vergehen für durchaus angemessen gehalten. Dieselbe Einstellung verbietet ihnen auch, alte Gerüste oder Holz von solchen erneut zu verwenden, und sei es in der größten Not nur als Feuerholz, denn dies hätte überaus böse Folgen. Häufig werden die Verstorbenen nach zwei Jahren auch von den Gerüsten abgenommen und begraben.

Alle Arbeiten, das Einwickeln der Toten, die Errichtung des Gerüstes und das Ablegen des Leichnams, werden ausnahmslos von den Frauen erledigt. Danach führen sie die Männer an diesen Ort, um ihnen zu zeigen, wo der Leichnam ruht, so dass diese ihn in der Zukunft zu finden wissen. Wertgegenstände aller Art wie Waffen, Zierrat, Pfeifen und dergleichen mehr – kurz alles, was dem Verstorbenen im Leben an Besitztümern am Herzen lag -, sowie Haarsträhnen der Trauernden, die sie sich anlässlich seines Todes abschnitten, werden grundsätzlich zusammen mit dem Leichnam eingewickelt. Bei Toten von Rang oder wenn die Familie es sich leisten konnte, ja sogar, wenn dies nicht der Fall war, wurden ein oder auch mehrere Pferde (gemeinhin jenes oder jene, die dem Besitzer am meisten bedeuteten) unter dem Gerüst erschossen. Dies entspricht der Vorstellung, dass der Geist des Pferdes den Geist des Verstorbenen begleitet und ihm in den ‚ewigen Jagdgründen‘, oder wie sie es nennen, im ‚Land der Geister‘ zu Diensten ist.

Wenn ein Indianer stirbt, manchmal auch schon, bevor der Tod eingetreten ist, versammeln sich die Freunde und Verwandten in der Hütte oder dem Zelt und beklagen den Dahingegangenen oder Sterbenden. Dabei jammern und heulen sie herzzerreißend, ja geradezu grauenerregend. Alle beteiligen sich daran, bis sie erschöpft umsinken. Danach verstummt das Klagen für eine Weile, um dann von neuem zu beginnen. Alle stimmen mit ein, bis sie sich vollständig verausgabt haben. Dieses Klagen obliegt überwiegend den Frauen, die sich zu solchen Anlässen in großer Zahl versammeln. Unter ihnen befinden sich auch einige professionelle Klageweiber. Dabei handelt es sich im Allgemeinen um ältere Frauen, die sich immer dorthin begeben, wo eine Person im Sterben liegt. Sie führen die Klagen an in dem Wissen, das sie bei der späteren Verteilung der weltlichen Güter gut bedacht werden. Mit Eintritt des Todes wird der Leichnam von den Frauen in seine besten Kleider und Decken gehüllt. Sollten keine vorhanden sein, werden neue besorgt, sofern man sie sich zu leisten vermag. Die nahebei versammelte Menge heult zum Erbarmen weiter und schneidet sich immer wieder Haarsträhnen ab, um sie auf den Leichnam zu werfen. Jene, die ihrer tiefen Trauer verstärkt Ausdruck verleihen möchten, ritzen sich mit ihren Messern oder Feuersteinklingen in verschiedene Körperteile, meistenteils Arme und Beine, bis das Blut üppig über ihre Gliedmaßen fließt. Männer unterwerfen sich diesem Brauch seltener.

Ein Leichnam wird selten mehr als einen Tag unbestattet belassen, da neben dem Wunsch, die Verstorbenen unterzubringen, auch die Furcht herrscht, dass die Krankheit, welche den Tod hervorrief, sich auf andere Familienmitglieder übertragen könnte. Entsprechend rasch kümmert man sich um die Bestattung, sobald der Tod dieser Person feststeht.

Bis zur Bestattung des Verstorbenen nehmen die Trauernden keinerlei Nahrung zu sich. Ist diese vorüber, und es scheint keine besondere Zeremonie damit verbunden zu sein, so kehren die wenigen Frauen, die daran teilhatten, zum Zelt zurück, wo unter ihnen und anderen nicht nur die restlichen Besitztümer des Verstorbenen verteilt werden, sondern aller Besitz, ja sogar das Zelt seiner Familie. Dieser Brauch wurde in einigen Fällen so weit getrieben, dass der Rest der Familie nicht nur bettelarm,

(Abb. 24) Gerüstbestattung der Dakota

(Abb. 25) Gerüstbestattung der Crow

sondern im wahrsten Sinne des Wortes nackt zurückblieb. Nach einer Weile gewinnen sie ihren einstigen Lebensstandard durch Geschenke wieder zurück.

Der Brauch fordert von den nahen weiblichen Verwandten des Verstorbenen nach dessen Tod die strikte Einhaltung eines zehntägigen Trauerritus: Sie müssen jeden Morgen sehr früh aufstehen und den ganzen Tag über ungewöhnlich hart arbeiten. Sie nehmen an keinem Fest, Tanz, Spiel oder anderem Vergnügen teil, essen wenig und ziehen sich erst spät zurück, so dass ihnen ausreichend Nahrung und Schlaf verwehrt bleiben. Während dieser Zeit legen sie keine Farbe auf, sondern erklimmen stattdessen zu unterschiedlichen Zeiten zusammen einen Hügel und betrauern den Toten stundenlang mit lautem Schreien und Wehklagen. Sind die zehn Tage vorüber, so legen sie wie gehabt Farbe auf und nehmen wieder wie zuvor an den Vergnügungen ihres Volkes teil. Von den Männern wird erwartet, dass sie einen Tag trauern und fasten und sich sodann auf den Kriegspfad gegen einen anderen Stamm oder aber allein auf eine lange Reise begeben. Ihnen bleibt aber auch die Wahl, zwei weitere Tage zu fasten und zu trauern und danach zu Hause zu bleiben. Auch der Brauch, zu Füßen des Gerüstes Speisen abzustellen, wird immer noch in einem gewissen Maße beachtet. Ist die Menge gering, so weiß jeder, dass sie allein für den Geist des Toten bestimmt ist, und niemand darf sie anrühren. Wird eine große Menge abgestellt, so geschieht dies zu dem Zweck, dass sich jene von gleichem Geschlecht und Alter wie die gestorbene Person dort versammeln und die Speisen verzehren. Handelt es sich um ein verstorbenes kleines Mädchen, so treffen sich die jungen Mädchen und essen die Gaben; starb ein Mann, dann versammeln sich die Männer zum selben Zweck. Die Verwandten nennen nie mehr den Namen des Verstorbenen.

‚Den Geist Ehren‘

Ein weiterer Brauch, der allerdings heute nicht mehr allgemein befolgt wird, findet unter ihnen noch eine gewisse Beachtung. Dieser wird *wanagee yuhapec* oder ‚den Geist ehren‘ genannt. Ein paar Haarsträhnen vom Kopf des Verstorbenen werden in Kaliko[200] gewickelt, dazu Wertgegenstände, bis die Rolle etwa sechzig Zentimeter lang und dreißig Zentimeter oder mehr dick ist. Danach wird sie in die mit verschiedenen Mustern in bunten Farben reich verzierte Ledertasche gelegt. Ist die Familie arm, so ersetzen sie diese durch eine blaue oder rote Decke oder auch ein Tuch. Die Rolle wird dann direkt vor einer extra zu diesem Zweck bestimmten Wohnstatt zwischen zwei Pfosten aufgehängt. In dieser werden Geschenke aller Art gesammelt, die wieder verteilt werden, sobald sich eine entsprechende Menge angehäuft hat. Oft dauert es ein Jahr oder auch länger, bevor diese Verteilung stattfindet. Während all dieser Zeit hängt die Rolle mit dem Haar des Verstorbenen unangetastet vor dem Eingang. Die Geschenke werden im hinteren Teil aufgestapelt und erst wieder anlässlich ihrer Verteilung berührt. Lediglich Männer, Knaben und die Frauen des Toten dürfen sich hineinbegeben, letztere jedoch nur sehr früh am Morgen. Die Männer sitzen dort, rauchen, essen und unterhalten sich. Die Asche ihrer Pfeifen klopfen sie in der

---

200) Baumwollstoff

(Abb. 26) Speiseopfer für die Toten

Mitte der Behausung aus, und auch diese bleibt bis nach der Verteilung unangetastet. Nehmen sie Nahrung zu sich, so wird ein Teil davon immer als erstes für den Geist des Verstorbenen auf den Boden unter der Rolle gelegt. Niemand darf davon kosten, es sei denn, es handelt sich um sehr große Menge. In diesem Fall steht sie Bedürftigen zur Verfügung, selbst absoluten Fremden, die nichts mit dem Toten verbindet. Ist der rechte Zeitpunkt gekommen, so werden die Freunde des Verstorbenen und alle, denen Geschenke überreicht werden sollen, zusammengerufen und letztere unter Leitung eines Mannes verteilt. Im Allgemeinen wird diese Aufgabe einem Verwandten des Verstorbenen übertragen. Die Rolle wird nun aufgewickelt, und kleine Haarsträhnen werden zusammen mit den anderen Geschenken verteilt. Danach ist die Zeremonie abgeschlossen.

Manchmal wird dieses ‚den Geist ehren‘ mehrere Male durchgeführt und dann auch als Wiederholung der Bestattung empfunden. In der Zeit vor der Verteilung der Haarsträhnen werden die Wohnstatt und die Rolle als heilig angesehen. Nach der Zeremonie aber nimmt sie wieder gewöhnlichen Status an und steht für eine andere Nutzung zur Verfügung. Die Verwandten und Freunde des Verstorbenen entledigen sich aller Dinge in ihrem Besitz, die einst dem Verstorbenen gehörten oder sie an ihn erinnern. Tatsächlich liegt all ihren Bestattungssitten die Vorstellung zugrunde, durch wertvolle Totenbeigaben, die Weitergabe seines und des Besitzes seiner Familie und die Weigerung, seinen Namen auszusprechen, so schnell wie möglich die Erinnerung an den Verstorbenen auszulöschen.

Andererseits ist ihr fester Glaube unbestritten, dass jeder Person ein lebendiger Geist innewohnt, der auch nach Verscheiden des Körpers weiter existiert. Ein zukünftiges Leben in ihren Körpern ist ihnen fremd, stattdessen glauben sie daran, dass ihr Geist nach dem Tod die Geister vorangegangener Freunde im Jenseits treffen und erkennen wird. Für ihr diesseitiges Glück jedoch ist es unabdinglich, alle Erinnerungen an den Verstorbenen auszulöschen. Oftmals sprechen sie vom Tod als Schlaf oder von den Toten als den Schlafenden oder auch davon, dass sie zu dieser oder jener Zeit einschliefen. Diese Traditionen verblassen langsam und werden immer weniger streng beachtet.“

Abbildung 24 ist ein gutes Beispiel für eine Gerüstbestattung. *Abbildung 26* zeigt das Opfern von Speisen für den Toten, *Abbildung 27* das Ablegen des Toten auf dem Gerüst.

A. Delano[201] beschreibt eine Baumbestattung in Nebraska:

---

201) Delano, Alonzo, Life on the Plains and among the Diggings: Being Scenes and Adventures of an Overland Journey to California, 1854, S. 68.
Alonzo Delano (1809 in New York - 1874 in Grass Valley) zog als Teenager mit seiner Familie nach Illinois in den Mittleren Westen. 1849 reiste er mit dem Planwagen, den ein Ochsengespann zog, nach Kalifornien. Dort war 1848 der Goldrausch ausgebrochen, an dem er sich aber nicht direkt beteiligte. Er ließ sich als Händler nieder. Nach mäßigem geschäftlichem Erfolg ging er 1850 nach San Francisco. Als die Geschäfte dort gut liefen, zog er ins Grass Valley, eröffnete weitere Läden, wurde Bankier und Wells Fargo-Agent. Während seiner Zeit bei den Goldgräbern schrieb er Artikel, die in ihrer Beliebtheit mit denen Jack Londons und Mark Twains mithielten. Er war ein genauer Beobachter, der Fakten mit Humor und Ironie, aber auch dem nötigen Ernst beschrieb.

(Abb. 27) Ablegen des Toten

„…. Im Laufe des Nachmittags kamen wir an einem Friedhof der Sioux vorbei …. In einem Zürgelbaum[202], etwa sieben Meter über dem Boden, befand sich eine Art Gestell aus zerbrochenen Zeltstangen, auf der ein einzelner Leichnam lag, in seine Decke und eine gegerbte Büffelhaut gewickelt. Sein Zinnbecher, seine Mokassins und diverse andere Gebrauchsgegenstände seines täglichen Lebens lagen auf ihm, auf dass sie im Land der Geister zur Verfügung stünden."

Abbildung 28 zeigt eine Baumbestattung, nach einer Zeichnung meines Freundes Dr. Washington Mattews von der U.S. Army.

John Young, Indianeragent der *Blackfeet-Agency* in Montana, sandte folgende Beschreibung einer Baumbestattung dieses Stammes:

„Ihre Bestattungsriten bestanden (bis vor kurzem) darin, den Leichnam in feine Häute oder Decken zu hüllen, diese fest zuzunähen und sodann, im Falles eines Mannes oder Häuptlings, diesen hoch außerhalb der Reichweite der Wölfe in den Ästen eines Baumes abzulegen, damit er langsam in den trockenen Winden vergehe. Handelte es sich um eine Squaw oder ein Kind, warf man den Leichnam ins Unterholz oder den Urwald, wo er schon bald den Raubtieren zum Opfer fiel. Waffen, Pfeife und dergleichen mehr wurden den Männern beigegeben, den Kindern deren Spielzeuge. Die Zeremonien verliefen ähnlich barbarisch – die Verwandten trennten sich gemäß der Tiefe ihrer Trauer eines oder mehrere Fingerglieder ab, liefen selbst im kältesten Wetter ohne jede Kleidung herum und erfüllten die Luft mit ihrem Wehgeheul. Das Zunähen und die Bestattung waren allein Aufgaben der Squaws, da die Männer die Toten weder berührten noch sich in ihrer Nähe aufhalten mochten."

Der folgende Bericht einer Gerüstbestattung bei den Gros Ventre und den Mandan Dakotas stammt von E. H. Alden, dem offiziellen Indianeragenten in Fort Berthold:

„Die Gros Ventre und die Mandan beerdigen ihre Toten nicht, sondern bestatten sie auf Gerüsten, deren Pfosten etwa drei Meter in die Höhe ragen. Darauf setzen sie die Kiste oder den in rotes oder blaues Tuch eingewickelten Leichnam ab. War der Tote nicht wohlhabend genug, so wird billiger weißer Stoff verwendet. Die Werkzeuge und Waffen werden direkt unter dem Körper deponiert und verbleiben dort auf immer, da kein Indianer es wagen würde, sie anzutasten. Es ist schlechte Medizin, die Toten oder die ihnen mitgegebenen Gegenstände zu berühren. Sollte der Leichnam, aus welchen Gründen auch immer, zu Boden stürzen, so wird er weder berührt noch erneut auf ein Gerüst gelegt. Sobald jemand stirbt, wird er umgehend bestattet, manchmal innerhalb derselben Stunde, und seine Freunde heulen und wehklagen die ganze Zeit und trauern ohne Nahrung die nächsten drei oder vier Tage und Nächte weiter um das Grab herum. Alle Trauernden werden von den anderen Freunden des Verstorbenen auf die eine oder andere Weise belohnt, und jene, die am längsten trauern (oder am lautesten wehklagen) erhalten am meisten. Ihrem Kummer und ihrer Zuneigung verleihen sie darüber hinaus auf erschreckende Weise Ausdruck, indem sie sich selbst verletzen, manchmal nur bestimmte Glieder, manchmal aber auch

---

202) Die Zürgel- oder Nesselbäume (Celtis) gehören zur Familie der Hanfgewächse (Cannabaceae). Früher allerdings ordnete man diese Gattung der Familie der Ulmengewächse (Ulmaceae) zu.

(Abb. 28) Baumbestattung

(Abb. 29) Gerüstbestattung der Chippewa

am ganzen Körper. Dieses Vorgehen hält manchmal über Wochen an. Auch ihr Haar, das sie in langen Zöpfen tragen, schneiden sie als Zeichen der Trauer ab. Sie scheinen stolz auf diese Verstümmelungen zu sein. Ein junger Mann, der gerade seine Mutter bestattet hatte, zeigte voller Hochmut seine verwundeten Beine."

Laut Thomas J. McKenney[203] bestatten die Chippewa von Fond du Lac in Wisconsin ihre Toten ebenfalls auf Gerüsten, allerdings legen sie den Leichnam zuvor in eine Kiste. Der Bericht lautet wie folgt:

„Eine Art der Bestattung bei den Chippewa besteht darin, den Sarg oder die Kiste mit den sterblichen Überresten auf zwei Stangen abzustellen, die gekreuzt auf vier Pfosten festgenagelt oder mit *wattap*[204] an diesen festgebunden sind. Die Pfosten ragen ungefähr drei Meter hoch. Am Fuße dieser Pfosten pflanzen sie wilden Hopfen oder ein anderes wildes Klettergewächs, das sich über diese ausbreitet und den Sarg umschließt. Ich sah dergleichen, wie beschrieben, auf der Insel. Es handelte sich um den Sarg eines vielleicht vierjährigen Kindes. Er befand sich in der Nähe der Wohn-

---

203) McKenney, Thomas Lorraine, Sketches of a Tour to the Lakes, 1827, S. 305.
Thomas Lorraine McKenney (1785-1859) wurde zunächst 1816 zum Leiter des Handelsbüros der Vereinigten Staaten mit den Indianern ernannt. Nach Überstellung des Büros für Indianische Angelegenheiten (BIA) unter das Kriegsministerium übernahm er dessen Leitung. Er galt als einer der ehrlichsten und ehrbarsten Inhaber dieses Amtes. In seinem Buch finden sich viele Bilder über Landschaften und Leben in Michigan. Zusammen mit James Hall veröffentlichte er 1839-1844 die dreibändige *History of the Indian Tribes* mit 120 farbigen Indianerportraits sowie später drei weitere Bücher.

204) Geflochtenes Seil aus Fasern, die aus den Wurzeln heimischer Nadelgehölze gewonnen werden. Die Fasern werden auch zu dünneren Fäden versponnen, die zum Weben und Nähen dienen.

statt des kranken Mädchens. Ich fertigte darüber eine Zeichnung an und fragte den Häuptling, warum sein Volk die Toten auf diese Weise bestattete. Er antwortete mir, dass es ihnen widerstrebe, sie durch ein Begräbnis so schnell aus ihrer Sicht gerissen zu wissen. Auf einem Gerüst sahen sie die Kiste, welche ihre sterblichen Überreste barg, und dies war ihnen ein großer Trost."

Abbildung 29 ist eine Kopie von McKenneys Wiedergabe dieser Bestattungsart.

Auch Keating[205] beschreibt Gerüstbestattungen:

„Auf diesen Gerüsten, die sich zwei bis drei Meter hoch in den Himmel erheben, werden die Leichname in einer Kiste abgelegt, die aus einem zerbrochenen Kanu gefertigt wurde. Daran hingen Haare, die wir zunächst für einen Skalp hielten. Unsere Führer hingegen klärten uns auf, dass es sich hier um Haarsträhnen handelte, welche die Verwandten sich als Zeichen ihrer Trauer abgeschnitten hätten. In der Mitte der vier Pfosten, welche die Plattform trugen, stand ein weiterer Pfahl. Dieser maß ungefähr zwei Meter an Höhe und wies menschliche Abbilder auf, deren fünf Röcke trugen und sie damit als Frauen auswiesen. Weitere sieben waren nackt und eindeutig männlich. Vier von diesen wurden ohne Kopf dargestellt, um ihren Tod im Kampf zu symbolisieren. Drei weitere männliche Gestalten waren unversehrt, hielten aber Stäbe in den Händen, die sie laut Information unseres Führers als Sklaven auswiesen. Der Pfahl, eine übliche Begleiterscheinung des Totengerüstes, spiegelt nicht die Triumphe des Verstorbenen wieder, sondern die jener Krieger, die sich in der Nähe seiner Überreste versammelten, den Pfahltanz tanzten und von ihren Heldentaten als Krieger berichteten. Eine Anzahl kleinerer Tierknochen fanden sich in der Umgebung. Wahrscheinlich handelt es sich dabei um die Überreste eines Festes zu Ehren des Toten.

Die Kisten, in welche die Leichname gebettet werden, sind so kurz, dass ein Mann sich kaum darin ausstrecken könnte. Aber in einem Land, in dem Kisten und Bretter rar sind, ist dies verzeihlich. Nachdem die Leichname eine Zeitlang dem offenen Himmel ausgesetzt waren, nimmt man sie herunter und begräbt sie. Unser Führer Renville berichtete uns von einer interessanten, wenn auch schmerzhaften Begebenheit, deren Zeuge er wurde. Ein Indianer, der am Mississippi wohnte und dem zugetragen wurde, dass sein Sohn an diesem Ort verstorben sei, reiste mit seinem Kanu

---

205) Keating, William Hypolitus, Long's Expedition to the Source of St. Peter's River, Lake of the Woods, etc., 1824, S. 332.

Anm. d. Übersetzerin: William H. Keating (1799 in Delaware - ca. 1844 in London) war Nachfahre irischer Religionsflüchtlinge, die in Frankreich von Louis XVI. geadelt wurden. Bei Anbruch der französischen Revolution war sein Vater frz. Oberst in Westindien. Er trat aus dem Dienst aus und emigrierte mit seiner Familie nach Wilmington, Delaware. Keating studierte Polytechnik und Bergbau in Philadelphia und der Schweiz. Zurück in Philadelphia erhielt er den neu eingerichteten Lehrstuhl für Chemie und Mineralogie an der Universität von Pennsylvania. 1824 gründete er das Franklin Institute. Als Geologe und Historiograph begleitete er Major Stephen Long 1823 auf dessen zweiter Expedition.

Colonel Stephen Harriman Long (1784-1864) studierte Ingenieurwesen in Dartmouth, wo er 1809 seinen Titel erhielt. 1814 trat er dem Ingenieurkorps der US-Armee bei, führte von 1818 bis 1823 Forschungsreisen zwischen dem Mississippi und den Rocky Mountains durch und spürte 1823-24 der Quelle des Mississippi nach. Ihm zu Ehren wurde der höchste Berg der Rocky Mountains Long's Peak getauft. Ab 1827 bis 1840 war er Ingenieur für Bahnstrecken, entwickelte neue Kurvenstränge und die Long-Brückenkonstruktion, die danach überall in den USA zur Anwendung kam.

an, um sich seiner anzunehmen und den Leichnam flussabwärts zu seiner Heimstatt zu geleiten. Bei seiner Ankunft musste er leider feststellen, dass die stark fortgeschrittene Verwesung es unmöglich machte, den Körper zu transportieren. Mit einigen Freunden säuberte er daraufhin die Knochen. Alles Fleisch wurde abgeschält und in den Fluss geworfen, die Knochen sorgfältig in seinem Kanu zusammengetragen und danach an ihren Heimatort verbracht."

Die ausgesprochen detaillierten Aufzeichnungen des folgenden Berichts von Dr. George M. Sternberg von der U.S. Army, unterbreitet von Dr. George A. Otis, ebenfalls Angehöriger der U.S. Army und des Medizinischen Armeemuseums in Washington, erwiesen sich als interessant und wertvoll. Sie beziehen sich auf die Cheyenne in Kansas:

„Brevet-Major[206] Sternberg berichtet von einem Fund am Ufer des Walnut Creek in Kansas, der knapp drei Meter über dem Boden auf vier soliden, eingekerbten Pfosten ruhte. Die ungewöhnliche Umsicht, die diese Bestattung auszeichnete, veranlasste Dr. Sternberg zu der Annahme, hier könnte es sich um einen wichtigen Häuptling handeln. Er ging davon aus, dass sich bei dem Leichnam interessante, von den Indianern mitgegebene Gegenstände befinden würden, die von viel größerem Wert wären, wenn sie dem Museum zukämen. Daher sandte Dr. Sternberg den gesamten Fund unangetastet ab.

Heute Morgen ließ ich das Behältnis öffnen und vom Inhalt eine Liste erstellen. Das Behältnis bestand aus einem wiegenähnlichen Korbgeflecht aus Weidenruten, ungefähr einen Meter achtzig lang, knapp einen Meter breit und hoch. Er war am Boden mit einer Art Netz aus Büffellederriemen ausgekleidet. Diese Korbwiege hing mit Büffellederriemen fest und sicher aufgehängt zwischen vier Pfosten aus Steineiche und Pappel, jeder knapp vier Meter lang. Diese Pfosten ruhten zweifellos auf den senkrechten, gegabelten Stämmen, die Dr. Sternberg beschrieb. Die Korbwiege war in zwei sehr große Büffelhäute eingewickelt und daher gut erhalten. Nach Entfernung dieser stießen wir in der Mitte der rechten Seite der Korbwiege auf eine Öffnung von etwa fünfzig Quadratzentimetern. In dieser fanden wir weitere Büffelhäute um die Überreste gewickelt und einige grellbunte Schärpen. Fünf Häute ließen sich problemlos entfernen, was die Menge auf sieben erhöhte. Darunter stießen wir auf mehrere Lagen Decken, die ebenfalls um den Leichnam gewickelt waren. Insgesamt handelte es sich um fünf: zwei rote, zwei blaue und eine weiße. Nachdem wir diese entfernt hatten, folgten ein grauweiß gestreifter Sack und eine Uniformjacke der US-Infanterie. Wie schon die Decken, waren auch diese Hüllen so gut wie neu. Damit waren wir zweifellos auf die letzten Lagen gestoßen, welche den Leichnam verhüllten, bei dem es sich offensichtlich um ein Kind handelte. Diese letzten Hüllen bestanden aus drei Umhängen, deren Kapuzen reich mit Perlenstickerei verziert waren. Diese Umhänge oder Mäntel bestanden aus aufwändig mit Perlenstreifen bestickten Büffelkalbhäuten von etwa sechzig Zentimetern Länge. Der äußere war mit Reihen blauer und weißer Perlenstickerei bedeckt, der mittlere mit grünen und gelben und der dritte mit blauen und roten. Alle waren darüber hinaus mit runden Glöckchen behangen, die mit Perlenschnüren an allen Säumen befestigt waren.

---

206) In der amerikanischen Armee ein Major mit dem Sold eines Hauptmanns.

Der Leichnam mit seinen Wickellagen lag auf einer geflochtenen Matte ähnlich jenen, die die Navajo und anderen südlichen Prärie-Stämme verwenden, und einem Kissen aus schmutzigen Lumpen, in welches ein Beutel mit roter Farbe, Streifen von Antilopenleder, Knäuel von Riemen, Schnallen und dergleichen mehr gewickelt waren. Die drei Kapuzenmäntel mit der Perlenstickerei wurden jetzt entfernt. Danach wickelten wir einen grauen, breiten Wollschal ab, etwa vier Meter fünfzig blauen, feingewebten Wollstoff, fast fünf Meter fünfzig roten Kaliko und noch einmal dieselbe Länge braunen Kaliko, unter dem endlich der Körper des Kindes zum Vorschein kam. Dieses war etwa ein Jahr alt und in einem fortgeschrittenen Verwesungszustand. Der Leichnam trug eine mit Kupferscheiben verzierte Biberkappe, in welcher sich die zerfallenen Schädelknochen befanden. Um den Hals hingen lange Wampun-Schnüre[207] mit *dentalium*-Muscheln[208], *unionidae*[209] und *auricula*[210], zwischen denen Perlen aufgefädelt waren. Auch Schnüre mit den diesseits der Rocky Mountains so begehrten Abalone-Muscheln[211] aus dem kalifornischen Golf fanden sich. Der Leichnam war für seine Beerdigung auf das feinste eingekleidet. Das Totengewand bestand aus einem roten Flanell-Umhang, einer roten Tunika, weit ausgestellten Leggings mit Perlenstickerei, schwarzroten Kammgarnstrümpfen und Hirschledermokassins mit Perlenstickerei. Bei den Überresten fanden sich verschiedene Ziergegenstände, ein Porzellankopf und eine Porzellanvase, Perlenschnüre, mehrere Spielzeuge, ein Paar Handschuhe, ein Pelzkragen, eine Gürteltasche aus dem Pelz des *Putorius vison*[212] und weiteres mehr."

Ein weiterer, höchst interessanter Bericht über eine Gerüstbestattung bei den Sioux, vorgelegt von Dr. L.S. Turner, stationiert in Fort Peck, Montana, wird hier wieder in Gänze vorgestellt, da er sich mit einigen recht eigenwilligen Trauerriten beschäftigt, die sich in großem Ausmaß über den gesamten Kontinent ausgebreitet haben:
    „Die Dakota bestatten ihre Toten gerne in Baumkronen, deren Äste ausreichend waagerecht gewachsen sind, um die Plattform zu stützen, auf der der Leichnam abgelegt wird. Da solche Voraussetzungen in Dakota aber eher spärlich zu finden sind, legt man die Toten gewöhnlich auf Gerüsten ab, die sich drei bis sechs Meter hoch, außerhalb der Reichweite von Raubtieren wie dem Wolf, erheben. Die Plattformen ruhen auf vier in die Erde eingelassenen Pfählen entsprechend der groben Zeichnung, die ich hier beilege. Wie alle eher häuslichen Arbeiten, obliegen auch die Vor-

---

207) Diese Schnüre dienen den Cheyenne als Zeremoniengürtel, die den Rang innerhalb des Stammes sowie den Initiationsstatus angeben und teilweise auch „Medizin" (persönlicher, spiritueller Kraftgegenstand) in einem sind.

208) Sogenannte Zahnschneckengehäuse (geformt wie der Reißzahn eines Raubtieres), die in früheren Zeiten begehrtes Zahlungsmittel waren und bis heute als Besatz bei traditionellen Verzierungen dienen.

209) Gemeine Teich- oder Süßwassermuschel, die poliert einen wunderschönen Perlmuttschimmer aufweist.

210) Pazifische „Ohrnmuschel", eine Kegelschneckenart, die poliert ein auffälliges Spiralmuster in den Farben Rosa, Elfenbein, Gelb und Schwarz zeigt.

211) Ohrnmuschel mit besonders perlmuttreicher Schale, daher auch Irismuschel genannt.

212) Eigentlich *Mustela vison*, amerikanischer Nerz, eng verwandt mit dem europäischen Iltis, *Mustela putorius*.

bereitungen für die Bestattung den Frauen, vor allem den Alten. Sie beginnen, sobald der Lebensfunke erloschen ist. Gesicht, Hals und Hände werden dick mit roter Paste bestrichen oder, wenn diese Farbe von den Händlern nicht zu haben ist, mit einer Art roter Erde, die sich hier im Territorium findet. Die Bekleidung und der persönliche Zierrat des Verstorbenen schmücken den Körper. Stehen Decken zur Verfügung, so wird er darin eingewickelt, bis alle Körperteile vollkommen bedeckt sind. Als nächstes wickelt man darum ein fein bearbeitetes Büffelfell, mit der inneren Seite nach außen. Danach wird das ganze Bündel fest mit rohen oder gewalkten Lederriemen umwunden. Danach, sofern vorhanden, wird eine leuchtend rote Decke über alles gebreitet, was dem Ganzen einen sehr pittoresken Anstrich verleiht, bis alles durch die Zeit und die Elemente nach und nach verblasst. Sobald das Gerüst fertiggestellt ist, tragen die Frauen den Leichnam dorthin, dicht gefolgt von der weiblichen Verwandtschaft, um ihn auf seiner letzten Ruhestätte abzulegen und in seinen sicheren Umwicklungen auf seinem luftigen Totenbett zurückzulassen. Diese Zeremonie wird von derart wilden und seltsamen Klageliedern begleitet, dass man ihrer Zeuge sein muss, um sie wirklich einschätzen zu können. Handelte es sich bei dem Verstorbenen um einen tapferen Krieger, legte man traditionsgemäß auf oder unter das Gerüst die getrockneten und sauberen Schädel einiger Büffel. Erwies er sich im Kampf als äußerst mutig, werden einige seiner Waffen auf dem Gerüst abgelegt oder daran befestigt. Handelte es sich bei dem Verstorbenen um einen Häuptling oder einen seiner engsten Krieger, so war es durchaus üblich, sein Lieblingspferd zu opfern und unter dem Gerüst abzulegen. Dabei spielte, meiner Meinung nach, der Aberglauben eine Rolle, dass dieses Pferd den Mann ins Jenseits begleiten wird. Um den Stellenwert, den Gegenstände, die ein Mann zu Lebzeiten benutzte, auch nach seinem Tod einnahmen, näher zu illustrieren, möchte ich hier folgende Geschichte zum Besten geben: Vor einigen Jahren lieh ich einem alten Mann ein Steinguturinal für seinen Sohn, der langsam an einer verzehrenden Krankheit dahinsiechte. Ich nahm ihm das Versprechen ab, es mir zurückzugeben, sobald sein Sohn dessen nicht mehr bedürfe. Wenig später zierte das Urinal das Gerüst, auf dem der tote Krieger ruhte. Und da es mir bis zum heutigen Tage nicht zurückgegeben wurde, gehe ich davon aus, dass der junge Mann es noch immer braucht.

Die Trauerriten der Dakota sind recht umfangreich, obgleich offenbar nur wenige allgemein eingehalten werden. Das Haar, sonst unter keinen Umständen jemals geschnitten, wird auf Kinnhöhe abgehackt. Haupt und Stirn, ja manchmal sogar der gesamte Körper werden mit einer weißen, kalkähnlichen Masse bestrichen, die mit Wasser angerührt wird. Hütte, Tipi[213] und alle Besitztümer der Familie werden, bis auf einige schäbige Kleidungsstücke, die die Trauernden tragen, weggeben und die Familie verarmt zurückgelassen. Bis hierhin bewegt sich das Brauchtum im fast überall üblichen Rahmen. Die Witwen, Mütter und Schwestern des Verstorbenen streifen sich am ersten, zweiten und dritten Tag nach der Bestattung immer wieder Mokassins und Leggings ab, um ihren Beinen mit ihren Jagdmessern Schnitte zuzufügen. Danach marschieren sie mit bloßen, blutenden Gliedern durch das Lager zum Bestat-

---

213) In diesem Fall ist die Aufzählung von Tipi und Hütte richtig, da die Dakota im Winter in Hütten am Fluss lebten und im Frühjahr begannen, mit Tipis den Büffeln hinterherzuziehen.

tungsplatz und singen oder heulen dabei ihre düsteren Trauerklagen. Auch die Männer fügen sich an vielen Stellen Schnitte zu, suchen aber zumeist die Einsamkeit einer Erhebung draußen in der Prärie auf, um dort zwei oder drei Tage lang zu fasten, zu rauchen und ihre Klagen zu heulen. Ein Häuptling, der seinen Bruder verlor, kam einmal nach drei oder vier Tagen des Trauerns in der einsamen Wildnis vollkommen erschöpft von Hunger und körperlichen Qualen zu mir. Er hatte die Außenseiten beider Beine im Abstand von einigen Zentimetern vom Knöchel bis zur Hüfte mit Schnitten überzogen. Den Unbilden der Natur ausgesetzt, hatten sich diese entzündet und eiterten erheblich. Er versicherte mir, mehrere Tage und Nächte nicht geschlafen zu haben. Ich versorgte seine Wunden mit einer heilenden Salbe und verabreichte ihm die volle Dosis eines sehr wirksamen schmerzstillenden Mittels. Danach fiel er in einen tiefen und erholsamen Schlaf, um mir nach seinem Erwachen seine Dankbarkeit auszusprechen und auf eine sehr herzliche und ernsthafte Weise meine Hand zu schütteln. Trauernde, die sich nicht diesen brutalen Bräuchen unterziehen, begeben sich an mehreren aufeinanderfolgenden Tagen gegen Sonnenuntergang zum Bestattungsplatz und singen sich ihren Kummer von der Seele, bis dieser sie nicht mehr niederdrückt. Diesem Brauch wird selten länger als vier oder fünf Tage entsprochen, in Ausnahmefällen aber wird er nach Wochen oder sogar Monaten immer wieder aufgenommen, ganz der Stimmung der Hinterbliebenen entsprechend. Ich sah selten in meinem Leben etwas so Berührendes wie einen alten Vater, der sich jeden Tag, wenn die Abendschatten länger wurden, zum Grab seines Kindes begab und seinem Kummer mit Klagelauten Ausdruck verlieh, die einen Dämon erweicht hätten, bis seine Gestalt im grauen Dämmerlicht verblasste. Danach kehrte er still und in sich gekehrt zu seiner zutiefst unglücklichen Familie zurück. Handelte es sich bei dem Verstorbenen um einen erwachsenen Sohn, wird der bizarre Effekt manchmal noch dadurch verstärkt, dass der alte Vater am Kopfende des Gerüstes ein kleines Feuer entzündet und seine Klagen mit stillem Pfeifenrauchen abwechselt. Vorstehendes beschreibt Erinnerungen an Ereignisse, die ich während meines mehr als sechs Jahre währenden Aufenthaltes unter verschiedenen Dakota-Stammesgruppen beobachten konnte."

Abbildung 30 zeigt, wie die Hinterbliebenen sich als Ausdruck ihrer Trauer ritzen und die Haare abschneiden.

An dieser Stelle scheint eine kurze Wiedergabe von Dr. Turners Bericht angebracht:

„Die Toten mit Speisen zu versorgen ist ein Brauch aus ältester Zeit. In einigen Fällen, wie bei den alten Römern, scheint es sich dabei um ein rituelles Opfer gehandelt zu haben, das gewöhnlich mit der Brandbestattung einherging und sich nicht allein auf Nahrungsmittel beschränkte. Auch Gewürze, Parfum, Öle und andere Stoffe wurden auf den Scheiterhaufen geworfen. Zusätzlich verbrannte man Artikel, die den Toten gefielen oder gefallen hätten. Auch die Juden folgten diesem Brauch, und in unserer Zeit pflegen ihn die Chinesen, die Kariben und viele Stämme der nordamerikanischen Indianer. Auch das Abschneiden der Haare als äußeres Zeichen der Trauer ist uralt. Tegg berichtet, dass sich bei den antiken Völkern ganze Städte und Länder schoren (sic), wenn ein Mensch von höchstem Rang verstarb. Die Perser schoren zu

(Abb. 30) Ritzen als Ausdruck der Trauer

solchen Gelegenheiten nicht nur sich selbst, sondern auch all ihre Tiere. Alexander der Große schnitt beim Tode Hephaestions[214] nicht nur die Mähnen und Schweife seiner Pferde und Maultiere ab, sondern ließ auch die Befestigungsmauern abtragen, damit selbst die Städte sich voller Trauer entblößten. Das Ritzen und Verstümmeln des Körpers entstammt ebenfalls grauer Vorzeit und ersetzte wahrscheinlich im Laufe der Evolution in einem gewissen Ausmaß die sehr viel barbarischere Sitte der Selbstopferung. In neuerer Zeit fanden Menschenopfer bei unseren Indianern nur sehr selten statt, in früheren Tagen aber wurden viele geopfert. Anlässlich der Bestattungen der Häuptlinge der Indianer Floridas und der Carolinas erschlug man alle männlichen Verwandten und Frauen, da laut Gallatin die Häuptlingswürde der Großen Sonne sich über die weibliche Linie und damit seine Schwester weiter vererbte und allen anderen Angehörigen, ob weiblich oder männlich, nur bliebe, Angehörige geringerer Clans zu ehelichen, was als Schande angesehen wurde. Bis zum heutigen Tage sind Verstümmelungen bei einigen Stämmen immer noch die Regel. Die Opferung eines Lieblingspferdes oder auch mehrerer Tiere stellt bei weitem keinen ausschließlichen Brauch der Indianer dar. Sie war auch bei den Römern und wahrscheinlich sogar bei den Rentierjägern der ausgehenden Eiszeit üblich, denn im französischen Solutré[215] verfolgte der Autor persönlich, wie den 1873 geöffneten Gräbern Pferdeknochen entnommen wurden. Der Autor sprach wiederholt mit Indianern über dieses Thema, und sie alle versicherten ihm, dass bei Pferdeopfern sehr genau darauf geachtet würde, die weniger wertvollen aus der Herde auszuwählen.

Auch die Baumbestattung war den Völkern der Antike nicht unbekannt. Die Kolcher[216], die antiken Tataren[217] und die Skythen[218] nähten ihre Toten in Stierfelle

---

214) Hephaestion war der engste Freund Alexanders des Großen und in Jugendjahren, wie damals in Griechenland durchaus üblich, wohl auch sein Geliebter. Er starb 324 nach einem Empfang mit Wein und Speisen, was darauf hindeutet, dass er vergiftet wurde. Alexander ließ ihn als göttlich ausrufen und in Babylon einäschern.

215) Solutré ist eine kleine Gemeinde im Süden Burgunds, etwa zehn Kilometer östlich von Mâcon, und bekannt aufgrund der bedeutenden steinzeitlichen Funde aus dem mittleren Jungpaläolithikum, also aus der ausgehenden Eiszeit 28.000 v.u.Z. bis etwa 16.500 v.u.Z. Hier ließ sich eine durchgehende Besiedlung vom Aurignacien bis zum Magdalénien nachweisen. Erste Ausgrabungen fanden 1868 statt. Heute befindet sich dort ein einzigartiges, unterirdisch angelegtes Museum. Die ca. 100.000 Wildpferdknochen jedoch sind alle aufgebrochen, um an das Mark zu gelangen. Sie dienten daher als Nahrung. Gezähmt und geritten, gar als Statussymbol verwendet, wurde das Pferd zu dieser Zeit noch nicht.

216) Kolchis war sowohl antike Landschaft wie auch Königreich zwischen Kaukasus und der Ostküste des Schwarzen Meeres. Der griechischen Argonautensage nach war es die Heimat der Medea und das Ziel Jasons, um das Goldene Vlies aus dem dortigen heiligen Hain nach Hause zurückzubringen. Aus dieser Sage stammt auch die Beschreibung der Bestattungssitten, die jedoch nur für Männer galt. Frauen wurden in Erdgräber gelegt.

217) Der Autor meint die Sarmaten, einen losen Bund iranischer Reiterstämme, die sich ab dem 6. Jhdt. v.u.Z. im südrussischen und ukrainischen Steppengebiet niederließen. Ab 370 u.Z. wurden sie durch die einfallenden Hunnen in den Kaukasus abgedrängt, wo sie in der Volksgruppe der Osseten aufgingen. Der Name Tataren für die Nachfahren der Hunnen und anderer Stämme stammt erst aus dem Mittelalter. Die Sarmaten praktizierten eigentlich Brandbestattung, bestatteten je nach Status und Stammesbrauch aber auch unter Grabhügeln, ähnlich den Kurganen der Skythen. Baumbestattung ist nicht belegt.

218) Die Skythen gehören zu den frühesten Reiternomadenvölkern, die im 1. Jahrtausend v.u.Z. im eurasischen Steppengürtel nördlich des Schwarzen Meeres lebten, in den Gebieten des heutigen Südruss-

ein und hängten sie in Bäume.. Was die Verwendung von Gerüsten und Baumkronen als Bestattungsplatz angeht, so scheint es doch verwunderlich, dass die Stämme, die einst den Ostteil unseres Kontinentes bewohnten, ihre Toten keineswegs auf diese Weise bestatteten, obwohl dies angesichts des Waldreichtums jener Gegenden wesentlich weniger aufwändig gewesen wäre. Die westlichen Stämme, die in Gebieten ohne nennenswerten Baumbestand lebten, zogen diese Methode wiederum vor. Es ist in Betracht zu ziehen, dass die Indianer den Wunsch hegten, ihre Toten so lange wie möglich zu bewahren. So lässt die Tatsache, dass sie sie in Baumkronen und auf Gerüsten bestatteten, die Schlussfolgerung zu, dass jene, die in den Prärien lebten, sich der Konsequenzen der trockenen Luft in diesem Gebiet durchaus bewusst waren. Dieses Ausdörren entsprach in einem gewissen Grad der Mumifizierung."[219]

Jener besondere Teil der Trauerzeremonien, der aus lautem Schreien und Klagen bestand, könnte in früherer Zeit durchaus mehr bedeutet haben als einen reinen Ausdruck von Kummer und Leid. Bruhier[220] scheint sich in dieser Hinsicht sehr sicher zu sein. Seiner Interpretation nach dienten diese Schreie dazu, eine vorschnelle Bestattung in der Erde zu verhindern. Er beschreibt einige interessante Beispiele, die hier aufgeführt seien:

„Die Kariben klagen lauthals, unterbrechen ihr Geheul aber mit drolligen Bemerkungen und Fragen an den Toten: Warum er diese Welt verließ, wo er doch alles für ein bequemes Leben notwendige besaß? Sie platzieren den Leichnam auf einem niedrigen Sitz in einer Vertiefung oder einem Grab von etwa einem Meter fünfzig Tiefe. Die nächsten zehn Tage bringen sie Speisen und bitten den Leichnam, diese zu verzehren. Endlich überzeugt davon, dass der Tote weder isst noch zu den Lebenden zurückkehrt, kippen sie die Speisen über seinem Kopf aus und verfüllen das Grab."

Starb ein Römer, so umarmten die nächsten Verwandten den Leichnam und schlossen Augen und Mund. Sie vernahmen seine letzten Worte und Seufzer, riefen laut den Namen des Verstorbenen und verabschiedeten sich schließlich ein letztes Mal. Diese Zeremonie, in welcher der Name des Toten noch ein letztes Mal gerufen wird, war als conclamation bekannt und ein Brauch, der weiter als die Gründung Roms zurückreichte. Jemanden, der weit von Zuhause starb, brachte man schnellstmöglich zurück, damit diese Zeremonie angemessener vollzogen werden konnte. In der franzö-

---

land und der Ukraine bis zum Djnepr. Sie hinterließen keine schriftlichen Aufzeichnungen; Berichte über sie finden sich vor allem bei den Griechen, selbst die Bezeichnung Skythen stammt von ihnen. Unser Wissen stammt aus den Ausgrabungen ihrer Grabhügel, der Kurgane, die neben den Bestatteten Gold, Seide, Pelzmäntel, Waffen, Pferde und Pferdegeschirr sowie Menschenopfer bargen. Berühmt ist ihr Goldschmuck, der fein gearbeitete, verschlungene, sogenannte „Rolltiere" wie Pferde, Hirsche usw. zeigt. Ob vielleicht weniger wichtige oder ärmere Stammesmitglieder in Bäumen bestattet wurden, ist nicht bestätigt.

219) *Anm. d. amerikanischen Herausgebers:* Zunächst kann man die riesigen Gebiete um den Missouri, die den größten Teil der von den Indianern bewohnten Prärie bilden, kaum als „Trockengebiete" bezeichnen. Bedeutender ist hier, dass die Prärieindianer von den östlichen Stämmen abstammten und ohne das von den Spaniern eingeführte Pferd wohl auch nie von dort weggegangen wären. Es ist also wahrscheinlich, dass der Brauch der Gerüstbestattung mit diesen Stämmen westwärts wanderte.

220) Bruhier d'Ablaincourt, Jean-Jacques, L'incertitude des signes de la Mort, 1742, Foliant i, S. 475.

sischen Picardie warfen sich die Verwandten selbst 1743 noch auf die Verstorbenen und riefen laut ihre Namen. Die Moravier in Pennsylvania 156 spielten noch 1855 anlässlich eines Toten in ihrer Gemeinde schwermütige Weisen auf ihren Blechblasinstrumenten, die zunächst vom Kirchturm hernieder- und später erneut am Grab erklangen[221]. Dieser Brauch mag ein Überbleibsel uralter, heimischer Bestattungssitten gewesen sein. Vielleicht diente er auch nur dazu, böse Geister zu vertreiben.

W. L. Hardisty[222] berichtet über eine eigentümliche Variante der Baumbestattung, die sich auf die Loucheux[223] in Britisch-Amerika[224] bezieht:

„Sie schließen den Leichnam in einem säuberlich ausgehöhlten Baumklotz ein und befestigen diesen in etwa zwei Metern Höhe an zwei oder mehr Bäumen. Zunächst wird ein Holzklotz von etwa zweieinhalb Metern Länge in zwei Hälften aufgespalten. Diese werden in der erforderlichen Länge sorgfältig ausgehöhlt. Danach wird der Leichnam darin abgelegt, die zwei Teile fest verschnürt und sodann, wie schon zuvor beschrieben, in den Bäumen aufgehängt."

---

221) Mr. John Henry Boner informierte den Autor darüber, dass dieser Brauch sich nicht nur in Pennsylvania gehalten hat, sondern auch in der morawischen Siedlung im nordkalifornischen Salem.

222) Hardisty, W. L., „The Loucheux Indians" in: Report of the Smithsonian Institute, 1866, S. 319. William Lucas Hardisty (ca. 1822-1881); geboren in der damaligen französischen Provinz Québec, übernahm 1842 für die Hudson's Bay Company die Stellung des Postmeisters am Frances Lake in Yukon. 1844 reiste zum Peel River-Posten, um mit den dortigen Salish-Indianern Handel zu treiben. Diese Reise schloss er sehr erfolgreich ab. Danach verwaltete er verschiedene Posten und Forts unter zum Teil schwersten Bedingungen wie Nahrungsknappheit und grassierenden Epidemien. Aufgrund seiner erfolgreichen Handelsabschlüsse mit den Indianern wurde er 1858 zum Handelsvorsteher ernannt. 1859 assistierte er Robert Kennicott vom Smithsonian Institute bei dessen Katalogisierung der dortigen Vögel, womit seine Verbundenheit zu dem Institut begann.

223) Die Gwich'in, Gwitchin oder Kutchin leben seit 11.000 Jahren im heutigen Grenzgebiet von Kanada und Alaska, vor allem im Yukon-Territorium und den Nordwest-Territorien. Von französischen Pelzhändlern wurden sie als Loucheux oder Loucheaux (Schielauge) bezeichnet. Die Inuit nennen sie Tukudh. Sie leben bis heute traditionell überwiegend von Jagd, Fallenstellerei und Fischfang. Hinzu kam der Tourismus. 1806 wurde von Weißen mit Fort Good Hope der nördlichste und abgelegenste Posten in ihrem Gebiet errichtet. Dessen Bewohner waren zu 100 Prozent von den Fleischlieferungen der Indianer abhängig. Im Gegenzug versorgten sie diese mit Alltagsgegenständen aus Metall sowie mit Gewehren und unterstützten sie im Kampf gegen die feindlichen Inuit. Den höchsten Status hatten die Schamanen inne, die ausgezeichnete Heilkundige waren. Ihre Macht schwand allerdings rapide, da sie nichts gegen Epidemien wie Masern, Pocken und Grippe auszurichten vermochten. Ein Großteil der Indianer wandte sich in dieser Zeit dem Christentum zu. Heutzutage ist der Häuptling auch jeweils Priester seines Stammes. Neben Stämmen und Stammesgruppen gibt es bis heute drei große Clans: Die Nantsaii („Die ersten auf dem Land"), die Chits'aa, („die Helfer") und die im Status deutlich niedriger stehenden Tenjeraatsaii („die Unberührbaren, Unabhängigen"). Dieser Clan nimmt alle auf, die ein Tabu brachen, weil sie innerhalb ihres eigenen Clans heirateten, alle, die keinem Clan angehören sowie Kinder von Nicht-Gwich'in, auch wenn der nicht indianische Elternteil selbst keinem Clan angehören darf.

224) Alle englischen Kolonien an der Ostküste Nordamerikas wurden ab dem 17. Jahrhundert als Britisch-Amerika bezeichnet. Seit 1783, nachdem Großbritannien die Unabhängigkeit Amerikas anerkannte, bezog sich dieser Begriff nur noch auf die verbliebenen kanadischen Besitztümer.

(Abb. 31) Australische Gerüstbestattung

Die amerikanischen Indianer sind mitnichten die einzigen Wilden, die Gerüste als Bestattungsplätze errichten. Wood[225] nennt eine ganze Reihe von Beispielen für diese Art der Bestattung.

„In einigen Regionen Australiens übergeben die Ureinwohner ihre Toten weder dem Feuer, noch verstecken sie sie in Höhlen oder Gräbern. Stattdessen machen sie daraus ein eigentümlich augenfälliges Objekt. Sollte ein Baum einen ihnen genehmen Wuchs aufweisen, so nutzen sie ihn als letzte Ruhestätte für den Leichnam. In seinem Kanusarg liegend, vollkommen verborgen unter einer dichten Lage von Blättern und Gras, wird er in eine passende Astgabel gehievt und dort mit Riemen fest verzurrt. Mehr Anteilnahme wird ihm nicht entgegengebracht, und sollte er im Laufe der Zeit heruntergeweht werden, so macht sich niemand die Mühe, ihn wieder zurückzuheben. Wächst am ausgewählten Ort kein Baum, so wird für den Leichnam eine Plattform errichtet, indem man vier kräftige Äste fest im Boden verankert und oben mit horizontalen Ästen zusammenbindet. Solcherart sind die in der Illustration abgebildeten befremdlichen Grabstätten. ... Sie finden sich zumeist im Schilf. Nichts klingt schwermütiger als der Wind, wenn er unter dem Gerüst des Toten im Schilf seufzt. Der Grund für diese luftige Bestattung ist offensichtlich der, den Leichnam vor den Dingos, den einheimischen Hunden, zu schützen. Dass sowohl die Raben als auch andere Aasvögel sich an dem toten Körper gütlich tun, scheint die Hinterbliebenen nicht im Geringsten zu stören. Oftmals verrät das Krächzen eines aufgestörten Raben dem Reisenden, dass in den Ästen über seinem Kopf der Leichnam eines Australiers ruht.

---

225) Wood, John George, Uncivilized Races of the World, 1874, Band iii, S. 774 ff

(Abb. 32) Vorbereitung der Toten

Ein derart luftiger Bestattungsort wird zumeist für alte Männer errichtet, die eines natürlichen Todes starben. Fällt hingegen ein junger Krieger in einem Kampf, wird sein Leichnam auf ganz andere Weise behandelt. Eine nicht zu hohe Plattform wird erbaut und auf dieser der tote Krieger mit dem Gesicht zur Sonne im Schneidersitz abgesetzt. Die Arme werden ausgestreckt und mit Stöcken in ihrer Position gehalten. Danach wird das Fett entfernt, mit rotem Ocker vermischt und über dem ganzen Körper verstrichen. Dieser wurde zuvor – wie einst in der Initiationszeremonie – sorgfältig von jedem Haar befreit. Arme und Beine werden mit roten, weißen und gelben Streifen bemalt, die Waffen über den Schoß des Kriegers gelegt.

Ist der Leichnam entsprechend vorbereitet, entzündet man Feuer unter der Plattform, das zehn Tage und mehr am Brennen gehalten wird. Während der gesamten Zeit bleiben Freunde und Trauernde bei dem Leichnam. Dabei ist es ihnen nicht gestattet, auch nur ein Wort zu äußern. Wachposten wechseln sich zu festgelegten Zeiten ab, um sicherzustellen, dass die Feuer nicht verlöschen, und um mit Büscheln aus Blättern oder Emufedern Fliegen abzuwehren. Ein so behandelter Körper wird hart und mumienähnlich. Am Wichtigsten aber ist, dass die wilden Hunde ihn nach dieser langen Räucherung nicht mehr anrühren werden. Er verbleibt etwa weitere zwei Monate auf seiner Plattform. Dann nimmt man ihn herunter und begräbt ihn bis auf den Schädel. Dieser wird zu einer Trinkschale für den nächsten Verwandten umgearbeitet."

Diese Art der Mumifizierung ähnelt jenem Prozess, mit dem die Könige Virginias vor dem Zerfall bewahrt werden sollten.

Die *Abbildungen 31 und 32* zeigen die beschriebenen australischen Bestattungen und entsprechen den Originalstichen in Woods Arbeit. Die darauf gezeigten Gerüstbestattungen ähneln denen unserer Indianer sehr.

Bezüglich Gerüsten als Bestattungsplätzen seien hier die folgenden Theorien von D.W. Gardner von der US-Armee angeführt:

„Stellen wir uns die Frage, warum die amerikanischen Ureinwohner die Leichname ihrer Verwandten und Freunde auf Bäumen oder Gerüsten ablegen anstatt sie in der Erde zu bestatten oder einzuäschern und ihre Asche in Urnen beizusetzen, so können wir diese meiner Meinung nach beantworten, indem wir uns vor Augen halten, dass die meisten Stämme wie auch zivilisiertere Nationen daran glauben, dass die menschliche Seele oder ihr unsterblicher Funke der Gestalt und dem Wesen nach einem Vogel gliche. Da diese aber vornehmlich auf Bäumen leben, ist es nicht abwegig anzunehmen, dass der Seelenvogel besseren Zugang zu seiner Heimstatt hat, wenn er in einem Baum oder auf einem Gerüst aufgebahrt liegt, statt in der Erde begraben zu sein. Zudem ruhen die Seelen der Toten in ihrem erhöhten Nest sicher vor den Angriffen der Wölfe oder anderen Bestien und vermögen gleich Wachposten die Heime und Jagdgründe ihrer Lieben zu schützen."

Teilweise Gerüstbestattung und Beinhäuser

Hier geht es um Bestattungen, bei denen der Leichnam zunächst für unterschiedliche Zeitspannen auf einem Gerüst verblieb, die Knochen danach gereinigt und begraben oder in speziellen Gebäuden, so genannten „Beinhäusern" beigesetzt wurden. Roman[226] berichtet in diesem Zusammenhang folgendes über die Choctaw:

„Die im Folgenden beschriebene Behandlung der Toten ist sehr seltsam. ... Sobald der Sterbende sein Leben ausgehaucht hat, wird eine Plattform errichtet, der Leichnam darauf abgelegt und mit einem Bärenfell bedeckt. Ist er ein Mann von hohem Rang, so wird die Plattform ausgeschmückt und die Pfosten mit einer Mischung aus Zinnober und Bärenfett rot gestrichen. Handelt es sich um ein Kind, wird es in überkreuzt gesetzten Pfählen abgelegt. Die Verwandten versammeln sich, beweinen den Toten und stellen ihm viele Fragen. Sie möchten wissen, warum er sie verließ. Versorgte ihn seine Frau nicht aus ganzem Herzen? Erfüllten seine Kinder ihn nicht mit Zufriedenheit? War seine Maisernte nicht ausreichend? Erbrachte sein Land nicht genügend Ernte? Fürchtete er sich etwa vor seinen Feinden?, und so weiter. Diese Fragen sind begleitet von lautem Wehklagen. Den ständig anwesenden Frauen schwinden in der schlechten Luft und der Sonnenhitze manchmal die Sinne, so dass Beistehende sich genötigt sehen, sie nach Hause zu tragen. Auch die Männer versammeln sich und beklagen den Toten in gleicher Weise. Allerdings verlegen sie sich auf die Nacht oder andere ungelegene Zeiten, in denen sie kaum Gefahr laufen, entdeckt zu werden.

Die von einem Zaun umgebene Plattform bleibt eine unbestimmte Weile – der Zeitraum ist nicht festgelegt. Manchmal wird er auf drei oder vier Monate ausgedehnt, üblich aber ist die Hälfte dieser Zeit. Ehrwürdige alte Männer, die als Zeichen ihrer besonderen Würde an Daumen, Zeige- und Mittelfinger jeder Hand sehr lange Fingernägel tragen, reisen ständig durch das Stammesland, (als ich mich dort aufhielt, berichtete man mir, es gebe nur fünf Vertreter dieses ehrenwerten Ordens) um den Betroffenen das nahende Ende dieses Zeitraumes mitzuteilen, das sie nach eigenem Gutdünken festlegen. Ist der Tag gekommen, so versammeln sich Freunde und Verwandte nahe dem Gerüst. Sie entzünden ein Feuer, und nachdem der Tote heruntergenommen wurde, reißt der ehrenwerte Vorsteher mit seinen Fingernägeln das noch verbliebene Fleisch von den Knochen und wirft es zusammen mit den Eingeweiden ins Feuer, wo es aufgezehrt wird. Danach schabt er die Knochen ab und wirft das Abgeschabte ebenfalls in die Flammen. Der Schädel wird mit Zinnober rot gefärbt und zusammen mit den restlichen Knochen in eine kunstvoll gefertigte Truhe gelegt (die bei einem Häuptling ebenfalls rot gefärbt wird). Danach wird sie in einer eigens für diesen Zweck gebauten Hütte aufbewahrt. Diese heißt Beinhaus, und jede Siedlung besitzt ein solches. Nachdem die Truhe dort für ungefähr ein Jahr verblieb, heben sie diese noch einmal herunter, wenn es sich bei dem Toten um jemanden von Rang handelte. Noch einmal beweinen ihn die versammelten Freunde und Verwand-

---

226) Roman, Bertrand, Natural History of Florida. Indians of the North America Gulf States, 1775, S. 88.

ten, erneuern die rote Färbung des Schädels und der Truhe und überantworten ihn dann dem ewigen Vergessen.

Ein Feind oder Selbstmörder wird in der Erde begraben, um sofort vergessen zu werden, da er der oben beschriebenen Zeremonien und Trauerbekundungen unwürdig ist."

Jones[227] zitiert einen der älteren Berichterstatter in Bezug auf den Stamm der Natchez[228]:

Bei den Natchez wurden die Toten entweder begraben oder in Grabkammern gelegt. Diese Grabstätten befanden sich in oder nahe bei ihren Tempeln. Der Leichnam ruhte etwa einen Meter über der Erde auf vier fest im Boden verankerten, gegabelten Stangen auf einer etwa zwei Meter achtzig langen und fünfzig Zentimeter breiten Ablage. Um den Toten herum wob man einen Korb und bestrich diesen mit Lehm. Lediglich am Kopf blieb eine Öffnung, um dem Verstorbenen Speiseopfer darbringen zu können. War das Fleisch ganz und gar verwest, so nahm man die Knochen heraus, legte sie in eine Truhe Rohrstangen und stellte diese im Tempel ab. Die eines natürlichen Todes Gestorbenen wurden drei Tage lang beklagt. Jene, die im Kampf fielen, ehrte man mit länger währendem und bitterem Wehklagen."

Bartram[229] lieferte einen von Roman abweichenden Bericht über Bestattungen bei den Choctaw in Carolina:

„Die Choctaw erweisen ihren Verstorbenen auf ganz andere Art und Weise die letzte Ehre. Sobald eine Person gestorben ist, errichten sie in einem Hain nahe der Stadt ein Gerüst von gut sechs Metern Höhe. Dort legen sie den Toten ab und bedecken ihn nur mit einem leichten Mantel. Hier verbleibt er, besucht und beschützt von Freunden und Verwandten, bis das Fleisch so weit verwest ist, dass es sich leicht von den Knochen lösen lässt. Leichenbestatter gehen sodann ihrer Tätigkeit nach, lösen das Fleisch sorgsam von den Knochen, waschen und reinigen sie. Sind die Knochen an der Luft getrocknet und rein, so bringen sie eine aus Knochen und Spänen gearbeitete Truhe, legen die Knochen hinein und stellen diese in das Beinhaus, ein Gebäude, das nur für diesen Zweck bestimmt ist. Ist dieses Beinhaus gefüllt, so findet ein allgemeines feierliches Begräbnis statt. An einem vorbestimmten Tag begeben sich alle nahen Verwandten oder Freunde der Verstorbenen zum Beinhaus, nehmen den jeweiligen Sarg auf und begeben sich langsam zum Begräbnisplatz. Dabei folgen

227) Jones, Charles Colcock, Antiquities of the Southern Indians, particularly of the Georgia Tribes, 1873, S. 105.

228) Natchez ist eine Verkürzung des Choctaw *Nahni-Sakti Chata* und bedeutet „Krieger der hohen Klippe".Sie lebten im Gebiet des heutigen Bundesstaates Mississippi und dessen Umgebung und gehörten zur Sprachgruppe der Hoka-Natchez, die wiederum zur Muskogee-Sprachfamilie zählte. Als spätere Angehörige der Mississippi-Kultur errichteten die Natchez Pyramiden und nannten ihren Herrscher Große Sonne. In ihrer Blütezeit im siebzehnten Jahrhundert zählten sie 22.000 Menschen, doch nach verheerenden Seuchen und vier verlorenen Kriegen gegen die Franzosen ging ihre Hochkultur unter. Einige Überlebende zerstreuten sich unter die benachbarten Stämme der Muskogee, Chickasaw und Choctaw, so dass heute nur noch 5.000 Natchez in ihrem früheren Stammesgebiet leben.

229) Bartram, William, Bartram's Travels, 1791, S. 516.

sie einander gemäß ihrer Stellung: Die nächsten Verwandten kümmern sich um den Verstorbenen, während die Menge ihnen folgt. Alle bilden eine große Familie, die mit vereinten Stimmen abwechselnd Hallelujah singt oder in Wehklagen ausbricht. Am Ziel angekommen, ordnen sie die Särge zu einer Pyramide, die später mit Erde überdeckt wird, so dass ein kegelförmiger Hügel entsteht. Zuletzt kehren alle in einer feierlichen Prozession ins Dorf zurück und beenden den Tag mit einem Fest, welches sie das Fest der Toten nennen."

Auch Morgan[230] beschreibt diese Art der Bestattung:

„Der Körper des Toten wird auf einer Rindenplattform abgelegt, die auf Pfählen errichtet oder in der Krone eines Baumes befestigt wird. Dort verbleibt er, bis er nur noch aus Knochen besteht. Ist die Verwesung durch Einwirkung der Natur abgeschlossen, werden die Knochen entweder in die ehemalige Behausung des Toten verbracht oder in eine kleine Rindenhütte, die daneben erbaut wurde. Auf diese Weise wurden die Skelette ganzer Familien von Generation zu Generation durch die Liebe der Kinder oder Eltern bewahrt. Nach einigen Jahren, oder wenn eine Zeit öffentlicher Unsicherheit anbricht oder die Siedlung aufgegeben werden soll, werden die Knochen der gesamten Gemeinschaft gesammelt und einer gemeinsamen Ruhestätte übergeben.

Dieser Brauch ist nicht allein auf die Irokesen beschränkt, und ihm lassen sich zweifelsfrei jene Erdkammern und Knochenhügel zuschreiben, die sich so zahlreich in verschiedenen Teilen des Landes finden. Beim Öffnen dieser Hügel sind die Skelette üblicherweise in horizontaler Lage abgelegt und formen eine konische Pyramide, wobei jede Lage sich von einem Zentrum nach außen ausbreitet. In anderen Fällen liegen alle völlig durcheinander."

---

230) Morgan, Lewis Henry, League of the Ho-dé-no-sau-nee, or Iroquois, 1851, S. 173.
L. H. Morgan (1818-1881) gilt als Vater der amerikanischen Anthropologie, obwohl er von Haus aus eigentlich Anwalt war. Er war humanistischer Privatgelehrter, der sich mit der kulturellen Evolution und den Ureinwohnern Amerikas befasste und aus diesem Interesse heraus den Großorden der Irokesen gründete, um die Interessen dieser Indianer besser vertreten zu können. Diese wiederum adoptierten ihn in ihren Stamm und verliehen ihm den Namen *Tayadaowuhkuh*, „Der den Abgrund überwindet" (zwischen Indianern und Weißen). Sein erstes Buch war eine der ersten wissenschaftlichen Abhandlungen im Feld der Ethnologie. Er war geachtetes Mitglied des New York State Assembly and Senate und der National Academy of Sciences sowie Präsident der American Association for the Advancement of Sciences.

(Abb. 33) Gefäß in Kopfform
Mississippiperiode, 1400-1550 n. Chr., Südöstl. Missouri oder nordöstl. Arkansas. Kera-
mik. Höhe: 16,2 cm, Breite: 17,8 cm. The Detroite Institute of Arts.
„Dieses verblüffend naturalistische Porträtgefäß stellt einen Häuptling der Mississippikul-
tur dar. Seine auffällige Bemalung oder Tätowierung taucht auch auf einer Reihe ande-
rer Porträtkeramiken auf. Als zentrales Symbol der Macht galten in der Mississippikul-
tur die Reliquien der Ahnen, die von den Priestern aufbewahrten Überreste verstorbener
Häuptlinge. Die Kunst der Mississippiperiode kennt verschiedene Typen von Reliquien-
darstellungen, vor allem Darstellungen der Köpfe, Beinknochen und Hände von Häupt-
lingen. Dieses Gefäß in Form eines Kopfes ist kein Porträt des lebenden Häuptlings, son-
dern des Verstorbenen."

(Abb. 34) Gravierte Palette
Moundvillekultur (Moundville-Phase), Mississippiperiode, 1200-1500 n. Chr.,
Moundville-Grabungsstätte, Hale County, Alabama. Stein. Durchmesser: 31,8 cm.
University of Alabama Museum of Natural History.
„Diese große Steinscheibe diente zum Zerreiben und Mischen von Farbpigmenten und
Farben für rituelle Zwecke. Eine Seite zeigt eine menschliche Hand mit einem Auge auf
der Handfläche, umringt von zwei miteinander verknoteten Klapperschlangen. Die Hand
ist das Abbild einer Reliquie oder eines Teils der sterblichen Überreste eines Häuptlings
der Mississippikultur. Das Auge auf der Handfläche steht für die Sonne – das Himmelsau-
ge –, den Urahnen des Häuptlingsgeschlechts. Die kreisförmige Anordnung der gehörnten
Schlangen versinnbildlicht den Zugang zur Totenwelt, den die Häuptlinge durchschrei-
ten müssen, um zu ihren Ahnen zu gelangen. Die Bestattungsriten der Mississippikultur
sollten die hochgestellten Toten auf diese Reise vorbereiten."

Dr. D.G. Brinton[231] reichte ebenfalls einen Bericht über die Bestattung gesammelter Knochen ein:

„Östlich des Mississippi folgte fast jeder Stamm dem Brauch, nach Ablauf eines bestimmten Zeitraumes – gewöhnlich alle acht bis zehn Jahre – die sterblichen Überreste ihrer in dieser Zeit Verstorbenen zu sammeln und zu reinigen und sie sodann in einer gemeinsamen Grabkammer zu bestatten. Diese wurde mit Fellen ausgekleidet und durch einen Hügel aus Holz, Steinen oder Erde gekennzeichnet. Daher rühren die immensen Grabhügel, die mit den sterblichen Überresten von Nationen und Generationen gefüllt sind, und auf die der Altertumsforscher in seiner pietätlosen Neugierde so häufig in unserem Lande stößt. Überall in Zentralamerika wurde an den unterschiedlichsten Orten dieser Brauch befolgt, wie früheste Autoren und die bestehenden Monumente im Übermaß bezeugen. Anstatt die Knochen zu beerdigen, wurden sie im Falle einiger bedeutender Häuptlinge in den Tempeln oder Versammlungshäusern beigesetzt, normalerweise in kleinen Truhen aus Rohr oder Spanholz. Dieser Art sind die Beinhäuser, welche die Historiker in DeSotos Expedition so oft erwähnen; dies sind die ‚Laden‘, die Adair und andere Autoren mit jenen gleichsetzten, die die alten Israeliten auf ihrer Wanderung mitführten. Ihnen war daran gelegen, die Herkunft der Indianer von den Juden abzuleiten.

Eine Witwe der Tahkali[232] war, wo immer sie auch hinging, dazu verpflichtet, die Knochen ihres Mannes vier Jahre lang in einem mit Federn verzierten Kästchen mit sich zu führen. Die Festlandkariben übernahmen diesen Brauch ohne Ausnahme. Ungefähr ein Jahr nach dem Tod wurden die Knochen gesäubert, gebleicht, bemalt, mit wohlriechendem Balsam bestrichen und in einen Weidenkorb gelegt, der über der Tür der Behausung aufgehängt wurde. Wenn die Anzahl dieser Familienerbstücke zu sehr anstieg, wurden sie zu einer schwer zugänglichen Höhle gebracht und dort mit ehrerbietiger Sorgfalt hinterlegt."

---

231) Brinton, Daniel Garrison, The Myths of the New World; A Treatise on the Symbolism and Mythology of the Red Race of America, 1868, S. 255.

Prof. Dr. Daniel Garrison Brinton (1837-1899) war amerikanischer Archäologe und Ethnologe. Er studierte Medizin, Anthropologie und Ethnologie in Yale, am Jefferson Medical College, in Paris und Heidelberg. 1862-1865 diente er während des Bürgerkrieges in der Unionsarmee als Chirurg. Ab 1847 war er Professor für Linguistik und Archäologie an der Universität von Pennsylvania. Er gehörte einer ganzen Anzahl wissenschaftlicher Gesellschaften an, schrieb bahnbrechende Bücher, Aufsätze und Artikel. Bei seinen Arbeiten legte er größten Wert auf einen streng wissenschaftlichen Ansatz.

232) Die Carrier oder Tahkali sind ein Stamm der Athapasken-Sprachfamilie, der im Quellgebiet des Fraser River, im Küstengebirge zwischen Alaska und British Columbia, lebte. Wie alle Stämme British Columbias wanderten sie als Nomaden mit den Karibuherden, die zusammen mit dem Elch ihre Hauptnahrung darstellten. Sie wohnten in Tipis oder doppelten Pultdächern. Eine Besonderheit stellten ihre Körbe dar, die im Gegensatz zu anderen Stämmen der Region nur gewickelt und nicht auch noch geflochten waren. Im Jahre 1967 wurden 3.862 Carrier in Kanada registriert.

George Catlin[233] beschreibt die von ihm so genannten *Golgota*[234] der Mandan:

„Es gibt mehrere dieser *Golgota* oder Kreise von sieben bis zehn Metern Durchmesser. In der Mitte jedes Ringes oder Kreises erhebt sich ein kleiner Hügel von einem Meter Höhe, auf dem immer zwei Büffelschädel (ein weiblicher und ein männlicher) ruhen. In der Mitte dieser kleinen Erhebung ist ein ‚Medizinpfahl‘ von ungefähr sieben Metern Höhe aufgestellt; daran hängen viele seltsame Objekte, die mit ihren Mysterien und Aberglauben in Verbindung stehen. Sie glauben, diesen wohne die Macht inne, diese heilige Stätte zu schützen und zu bewahren.

Zu diesem seltsamen Ort also begeben sich die Menschen erneut, um ihrer Zuneigung für den Toten weiteren Ausdruck zu verleihen. Hier gibt es kein Seufzen und Wehklagen, da mehrere Jahre den Gram bereits linderten, sondern zärtliche Zuneigung, Koseworte und Wertschätzung. Jeder der Schädel ist auf einem Bund Beifuß platziert, der zuvor gesammelt und dort abgelegt wurde. Die Frau erkennt aufgrund einer Markierung oder Auffälligkeit den Schädel, unter welchem ihr Mann oder Kind in dieser Gruppe ruht, und es vergeht kaum ein Tag, an dem sie diese nicht besucht, immer ausgestattet mit einer Schale der besten Speisen, die ihr Wigwam hervorbringt. Diese setzt sie abends vor dem Schädel ab, um sie des Morgens wieder abzuholen. Sobald der Beifuß unter den Schädeln welk wird, schneiden die Frauen ein neues Bündel und setzen den Schädel sorgsam wieder darauf, nachdem sie das alte ersetzt haben.

Unabhängig von den genannten Pflichten, die die Frauen an diesen Ort ziehen, besuchen sie ihn auch aus eigenem Antrieb heraus. Sie verweilen dort, um sich mit den Toten zu unterhalten und ihnen Gesellschaft zu leisten. An einem angenehmen Tag vergeht kaum eine Stunde, an dem nicht mehrere Frauen neben den Schädeln ihrer Kinder oder Ehemänner sitzen oder liegen und freundlichsten und zärtlichsten Worten mit ihnen sprechen (ganz wie in früheren Tagen). Scheinbar erhalten sie auch Antwort.“

Diesen Berichten lässt sich entnehmen, dass die merkwürdigen Bräuche, welche die genannten Autoren hier beschrieben, sich nicht auf einen bestimmten Stamm oder ein Landesgebiet beschränken. Allerdings scheinen sie, soweit bisher bekannt, bei den Indianern der Nordwestküste keine Rolle zu spielen.

---

233) Catlin, George, History of the North American Indians, 1844, Band I, S. 90.

234) Den neutestamentarischen Evangelien nach wurde Jesus von Nazareth auf dem Hügel von Golgota gekreuzigt. Im Markusevangelium lautet der Text „und sie trugen ihn an die Stätte Golgota, das ist übersetzt Ort des Schädels.“

(Abb. 35) Kanubestattung

Oberirdische und halboffene Bestattungen in Kanus

Die nächste Bestattungsart ist die Beisetzung in Kanus – auf Pfosten, auf dem Boden oder zwischen Bäumen hängend –, die nur bei den Stämmen der Nordwestküste üblich ist.

Das erste Beispiel findet sich bei Swan[235] und bezieht sich auf die Chinook[236] im Washington-Territorium:

„Bei dieser Begebenheit waren der alte Cartumbays und der alte Mahar, ein hochgeschätzter Medizinmann, die Haupttrauernden, und wahrscheinlich auch die intelligentesten der Verwandtschaft. Ihre Aufgabe war es, das Kanu für die Tote vorzubereiten. Eines der größten und besten im Besitz der Toten wurde zunächst gründlich gesäubert und geschrubbt und daraufhin in einiger Entfernung von der Wohnstatt in den Wald gebracht. In den Boden, jeweils am Bug und am Heck, schnitt man als nächstes zwei große viereckige Löcher, um das Kanu für eine weitere weltliche Nutzung unbrauchbar zu machen und es damit der Habgier der Weißen zu entziehen (die sich nur allzu geschickt dieser Grabstätten bemächtigen). Darüber hinaus kann über diese Löcher das Regenwasser ablaufen.

War das Kanu vorbereitet, so wurde die in Decken gehüllte Tote herausgetragen und auf die zuvor darin ausgebreiteten Matten gebettet. All ihre Kleidungsstücke wurden danach an ihrer Seite abgelegt, zusammen mit ihrem Zierrat, Perlen, kleinen

---

235) Swan, James Gilchrist, The Northwest Coast, 1857, S. 185.
J. G. Swan (1818-1900) lebte in der frühen Geschichte des Washington-Territoriums ein sehr bewegtes Leben als Schiffsbauer und -ausrüster, Austernfischer, Zollinspektor, Lehrer in der Reservation, Anwalt, Richter, Schulleiter, Eisenbahn-Lobbyist, Naturhistoriker und Ethnograph. Vor allem aber verstand er sich als Chronist. Er schrieb eines der ersten Bücher über das Leben im Territorium von Washington, zwei Monographien für das Smithsonian, viele Zeitungsartikel und technische Publikationen sowie mehr als 60 Tagebücher, von denen die meisten bis heute unveröffentlicht sind. Swan bewunderte die Indianer und war bemüht, ihre Kultur, Kunst, Technologie, Geschichte, Legenden, Lebensweise und Sprache festzuhalten. Damit porträtierte er nicht nur die Pioniergesellschaft der europäischen Siedler, sondern vor allem die Ureinwohner vor dem Einfluss der Weißen. Er ließ sich vom kalifornischen Goldrausch mitreißen und verließ Frau und Kinder in Massachusetts, mit denen er danach nie wieder zusammenlebte. 1852 ließ er sich an der Shoalwater Bay nieder. Er sprach fließend Chinook und Chehalis und war gegen eine Verbringung der Küstenstämme in ein gemeinsames Reservat.

236) Die Chinook (Eigenname *Wahkiakim*) sind ein ausgestorbener Indianerstamm, der am Columbia River lebte und sich bis Washington und Oregon ausbreitete. Sie gehörten der Penuti-Sprachfamilie an, waren mit den Nachbarstämmen der Clatsop, Wasco und Wishram verwandt und wurden aufgrund ihrer künstlich verformten Schädel auch als *Flatheads* („Flachschädel") bezeichnet. Der Stamm lebte vor allem vom Lachsfang, ernährte sich aber auch von Krabben und Muscheln. In den umliegenden Wäldern jagten sie Elche und Hirsche. Als der Forscher John Meares als erster Weißer mit ihnen in Kontakt kam, begrüßten sie sein Schiff völlig unvoreingenommen mit ihren großen, buntbemalten Kanus. Lewis und Clark erreichten 1805 den Columbia River und zählten 400 Chinook, von denen 1829 mehr als die Hälfte einer Epidemie zum Opfer fielen. Die restlichen Überlebenden schlossen sich den Chehali an und übernahmen auch deren Sprache Salish. Die Chinook besaßen eine hochentwickelte Kultur und reiche Mythologie. Vor allem ihre reich geschnitzten „Totempfähle" waren berühmt.

Körben und diversen Kleinigkeiten, die sie besonders schätzte. Weitere Decken wurden über dem Körper ausgebreitet und sodann alles mit Matten abgedeckt. Als nächstes wurde ein kleineres Kanu, welches in das vorherige hineinpasste, mit dem Boden nach oben über den Leichnam gestülpt und dieses Arrangement wiederum mit Matten abgedeckt. Danach wurde das Kanu auf zwei parallelen Balken abgestellt, die es etwa einen bis einen Meter zwanzig über den Boden hoben. Die Enden der Balken ruhten in den Zapfenlöchern der vier kräftigen Pfosten, die zuvor in der Erde verankert wurden. Über diese Löcher wurden Decken gelegt und an den Pfosten alle Küchengerätschaften der Verstorbenen – Töpfe, Kessel und Pfannen, alle durchlöchert – aufgehängt. Und sie zerbrachen auch alle ihre Töpferwaren, um sie nutzlos zu machen. War all dies getan, so beließen sie das Ganze dort für ein Jahr. Danach wurden die Knochen in einem Kästchen direkt unter dem Kanu begraben. Dieses und sämtliches Zubehör aber blieben unangetastet, bis alles gänzlich zerfallen war.

Sie respektieren diese Kanus genauso wie wir unsere Särge. Sie kämen genauso wenig auf die Idee, diese zu nutzen, wie wir uns an unseren Friedhofsrelikten vergreifen würden. Ihrem Empfinden nach ist es ein Frevel, wenn sich Weiße daran zu schaffen machen, und eine ebenso starke Entweihung, als würde ein Indianer das Grab eines unserer Verwandten öffnen. Viele gedankenlose Weiße aber haben eben dies getan und dadurch Feindseligkeiten heraufbeschworen."

Abbildung 35 illustriert diese Art der Bestattung.

Aus einer Reihe weitere Beispiele wurde der folgende, von Reverend M. Eels, einem Missionar der *Skokomish Agency*[237] im Washington-Territorium, vorgelegte Bericht über die Twana[238] ausgewählt:

„Die Tote war eine Frau von etwa fünfunddreißig Jahren, die am Morgen an der Schwindsucht gestorben war. Am Nachmittag begab ich mich zu ihrem Haus, um der Bestattung beizuwohnen. Sie lag in einer Kiste der Hudson's Bay Company, die ihren

---

237) Die Skokomish, heute wieder vermehrt Twana genannt, bestehen aus neun Stammesgruppen und leben im Westen des Bundesstaates Washington. Sie sprechen den Twana-Dialekt, der zur Sprachfamilie der südwestlichen Küsten-Salish gehört.

Skokomish ist eine Bezeichnung der Chinook und bedeutet „Volk vom großen Fluss", Twana heißt Volk am unteren Ende, da sie entlang des Skokomish-River und dessen nördlicher Gabelung sowie an einem Meeresarm und dessen Einzugsgebiet, also „unterhalb" anderer Stämme lebten. Sie wohnten in dauerhaften Winterdörfern, die aus großen Plankenhäusern bestanden, in denen mehrere verwandte Familien lebten. Im Frühling, Sommer und Herbst zogen sie aber zum Fischen, Jagen und Sammeln durch ihr von Wasserläufen durchzogenes Stammesland. Die Männer jagten u.a. Hirsche, Elche und Wasservögel, betrieben aber auch Fischfang. Die Frauen sammelten Muscheln, Beeren, Pilze, Wurzeln und andere Pflanzen. Nach ersten Kontakten mit Pelzhändlern wurden die Skokomish 1775 von einer schweren Pockenepidemie heimgesucht. Andere Stämme, die Pelze gegen Waffen getauscht hatten, dezimierten sie weiter, indem sie Gefangene als Sklaven weiter verkauften. 1851 entstanden die ersten Weißensiedlungen, und 1855 mussten die Stämme in ein Reservat an das südliche Ende des Hood Canal umsiedeln, einen Fjord des Puget Sound.

Heute leben die Skokomish von der Fischzucht und -verarbeitung und stellen traditionelles Kunsthandwerk her, das sie im eigenen Laden im gepachteten Waterfront Resort at Potlatch verkaufen. Dort bieten sie außerdem Führungen, Vogelbeobachtungstouren etc. an. Darüber hinaus unterhält der Stamm ein Kasino.

238) Alter, heute wieder gebräuchlicher Name für die Skokomsh.

Sarg darstellte. Diese war etwa einen Meter lang, fünfzig Zentimeter breit und fünfzehn Zentimeter hoch. Durch ihre Krankheit war sie völlig verarmt, sonst hätte man sie nicht in diese Kiste gelegt. Nahebei brannte ein Feuer, in dem der Großteil ihrer verbliebenen Habseligkeiten verbrannt worden war. Der Rest befand sich in drei Schachteln neben ihrem Sarg. Ihre Mutter sang das Trauerlied, in das andere manchmal einstimmten, und stieß immer wieder ‚Meine Tochter, oh, meine Tochter, warum bist du gestorben?‘ oder ähnliche Worte aus. Die Beisetzung, zu der ich eingeladen wurde, fand erst am nächsten Tag statt. Hierbei handelte es sich um eine Bestattung in einem etwa sieben Meter langen Kanu. Die Pfosten aus alten behauenen Indianerbrettern waren von etwa dreißig Zentimetern Breite. In diese wurden Löcher gehauen, in denen die Enden von Brettern ruhten, und auf diesen wiederum das Kanu. Eines fiel mir auf, das mir bislang unbekannt war und dessen Bedeutung ich niemals erfuhr: Sobald die Löcher in den Brettern fertig waren, sammelte man grüne Blätter und legte diese über die Öffnungen, bis die Pfosten in die Erde eingelassen wurden. Der Sarg und die drei Schachteln mit ihren Besitztümern wurden in das Kanu gelegt und über diesem Teil ein Dach aus Schalbrettern errichtet, welches wiederum vollständig mit einem weißen Tuch abgedeckt wurde. Kopf- und Fußende ihrer Ruhestätte werden sodann an die Pfosten genagelt, die am Wasser stehen, und ein Kleid wiederum an jeden von diesen. Nach Erteilung des Segens begaben sich alle vom Hügel an den Strand – bis auf den Vater, die Mutter und den Bruder, die noch zehn oder fünfzehn Minuten verweilten, gegen das Kanu schlugen und trauerten. Danach kamen auch sie herunter und verteilten Geschenke an die Anwesenden – ein Gewehr an den einen, jeweils eine Decke an zwei oder drei weitere, und jeweils eineinhalb Dollar an die restlichen etwa fünfzehn Personen, einschließlich meiner selbst. Drei oder vier hielten daraufhin kurze Reden, und dann gingen alle nach Hause.

Auf diese Weise soll sie bestattet worden sein, weil es sich bei ihr um eine bedeutende Person innerhalb des Stammes gehandelt habe. Es wird erwartet, dass nahe dieser Stelle in neun Monaten ein *Potlatch*[239], also die Verteilung von Geld, abgehalten wird. Jeder Stamm entsendet eine Delegation von zwei oder drei Männern, die ein Geschenk bringen, das sie an der Grabstätte zurücklassen. Kurz danach wird sie in der Erde bestattet. Direkt nach ihrem Tod schneiden sich ihr Vater und ihre Mutter als Zeichen der Trauer die Haare ab.“

Abbildung 36 entstand nach einer Zeichnung, die Mr. Eels uns freundlicherweise überließ. Sie zeigt die in seinem Bericht erwähnte Bestattung.

---

239) Der Potlatch war eine der wichtigsten Zeremonien der Küsten-Salish und benachbarter Stämme. Er stellte für angesehene Männer eine angenehme Möglichkeit dar, ihren Status weiter zu erhöhen. Dafür errichteten sie häufig ein eigenes Potlatch-Haus. Sie luden dazu andere Gemeinden zum Essen ein, unterhielten sie mit Spielen, Wettbewerben, Gesängen und Tänzen. Ein Potlatch konnte Tage, aber auch Wochen dauern, und endete mit der Verteilung von so vielen Geschenken und Reiseproviant, wie sich der Gastgeber nur leisten konnte, sowie dem Vortrag seines Kraftgesanges. Gewöhnlich fanden Potlatches im Herbst statt, nach der Fisch-, Jagd- und Sammelsaison des Sommers, aber auch im Anschluss an besondere Zeremonien und Bestattungen.

(Abb. 36) Kanubestattung der Twana

Die Klallam[240] und die Twana, ein verbündeter Stamm, bestatteten nicht immer in Kanus, wie folgender Bericht von Mr. Eels demonstriert. Er führt auch die Gründe dafür an, warum die ursprünglichen Bestattungsbräuche aufgegeben wurden. Seine Erzählung ist sehr interessant, da sie sich durch akribische Detailtreue auszeichnet:

„Ich habe dieses Thema in fünf Abschnitte unterteilt, die sich zeitlich unterscheiden, obgleich sie sich manchmal überschneiden.

a) Es gibt Orte, an denen Schädel und Skelette durch den Pflug ans Tageslicht kommen oder immer noch nahe beieinander in der Erde ruhen, und zwar so, dass die weißen Siedler davon ausgehen, es handle sich um die Beerdigungen zuvor dort lebender Menschen auf Friedhöfen. Ich kenne solche Plätze in Duce Wailops bei den Twana und in Dungeness und Port Angeles bei den Klallam. Diese Gräber wurden vor so lan-

---

240) Die Klallam, Clallam oder S'klallam nennen sich selbst „starkes Volk" oder „mächtiger Stamm". Drei Stämme leben im Bundesstaat Washington auf der Olympic Peninsula, ein vierter, die Beecher Bay First Nation, auf der kanadischen Vancouver-Insel. Die vier Stämme gehören zur Gruppe der Küsten-Salish. Sie trieben intensiven Handel, der überwiegend mit Kanus abgewickelt wurde, die ebenfalls zu den Handelsobjekten gehörten. Die Klallam beherrschten sowohl die Küsten-Kanus, die für ruhigere Gewässer geeignet waren, wie die Chinook-Kanus, die sogar hochseetauglich waren. Über das Küstengebirge handelten sie mit Pelzen, Fett und Muschelketten, mit denen die Yakima gerne ihre Pferde schmückten. Da die Klallam sich oft in kriegerischen Auseinandersetzungen mit benachbarten Stämmen befanden, umgaben ihre Dörfer Doppelpalisaden aus gespaltenen Baumstämmen. Vor allem die Tsimshian setzten ihnen stark zu. Kontakte mit den Weißen brachten einen starken Bevölkerungseinbruch durch eingeschleppte Epidemien.
Die heutigen Klallamstämme leben in Küstenreservaten vom Fischfang und dem Betreiben eines Kasinos. Ihr größter Feind ist im Augenblick die Umweltverschmutzung, die sich negativ auf die Lachsbestände und die Wasserqualität auswirkt.

(Abb. 37) Pfosten für Totenkanus

ger Zeit angelegt, dass die heutigen Indianer einräumen, keinerlei Wissen darüber zu besitzen, wer dort begraben sein könnte. Allerdings gehen sie ohne jeden Zweifel davon aus, dass es sich um die Gräber ihrer Vorfahren handelt. Mir ist nicht bekannt, dass sich bisher irgendjemand die Mühe gemacht hätte, diese Skelette auszugraben, um Näheres in Erfahrung zu bringen. Dennoch ist es möglich, dass diese Toten nach der unter b) beschriebenen Methode in Kanus bestattet wurden und erst mit der Zeit dorthin kamen, wo sie sich jetzt befinden.

b) Starb jemand in früheren Zeiten, so wurde der Leichnam in den Astgabeln zweier Bäume abgelegt und dort zurückgelassen. Es gab keinen fest abgesteckten Friedhof; die Person wurde im Allgemeinen in der Nähe ihres Sterbeortes bestattet. Diesem Skokomish-Tal wird nachgesagt, es sei voller Kanus gewesen, in denen solcherart bestattete Personen lagen. Wie ihre Bräuche im Zusammenhang mit der Bestattung aussahen oder welche Gegenstände sie bei den Toten ablegten, ist mir nicht bekannt. Aber man erzählte mir, dass die Vorfahren auf die Toten weniger Aufmerksamkeit verwendeten als heute üblich ist. Ich gehe allerdings davon aus, dass sie einige Gegenstände bei den Toten beließen. Ein alter Einwohner berichtete mir, die Klallam-Indianer hätten ihre Toten immer in sitzender Position bestattet.

c) Vor etwa zwanzig Jahren wurde in British Columbia Gold gefunden. Da Boote in dieser Gegend rar waren, hatten die Weißen keine Skrupel, viele der Kanus, in denen Tote lagen, herunterzunehmen und ihren Inhalt auszukippen. Dies erboste die Indianer über alle Maßen, und sie veränderten ihre Bestattungssitten dahingehend, dass sie die Toten an nur einem Ort beisetzten und sie in Kisten legten, wann immer sie solcher habhaft wurden. Für diese errichteten sie fortan Gerüste, anstatt sie in Astgabeln abzulegen. Danach schlugen sie Löcher in die Kanus, um sie für einen

(Abb. 38) Zelt auf einem Gerüst

anderen Zweck denn als Sarg oder Gabe neben dem Toten unbrauchbar zu machen. Die Reste eines solchen Friedhofes finden sich heutzutage keine zwei Meilen[241] von der Agentur entfernt. Fast alle sterblichen Überreste wurden bereits vor einigen Jahren entfernt.

Hiermit sende ich Ihnen auch eine Übersicht eines solchen Grabes, die ich selbst zeichnete. *Abbildung 37* zeigt, dass zum jetzigen Zeitpunkt nur noch ein paar Pfosten in den Himmel ragen. Ich habe die anderen entsprechend ihrer früheren Position ergänzt.

Abbildung 38 ist ein neues Grab an anderer Stelle. Der Teil, der mit Brettern und Tuch abgedeckt ist, umschließt den Sarg, welcher auf einem Gerüst ruht.

Durch den zunehmenden Umgang mit den Weißen sind die Indianer dazu übergegangen, ihre Toten in der Erde zu begraben. Derzeit ist dies die häufigste Methode. Überall, wo Indianer eine Weile lebten, finden sich Friedhöfe. Ist eine Person gestorben, so wird ein Sarg nach Art der billigen amerikanischen Särge gefertigt. Der Leichnam wird hineingelegt, und mit ihm auch eine Reihe von Gegenständen - hauptsächlich Tuch oder Kleidung, manchmal aber auch Geld. Kürzlich hörte ich von einem Kind, das mit einer Zwanzigdollar-Münze in jeder Hand und einer weiteren im Mund begraben wurde. Allerdings kann ich mich für die Richtigkeit dieser Angaben nicht verbürgen. Im Allgemeinen ist Geld zu wertvoll, um es den Toten mitzugeben. Zudem stellt es eine zu große Versuchung für jemanden dar, ein solches Grab zu plündern.

---

241) Entspricht in etwa drei Kilometern.

(Abb. 39) Bestattung im Totenhaus

d) Das Grab wird nach Art der Weißen ausgehoben und der Sarg darin versenkt. Nachdem es aufgefüllt ist, verlangt der Brauch zumeist, darüber oder darum herum eine Art Umfriedung zu errichten, sei es in Form eines kleinen Hauses, einer Hütte, eines Zeltes oder Zaunes. Diese kann zwischen sechzig Zentimeter und drei Meter fünfzig Höhe aufweisen, ist zwischen sechzig Zentimetern und zwei Metern breit sowie einen Meter fünfzig bis drei Meter fünfzig lang. Einige sind so gut umschlossen, dass es unmöglich ist, einen Blick hineinzuwerfen. Andere wiederum sind recht offen gehalten. Gelegentlich findet sich an der Stirnseite ein Fenster. Manchmal sind diese Umfriedungen komplett mit einem üblicherweise weißen Tuch abgedeckt, manchmal auch nur teilweise. Bei anderen fehlt die Abdeckung ganz. Um das Grab herum, inner- und außerhalb der Umfriedung, wurden verschiedenste Gegenstände abgelegt: Gewehre, Kanus, Geschirr, Eimer, Stoff, Laken, Decken, Perlen, Bottiche, Lampen, Bögen, Matten und von Zeit zu Zeit auch eine grob geschnitzte und bemalte menschliche Figur. Es wird berichtet, dass sich im und um das Grab eines vor einigen Jahren bestatteten Klallam-Häuptlings Gegenstände im Wert von 5.000 Dollar befunden hätten. Die meisten dieser Gegenstände werden zerschnitten oder zerbrochen, um sie für die Lebenden unbrauchbar zu machen und so Diebstahl zu verhindern. Oft werden Pfosten von drei bis zehn Metern Höhe errichtet, an denen amerikanische Flaggen, Taschentücher, Kleidung und Stoffe unterschiedlichster Farben befestigt werden. Einige Gräber weisen nichts dieser Art auf. Bei anderen werden diese Artikel alle ein bis zwei Jahre erneuert. Die Befolgung dieser Sitte hängt hauptsächlich von der Anzahl der Verwandten und deren Wertschätzung für den Toten ab.

(Abb. 40) Bestattung im Totenhaus

Sie glauben, dass Geister den zerfallenden Körper Stückchen für Stückchen zum Geist des Verstorbenen im Jenseits tragen, und die Gegenstände, die mit ihm zerfallen, werden ebenso transportiert. Mir sind jedoch keinerlei Speiseopfer in der Nähe von Gräbern bekannt. Die *Abbildungen 39* und *40* vermitteln Ihnen eine Vorstellung von der Art der Gräber. *Abbildung 39* zeigt einen Lattenzaun, der eine Fläche von drei Quadratmetern umschließt, *Abbildung 40* hingegen nur eine einfache Absteckung ohne weitere Ausfüllung.

e) Manche haben in letzter Zeit fast vollständig die amerikanische oder zivilisierte Sitte der Erdbestattung übernommen. Sie errichten einen einfachen Lattenzaun als Umfriedung, hinterlassen dort aber keine Gegenstände. Dies gilt insbesondere für die Klallam.

Bestattungszeremonien

Zu den in (a) und (b) erwähnten Bestattungszeremonien und Trauerriten liegen mir keinerlei Kenntnisse vor. Im Falle von (c) und (d) beginnen vor allem die Frauen sogleich mit Eintreten des Todes ihr Wehklagen. Ihr Trauergesang besteht in erster Linie aus den Noten *mi, do do, la la*. Von allen, die an der Bestattung teilnehmen, wird erwartet, dass sie einen Gegenstand mitbringen und als Zeichen ihres Respekts im Sarg oder am Grab hinterlassen. Bei jenen dieser Gaben, die mir zu Augen kamen, handelte es sich um Stoff, von dem die Trauernden den bei der Bestattung Anwesenden ein kleines Stück als Erinnerungspfand zurückgaben. Sie bestatten ihre Toten viel schneller als die Weißen; im Allgemeinen, sobald sie eines Sarges habhaft werden. Weitere indianische Totenriten sind mir nicht bekannt. Gelegentlich hielt ich vor der Grablegung christliche Bestattungsriten ab. Diese Dienste werden von Jahr zu Jahr mehr gewünscht. Dass sie sich gegenüber diesen Bestattungsriten etwas widerwillig verhielten, hat mit ihrer abergläubischen Furcht davor zu tun, sich in unmittelbare Nähe zu den Toten zu begeben. Sie fürchten, der böse Geist, der den Verstorbenen tötete, könne in die Lebenden einfahren und auch deren Tod zeitigen. Große Furcht haben sie davor, Kinder in die Nähe zu lassen, da sie die Auswirkungen auf diese noch mehr fürchten als jene auf ältere Personen.

Trauerriten

Soweit mir bekannt ist, gibt es keine festgelegten Trauerzeiten. Oft trauern sie nach der Bestattung noch längere Zeit, aber mir ist nicht bekannt, ob sie die Grabstätten sehr oft besuchen. Geht ihnen der Verlust sehr nahe, so wehklagen sie über mehrere Wochen hinweg fast jeden Tag. Dies trifft insbesondere zu, wenn sie einen alten Freund treffen, den sie seit der Bestattung nicht mehr gesehen haben, oder wenn ihnen ein Gegenstand ins Auge fällt, der dem Verstorbenen gehörte. Nur eines fällt mir in diesem Zusammenhang noch ein: Bevor jemand stirbt – das mag bald geschehen oder erst in einigen Monaten – kommt ein Geist aus dem Jenseits, dem Land der Geister, und geleitet den Geist dieser Person dorthin. Manche behaupten, den genauen Zeitpunkt dafür zu kennen, und könnten mit ihren Beschwörungen den Geist dazu bewegen, zurückzukehren, so dass die Person nicht stirbt. Gelingt ihnen dieses nicht, so findet das Herz dieser Person den Tod und sie wird sterben, selbst wenn es noch sechs bis zwölf Monate dauern mag. Einige Informationen zu diesem Thema finden sich auch in einer kleinen Broschüre, die ich über die Twana-Indianer verfasste und die kürzlich unter Prof. F. V. Haiden, Geologe im Innenministerium, veröffentlicht wurde."

George Gibbs[242] lieferte einen höchst interessanten Bericht über die Bestattungszeremonien der Indianer in den Territorien Oregon und Washington, der hier in seiner Gänze wiedergegeben wird, obwohl er nicht nur über Kanubestattungen berichtet. Diese Aspekte voneinander zu trennen würde allerdings bedeuten, den Erzählstrang zu zerstören:
„Unter den vom Fischfang lebenden Stämmen war es Sitte, die Toten in Kanus zu bestatten. Diese wurden gewöhnlich an eine markante Stelle unweit des Dorfes im Wald gebracht. Man legte die Toten direkt auf Astgabeln in Bäumen oder auch auf Pfählen ab. Am Columbia River hatten vor allem die Tsinuk[243] zwei bemerkens-

---

242) Gibbs, George in: Contributions to North American Ethnology, 1877, Band I, S. 200.
George Gibbs (1815-1873) war amerikanischer Geologe und Ethnologe, der als eine der führenden Kapazitäten auf dem Gebiet der nordamerikanischen Indianersprachen und -bräuche vor allem des Territoriums Washington galt. Er nahm an einer ganzen Reihe von Vertragsverhandlungen zwischen der US-Regierung und den Ureinwohnerstämmen teil.

243) Andere Schreibweise für Chinook.

werte Friedhöfe: Einen auf einem hohen, isolierten Steilufer namens Mount Coffin[244], etwa drei Meilen unterhalb der Mündung des Cowlitz, und in einiger Entfernung davon einen mit Namen Coffin Rock[245]. Ersterer schien noch nicht sehr alt zu sein. Mr. Broughton, ein Oberleutnant von Vancouver[246], der den Fluss erforschte, erwähnte lediglich mehrere Kanus an diesem Ort. Lewis und Clark, denen der Berg sehr wohl auffiel, erwähnen diese mit keinem Wort. Zum Zeitpunkt der Expedition von Kapitän[247] Wilkes[248] ist wiederum die Rede von mindestens 3.000 Kanus. Durch die Nachlässigkeit eines Expeditionsmitglieds zerstörte ein Feuer die gesamte Anlage, sehr zur Entrüstung der dort lebenden Indianer.

Belcher, Kapitän des britischen Schiffes Sulphur[249], der den Fluss 1839 befuhr, schrieb: ‚Im Jahre 1836 (1826) wüteten die Pocken fürchterlich. Nur wenige Jahre später folgte das Wechselfieber. Entsprechend waren während unserer Erkundung nicht nur Corpse Island[250] und Mount Coffin sowie die benachbarten Küstenabschnitte mit Kanubestattungen übersät, sondern überall waren Schädel und Skelette verstreut.‘ Im selben Zustand befanden sich auch weitere naheliegende Küstenstreifen wie Shoal Water Bay[251] und andere. Weiter oben am Fluss, bei der Kaskadenkette[252], fand sich eine andere Bestattungsform, die im Folgenden von Captain Clark beschrieben wird:

---

244) „Berg der Särge"

245) „Sargfelsen"

246) George Vancouver war Offizier der Royal Navy und Entdecker. Er erforschte die Pazifikküste Nordamerikas von Kalifornien bis hinauf nach Alaska. Nach ihm sind Vancouver Island sowie die Großstädte Vancouver in der kanadischen Provinz British Columbia und im US-Bundesstaat Washington benannt..

247) Im folgenden Absatz handelt es sich um Schiffskapitäne, nicht um den militärischen Rang eines Captains.

248) Charles Wilkes, ein amerikanischer Marineoffizier, führte 1838-1842 die *United States Exploring Expedition* an, die 1841 die Westküste Nordamerikas bis hinauf zum Puget Sound erforschte und kartographierte. Wilkes harter Führungsstil beeinflusste stark Herman Melvilles Darstellung des Kapitän Ahab in „Moby Dick".

249) Edward Belcher wurde als Kommandant der H.M.S. Sulphur und der H.M.S. Starling auf Forschungsreise geschickt, die ihn von 1836-1842 einmal um die Welt segeln ließ. Die Ergebnisse dieser Reise erschienen in einem zweibändigen Werk und trugen maßgeblich zum damaligen Wissen auf den Gebieten der Geographie, Nautik, Klimabestimmung, Tier- und Pflanzenwelt usw. bei, da Belcher sich nicht nur als Offizier der königlichen Marine verstand, sondern auch als akribischer Forscher. Im Juli 1839 erreichte die Sulphur Kodiak in Alaska (damals noch in russischem Besitz), fuhr weiter nach Sitka und danach den Columbia River hinauf. Weiterhin besuchten sie die Hudson's Bay Company in Fort Vancouver. Das Besondere an Edward Belcher war seine humanistische Einstellung, denn er sah die Ureinwohner, die er während seiner Reise traf, nicht als Wilde, sondern als gleichberechtigte Menschen mit anderem Lebensstil.

250) Toteninsel

251) Hier lebt bis heute eine Stammesgruppe der Chinook, der Shoalwater Bay Stamm, der zu den Küsten-Salish gehört. Sie wohnten im Winter in festen Plankenhaus-Dörfern und wanderten den Rest des Jahres mit dem Lachs und dem Wild. Mit ihren Kanus trieben sie Handel im Puget Sound und bis zum Fraser River. Außerdem kontrollierten sie Kontakte mit dem Binnenland, über die sie aber auch verheerende Krankheitserreger einschleppten. Seit 1866 leben sie im Reservat.

252) Die Kaskadenkette, auch Kaskadengebirge, ist ein Gebirgszug vulkanischen Ursprungs, der parallel zur Westküste Nordamerikas verläuft und sich vom Süden British Columbias über Washington und Oregon bis nach Nord-Kalifornien erstreckt. Er ist Teil des pazifischen Feuerrings. Mount Rainier ist der

‚Ungefähr eine Meile unterhalb des Hauses, in einem sehr dichten Teil des Waldes, liegt ein alter Indianerfriedhof. Er besteht aus acht dicht beieinander stehenden Grabkammern aus Zedernbrettern. Sie messen jede etwa zwei Meter fünfzig im Quadrat und sind einen Meter achtzig hoch. Der obere, mit breiten Brettern abgedeckte Teil ist leicht geneigt, damit der Regen gut ablaufen kann. Die Ausrichtung der gesamten Anlage liegt auf einer Ost-West-Achse. Der Eingang befindet sich auf der Ostseite und ist teilweise mit breiten Brettern verschlossen, die grobe Zeichnungen von Menschen und Tieren zieren. Im Inneren fanden wir vier Leichname, die sorgfältig in Häute eingewickelt und mit Tauwerk aus Gras und Rinde verschnürt auf Matten ruhten. Auch sie waren Ost-West ausgerichtet. Die anderen Kammern enthielten nur Knochen, die in einigen zu einer Höhe von einem Meter zwanzig aufgestapelt lagen. Bei den Kammern befanden sich Messingkessel und Pfannen mit Löchern im Boden, Körbe, Schalen, Muscheln, Häute, Stoffstücke, Haarbeutel mit Zierrat und kleine Knochen[253] – Gaben der Freundschaft, Zuneigung oder Ehrerbietung, die vor der Grausamkeit des Krieges oder der Versuchung der persönlichen Bereicherung bewahrt blieben. In und auf alle Wände und Türen waren seltsame Figuren geschnitzt und gemalt. Daneben fanden sich mehrere menschliche Holzfiguren, von denen einige so alt und verwittert waren, dass ihre Gestalt kaum mehr auszumachen war. Sie alle lehnten an den Seitenwänden der Kammern. Diese Statuen, wie auch jene, die wir kürzlich in den Häusern sahen, scheinen keine Objekte der Verehrung gewesen zu sein, sondern wahrscheinlich Abbilder der Verstorbenen. Wann immer wir in Häusern auf sie trafen, standen sie zwar an prominenter Stelle, wurden aber eher wie Ziergegenstände denn religiöse Objekte behandelt. Nahe den noch erhaltenen Kammern stießen wir auf die Spuren weiterer auf dem Boden, die vollständig verrottet und von Moos überwachsen waren. Da selbst diese aus langlebigem Kiefern- und Zedernholz bestanden, ist davon auszugehen, dass dieser verborgene Ort schon seit sehr langer Zeit von den einheimischen Indianern als letzte Ruhestätte genutzt wird.'

Ein weiterer Friedhof dieser Art ein paar Meilen weiter stromaufwärts auf einer Insel im Fluss verlieh dieser den Namen Sepulcher Island[254]. Die Watlala[255], ein Stamm der Oberen Tsinuk, deren Friedhof hier beschrieben wird, sind heute fast ausgestor-

höchste Gipfel der Kette, der bekannteste und aktivste Vulkan ist Mount St. Helens, der zuletzt 1980 ausbrach. Die so genannten Kaskaden-Indianerstämme nannten sich selbst Watlala und gehörten den Chinook an.

253) In manchen Stämmen wurden aus den zum Zeichen der Trauer abgeschnittenen Haaren Beutel gewebt oder geflochten, um die Totengaben aufzunehmen. Bei den kleinen Knochen handelt es sich um die Überreste einstiger Fingerglieder, die sich enge Verwandte als Symbol ihres Kummers abhackten.

254) „Gräber-Insel"

255) Die Watlala oder Cascade Indians (Kaskaden-Indianer) gehörten zu den ausgestorbenen Chinook und lebten an den Wasserfällen des Columbia River. Um 1780 zählten sie etwa 3.200 Menschen. Lewis und Clark schätzten sie auf 2.800. Wahrscheinlich sind sie nach Epidemien und unterlegenen Kämpfen gegen die Weißen in den benachbarten Stämmen aufgegangen. Vor den großen Epidemien waren die Chinook die bedeutendsten Händler am Columbia, der wichtigsten Wasserstraße zwischen der Westküste und dem Landesinneren. Von der Mündung des Columbia aufwärts bis The Dalles dominierten sie als Zwischenhändler den Handel. Sie bildeten die Handelsdrehscheibe zwischen der Nordwestküste bis Alaska und sogar den Prärien tief im Landesinneren. Ihre Sprache wurde, wenn auch durchsetzt mit europäischen Begriffen, zur von allen genutzten Handelssprache.

ben. Es findet sich nur noch eine Anzahl ihrer Grabmäler in verschiedenen Stadien des Zerfalls. Die Ausrichtung des Leichnams ist, wie schon Clark bemerkte und auch ich glaube, immer gleich. Der Kopf wird grundsätzlich nach Westen gebettet. Mir wurde mitgeteilt, der Pfad nach *me-mel-us-illa-hee*, dem Land der Toten, führe nach Westen, und wenn sie ihre Toten nicht in dieser Richtung ablegen würden, wären deren Geister verwirrt. Die Stämme östlich der Kaskadenkette, die vornehmlich das Pferd nutzen und Kanus nur für Fähr- oder Transportzwecke verwenden, bestatten ihre Toten, indem sie über diesen Steine anhäufen. Dies tun sie, um die Grabstätte zu markieren oder die Leichname vor den Präriewölfen zu schützen. Bei den Yakama[256] waren viele Gräber an augenfälligen Stellen der Basalthänge zu erkennen, die die unteren Täler säumen. Darüber hinaus waren sie durch Pfostenreihen gekennzeichnet, an denen verschiedene Kleidungsstücke flatterten. Einstmals töteten diese Präriestämme Pferde auf den Gräbern – ein Brauch, der durch den Einfluss der Weißen immer weniger durchgeführt wird.

Am Puget Sound[257] sind über ein weites Gebiet alle Arten von Bestattungssitten zu finden. Bei den Makah[258] von Cape Flattery liegen über den Gräbern Kisten aus grob zugehauenen Brettern. Diese Tradition besteht zwar an weiteren Orten entlang

---

256) Die Yakama oder Yakima sind eine Gruppe von Indianerstämmen, die auf dem Columbia River-Plateau am Yakima River leben. Sie selbst nennen sich *Waptailmin*, das „Volk von der Schlucht". Sie gehören der Sahaptin-Sprachfamilie an. Die Spokane und Nespelem bezeichnen sie als *Yah-ah-kama* oder *Kittitas*, die „Felsenleute".

Die Yakama lebten sesshaft in Holzhäusern mit Rindendächern, die kleine Dorfgemeinschaften bildeten. Sie bauten Kartoffeln, Erbsen, Mais, Bohnen, Kürbisse, Pflaumen, Pfirsiche und Artischocken an und betrieben Jagd – wobei der Elch, ihr heiliges Tier, von dieser ausgenommen war - und Fischfang. Hier waren die Lachssteige im Herbst und die Karpfensteige im Frühling von großer Bedeutung. Ganze Dörfer zogen in dieser Zeit an die Bäche und Flüsse. Ab 1730 kamen sie in den Besitz ehemals spanischer Pferde und beteiligten sich im Sommer auch an der Büffeljagd. 1806 kamen sie mit der Lewis-und-Clark-Expedition zum ersten Mal mit Weißen in Berührung, es folgten Goldgräber – mit denen es immer wieder Auseinandersetzungen gab –, und Siedler, die wiederum die Pocken einschleppten. Sie widersetzten sich allen Missionierungsversuchen, die sogar im Whitman-Massaker gipfelten.

Ab 1855 wurden die 14 Yakama-Stämme in Reservate gezwungen. 1980 eröffnete das *Yakama Nation Museum*, eines der ältesten Museen der indigenen Völker in den USA. Das Reservat wird inzwischen von über 9.000 Indianern bewohnt, deren Bewohner neben diversen größeren Umweltprojekten 4.000 Wildpferde und 200 Bisons durch spezielle Programme schützen.

257) Puget Sound ist ein Sund im Bundesstaat Washington im Nordwesten der USA. Er wurde von George Vancouver nach seinem Offizier Peter Puget benannt. Die Indianer nannten das inselreiche Gewässer „Whulge".

258) Die Makah leben im Bundesstaat Washington, gehören aber zur Stammesgruppe der *Nuu-chah-nulth*, die ansonsten ausschließlich auf der kanadischen Insel Vancouver leben. Sie selbst nennen sich *Kwih-dich-chuh-ahtx*, „das Volk, das an den Felsen bei den Seemöwen lebt". Makah ist ihr Name bei den Klallam und bedeutet „großzügig im Essen".

Ende des 18. Jahrhunderts wurde die gesamte Nordwestküste zum wichtigsten Gebiet der europäischen Pelzhändler, die von den Makah nicht immer freundlich empfangen wurden. 1805 lebten etwa 2.000 Makah im Stammesgebiet, nach den von Weißen eingeschleppten Epidemien waren es 1853 nur noch 500 Stammesangehörige.

Die Makah sprachen die Wakash-Sprache, die im August 2002 mit einem 100jährigen Stammesangehörigen zunächst ausstarb. Seit 1952 ist die Sprache wieder Teil des Unterrichts in der Reservatsschule. Ihren hohen Bekanntheitsgrad bei Völkerkundlern erhielten die Makah nicht nur durch ihre auffälligen Gesichtsbemalungen, sondern weil sie schon Kinder mit den mythischen Tattoos des Stammes tätowierten, die Mädchen an Händen, Unterarmen und Waden, Jungen nur an den Händen.

des Sunds, an anderen aber ist die Gerüstbestattung üblich. Generell bestatten die am Wasser lebenden Indianer ihre Toten in Kanus, während die weiter im Landesinneren lebenden sie begraben. Die meisten Gräber sind von Stoffstreifen, Decken und anderen Besitztümern umgeben. Mr. Cameron, ein englischer Gentleman, der in Esquimalt Harbour auf Vancouver Island[259] lebt, informierte mich darüber, dass sich auf seinem Besitz Gräber befänden, bei denen an jeder Ecke ein großer Stein läge und deren Innenräume mit Schutt aufgefüllt seien. Den ansässigen Indianern war deren Ursprung unbekannt.

Status und Reichtum waren in allen Fällen deutlich ausgeprägt. Personen ohne Rang oder Sklaven wurden mit wenig Umsicht und Respekt behandelt. Vancouver, der ihre Bestattungssitten besonders aufmerksam beobachtete, notierte, dass er bei Port Discovery Körbe in den Bäumen hängen sah, die die Skelette von Kindern enthielten, aber auch Schachteln, in denen sich offensichtlich Speisen befanden. Es ist nicht recht zu verstehen, wofür diese dienen sollten. Ich gehe nicht davon aus, dass diese Stämme ihren Toten Speisen mitgeben, und auch die hier lebenden Indianer konnten mir nicht bestätigen, dass sie jemals einem solchen Brauch gefolgt wären. Welche Bedeutung er ihnen zumaß, entzieht sich meiner Kenntnis. Er berichtete auch, dass er am selben Ort eine kürzlich brandgerodete Stelle mit Schädeln und Knochen in der Asche sah. Die Toten einzuäschern ist eine Sitte in Teilen Kaliforni-

---

Ihre Mythologie und ihre Riten sind eng mit ihren Jagdtieren verbunden. Traditionell lebten die Makah vom Fisch-, Robben- und Walfang sowie von Beeren, Wurzeln und anderen Wildgemüsen. Darüber hinaus waren sie für ihre Korbflechtereien berühmt. 1855 schlossen sie einen Vertrag mit der US-Regierung, der ihr Land zwar stark einschränkte, ihnen innerhalb des Reservats aber das Recht auf Fisch-, Robben- und Walfang zusicherte. Bei beiden letzteren ist heutzutage der Fang noch erlaubt, unterliegt aber strengen Quoten, da sowohl Robben wie Wale internationalen Schutzabkommen unterliegen. Fischfang ist bis heute der wichtigste Wirtschaftsfaktor, wird aber immer wieder durch illegales Entleeren von Altöltanks auf hoher See gefährdet.

259) Vancouver Island, früher auch *Quadra*, ist die größte Insel der Provinz British Columbia vor der Westküste Kanadas. Ein langer Gebirgszug teilt die Insel in eine stürmische, von fünf großen, fjordartigen Sundgebieten zerklüftete Westseite, die zum Pazifik hin liegt, und eine gemäßigte Ostseite. Der einzige Gletscher der Insel trägt den Namen Comox Glacier. Für kanadische Verhältnisse ist das Klima sehr mild, es fällt selten Schnee. Daher finden sich hier noch große zusammenhängende Stücke gemäßigter Küstenregenwälder, in denen Schwarzbären, Pumas, Wölfe, Bergziegen, Elche, Stinktiere, Koyoten und das seltene Vancouver-Murmeltier leben. Leider sind die Wälder von der Abholzung bedroht. Die Küstengewässer wie die Flüsse sind sehr fischreich, was früher Meeressäuger wie Wale, Robben, Seelöwen und Otter in großer Zahl anzog. Hinzu kommen große Vogelpopulationen. Die Ureinwohner der Insel teilen sich in drei Gruppen: die Nuu-chah-nulth im Westen, die Kwakwaka'wakw im Norden und die Salish-Gruppe im Süden und Osten.

(Abb. 41) Kanubestattung

ens und bei den Tsimshian[260] von Fort Simpson. Auch die ‚Carriers‘[261] Neukaliforniens folgen dieser Sitte, aber meinem Wissen nach keiner der dazwischen liegenden Stämme, und die zur Zeit am Sund lebenden schon gar nicht.

Aus Vancouvers Bericht geht klar hervor, dass erst vor kurzer Zeit eine große Seuche die Region heimsuchte. Dies bezeugen die vielen nicht bestatteten mensch-

---

260) Die Tsimshian, das „Volk inmitten des Skeena-Flusses“, leben an der Nordwestküste der kanadischen Provinz British Columbia sowie auf Annette Island am südlichsten Punkt Alaskas und sprechen eine eigene Sprache mit vier unterschiedlichen Dialekten. Zur Zeit dieses Berichts stellte der Name einen Überbegriff für drei Stämme dar: Die Küsten-Tsimshian, die Gitxsan und die Nisga'a. Heute sind die beiden letzteren als unabhängige Völker anerkannt.

Archäologische Ausgrabungen im Umfeld der festen Siedlungen belegen, dass die Tsimshian seit 3.000 v.u.Z. in dieser Gegend ansässig sind. Die ursprüngliche Nahrungsversorgung erfolgte hauptsächlich durch Fischfang von Heilbutt und Lachs sowie die Jagd auf Robben, Seeotter und Seelöwen. Wie alle Nordküstenindianer waren die Tsimshian gefürchtete Krieger, deren Erbfolge und Clan-Zugehörigkeit aber über die mütterliche Seite bestimmt wurde. Es gab zehn Stämme mit vier Clans: *Laxsgik* („Adler Clan“), *Gispwudwada* („Orca Clan“), *Ganhada* („Raben Clan“) und *Laxgibu* („Wolf Clan“).

Die meisten ihrer Gebrauchsgegenstände wie Werkzeuge, Kleidung, Wohnstätten, Waffen und Kanubespannung stellten sie aus der Rinde des Riesen-Lebensbaumes her. Berühmt sind die Tsimshian für ihre geschnitzten Totempfähle, ihre Dramen, Lyrik und Musik. Ihre Lieder umfassen heilige Melodien, die selten und nur von bestimmten Stammesmitgliedern gesungen werden sowie Lieder, die die Geschichte ihres Volkes vor und nach Ankunft der Weißen erzählen.

Diese einflussreiche Kultur der Region ging 1862 mit dem Ausbruch der Pocken zugrunde. In nur drei Jahren starben über achtzig Prozent aller Stammesangehörigen. Heute leben etwa 10.000 Tsimshian hauptsächlich vom Verkauf ihrer Kunstgegenstände. Nicht nur die traditionellen Künste wurden wiederbelebt, auch Feste und Sprache werden wieder gepflegt.

261) Die „Träger“. Überbegriff für Indianerstämme, deren Witwen die Asche des verstorbenen Mannes ein bis vier Jahre mit sich tragen müssen.

lichen Überreste, die er während seiner Reise sah. In ihrer Angst hatten die Indianer wohl auch ein Haus angesteckt, in dem die Bewohner zusammen mit ihren Toten verbrannten. Dies kommt durchaus des Öfteren vor. Wo immer sich Krankheiten ausbreiten, ziehen sie sich umgehend zurück und zerstören zumeist auch die Wohnstätte.

Mr. Whidbey, einer von Vancouvers Offizieren, bemerkte in Penn Cove[262] mehrere Grabstätten, die wie Wachhäuschen gebaut waren. Einige waren offen und enthielten die Skelette vieler Kinder, die in verschnürten Körben ruhten. Auch die kleineren Knochen von Erwachsenen lagen in solchen. Von den Langknochen hingegen war keiner auffindbar; ein Umstand, der zu der Annahme führte, dass diese von den noch im Umland lebenden Nachbarn zu Pfeil- und Speerspitzen oder weiteren Waffen umgearbeitet worden waren.

Der Hinweis, dass eine solche Vorgehensweise dem indianischen Wesen völlig fremd wäre, dürfte sich erübrigen. Wahrscheinlich wurden die Knochen der Erwachsenen entfernt und an anderer Stelle bestattet. Die Leichname von Kindern werden auf verschiedene Arten bestattet. Manche werden in Bäumen aufgehängt, andere in hohlen Bäumen beigesetzt. Ein allein den Kindern gewidmeter Friedhof ist allerdings sehr ungewöhnlich. Im Falle eines Häuptlings oder bedeutenden Mannes begleitete die Zeremonie sehr viel Pomp. Die Kanus waren sehr groß und wertvoll – es handelte sich dabei um Kriegs- oder Repräsentationskanus. Oftmals wurde ein kleineres über jenes gestülpt, das den Leichnam barg. In einem Fall nahe Shoalwater Bay ruhte der Tote in einem kleinen Kanu innerhalb eines größeren, und ein drittes war darüber gestülpt. Bei den Tsinuk und Tsihali[263] wurden neben den Toten ihre *Tamahno-us*-Tafel[264] abgelegt. Die Indianer des Puget Sound schnitzen hingegen keine *Tamahno-us*-

---

262) Die Swinomish siedelten ursprünglich an der Mündung des Skagit River und auf dem nördlichen Teil von Whidbey Island (heute leben alle im Reservat der Insel) und sprechen Lushootseed, einen Dialekt der Küsten-Salish. Wie alle diese Stämme wanderten auch sie in Abhängigkeit von Lachs, Wild und Vegetationszyklen und wohnten nur im Winter in festen Plankenhäusern, die sie mit Palisaden umgaben, um sich vor Sklaven jagenden Stämmen zu schützen.

Sie hielten sich zudem auf einer Insel weiße und schwarzbraune Hunde als Wolllieferanten, aus deren Haaren sie Stoffe und Decken webten. Auch in der Schöpfungsmythologie nahm der Hund eine wichtige Stelle ein und diente daher nie, wie bei den Präriestämmen, als Nahrung.

Über den Küstenhandel wurden auch sie mit europäischen Krankheiten infiziert, was die einst dicht besiedelte Insel stark entvölkerte. Seit 1844 war der Anbau von Kartoffeln, Bohnen, Adlerfarn und essbarer Prärielilie auf Feldern belegt.

263) Die Tsihali, Chiltz oder Chehali (abgeleitet von *tshels* = „Sand") sind Stammesgruppen der Küsten-Salish, die nach und nach in das Gebiet der durch Pocken fast ausgestorbenen, benachbarten Chinook eindrangen.

Die Upper Chehali lebten an den Flüssen, die Lower Chehali an der Küste. Beide Stammesgruppen betrieben vor allem Fischfang. Auch sie wurden von Epidemien stark dezimiert, so dass die Zahl von 1780 etwa 1.000 Mitgliedern 1858 auf knapp hundert gesunken war.

Ab 1864 wurden die Chehali in ein Reservat um Grays Harbour abgedrängt, in dem zunächst 5.000 Indianer benachbarter Stämme wohnten. 1875 lebten nach mehreren Epidemien nur noch 1.200, 1906 noch 149 Ureinwohner.

264) Holztafeln bzw. persönliche „Totempfähle", in die Abbildungen der Tamanous (der Natur-, Schutz- und Schöpfungsgeister der Chinook und Chehali) geschnitzt sind. Diese Abbildungen zeigen meist die Tiergestalt, die sie annehmen und die dem persönlichen Totem, den Familien-, Clan- und Stammesgeistern der Verstorbenen entsprechen.

Tafeln, sondern fertigen manchmal möglichst genaue Abbilder ihrer Häuptlinge, die sie in die Kleidung hüllen, die er gewöhnlich trug, und mit von ihm geschätzten Gegenständen behängen. Eine solche Büste des Skagit-Häuptlings[265] Sneestum stand unübersehbar auf der hohen Böschung am Ostufer von Whidbey Island. Die Statue, die Captain Clark bei den *Cascades* entdeckte, gehörte entweder ebenfalls in diese Kategorie oder entsprach einem der geschnitzten Pfähle, welche das Innere der Wohnstatt des Verstorbenen schmückten und mit ihrem Aberglauben über die *Tamahnous* zusammenhingen. Die wertvollsten Gegenstände wurden in die Gräber gegeben oder um sie herum aufgehängt, nachdem sie zuvor für jede weltliche Nutzung unbrauchbar gemacht wurden. Die verbliebenen Familienmitglieder wurden nachgerade um den letzten Fetzen Kleidung gebracht, um dem Toten die entsprechende Ehre zu erweisen. Sich von solch wertvollen Gegenständen zu trennen, erforderte ein hohes Maß an Entsagung, und die Betroffenen hatten am wenigsten Einfluss auf die Geschehnisse. Die Gräber der Frauen kennzeichnete ein Becher, ein Kamas-Stock[266] oder andere Zeichen ihrer täglichen Arbeit sowie Kleidungsstücke.

Sklaven wurden im Verhältnis zu Status und Reichtum des Verstorbenen getötet. Manchmal ließ man sie verhungern, oder man fesselte sie an den Leichnam und ließ sie zurück, um eines fürchterlichen Todes zu sterben. Inzwischen wurde diese vor Jahren noch durchaus übliche Praxis fast völlig aufgegeben. Ein Fall, der sich 1850 ereignete, wurde bereits geschildert. Später noch, im Jahre 1853, beabsichtigte Toke, ein Tsinuk-Häuptling an der Shoalwater Bay, das Sklavenmädchen seiner Tochter zu töten, da diese auf ihrem Sterbebett darum gebeten hatte. Die junge Frau floh und wurde halb verhungert von einigen Siedlern im Wald aufgefunden. Als ihr Herr sie zurückverlangte, wurde er auf das heftigste verprügelt und verwarnt, weitere Versuche dieser Art zu unterlassen.

Beim Tod eines Häuptlings war es üblich, den Bestattungsort lange Zeit zu pflegen. Bei den gewöhnlichen Stammesmitgliedern war der Familienehre Genüge getan, wenn die Knochen nach der Verwesung des Fleisches eingesammelt und in eine neue Matte gewickelt wurden. Die Störung einer Grabstätte wurde ohne Ausnahme als größtes Vergehen gewertet und mit strenger Vergeltung geahndet. Captain Belcher notierte hierzu: ‚Bei allen Bestattungszeremonien wird auf größte Geheimhaltung geachtet, zum Teil aus Furcht vor den Europäern. Untereinander bestrafen sie jedwede Störung einer Grabstätte mit dem Tod oder einem Kriegszug, sollte diese durch einen anderen Stamm begangen worden sein. Entdecken sie, dass Weiße für eine derartige Schändung verantwortlich sind, so sind sie auch in diesem Fall unnachgiebig auf Rache aus. Es ist aktenkundig, dass ein Teil einer Schiffsbesatzung

---

265) Die Skagit gehören zu den Küsten-Salish und sprechen Lushootseed, einen südwestlichen Dialekt. Wie alle Küsten-Salish folgten sie den Vegetationszyklen und ihrer Jagdbeute, wohnten also nur im Winter in festen Plankenhäusern.

Im 18. und 19. Jahrhundert litten sie stark unter den Raubzügen nördlicher lebender Stämme, die vor allem auf Sklaven aus waren. Sie trieben Handel mit den Forts Langley und Nisqually.

1853 starb ihr hochangesehener Häuptling S'neet-lum. Sein Nachfolger unterzeichnete 1855 notgedrungen den Vertrag von Point Elliott und zog mit den nach Epidemien verbliebenen 300 Stammesmitgliedern in das Swinomish-Reservat, wo sie sich mit dem gleichnamigen Stamm vermischten.

266) Grabstock, um Wurzeln etc. freizulegen und zu sammeln.

(der Columbia) bei seiner Rückkehr in diesen Hafen angegriffen wurde, weil ein ehemaliger Angehöriger der Mannschaft sich eines Schädels bemächtigt hatte, der aufgrund seiner künstlichen Verflachung eine gewisse Faszination ausübte.' Belcher vermerkte allerdings, dass während seines Aufenthalts am Fluss ‚die Schädel und Skelette in alle Richtungen verstreut lagen und die Einheimischen mir keinerlei Aufmerksamkeit schenkten, als ich mich zwischen diesen bewegte. Ich vermute, dass ihre Gefühle sich nur auf die nächsten Verwandten erstrecken und auch in diesem Falle nur, bis der Leichnam samt Hab und Gut zerfallen ist. Die Häuptlinge allerdings werden zweifellos bewacht und ihre Kanus regelmäßig neu bemalt und geschmückt. Zudem wurde ihnen größere Sorgfalt zuteil, indem man sie gesondert bestattete.'

Die Frage, weshalb die Indianer Hab und Gut eines Verstorbenen zerstören, wird in der Abhandlung über ihre religiösen Vorstellungen näher betrachtet. Klagelieder werden über einen langen Zeitraum gesungen und scheinen eher zeremonielle Verrichtung denn Ausdruck spontanen Kummers zu sein. Diese Pflicht obliegt natürlich den Frauen und wird im Allgemeinen am frühen Morgen erfüllt. Allein verlassen sie die Wohnstätte oder das Lager, um in einiger Entfernung mit lauter, schluchzender Stimme klischeehafte Redewendungen auszustoßen. Eine Mutter würde zum Beispiel den Verlust ihres Kindes mit ‚Ach, mein Kind ist tot!' beklagen. Erblicken sie einen ihrer verstorbenen Freunde im Traum, so werden erneut Klagelieder angestimmt."

Bei den meisten Indianern des Nordwestens war es, wie bei Mr. Gibbs beschrieben, durchaus üblich, für den Toten einen Sklaven zu töten oder diesen gar lebendig mit ihm zu begraben. War er nach drei Tagen noch immer am Leben, wurde er von einem anderen Sklaven stranguliert. Dieser Brauch findet sich aber auch bei anderen Stämmen und Völkern. Hier allerdings boten sich die Betroffenen freiwillig als Opfer an. So vermerkte Bancroft:

„In Panama, Nata und einigen anderen Bezirken wählten anlässlich des Todes eines Kaziken[267] jene seiner Konkubinen, die ihm in großer Liebe zugetan waren, jene, die er heiß und innig liebte und auch als solche auszeichnete, sowie bestimmte Diener den Freitod, um mit ihm begraben zu werden. Dies taten sie, um ihm auch im Jenseits zu Diensten sein zu können."

Allen Lesern geschichtlicher Bücher ist hinreichend bekannt, zu welchen Extremen dieser abstoßende Brauch in Mexiko, Südamerika und Afrika führte.

---

267) Kazike, spanisch *cacique*, bezeichnet die Stammesoberhäupter oder Adligen der Indianerstämme Mittel- und Südamerikas. Das Wort selbst entstammt der Sprache der Taíno-Indianer, die in der Karibik sehr verbreitet war. In europäisches Sprachgut fand die Bezeichnung Eingang durch Christoph Kolumbus' Bordbuch über seine erste Reise in die sogenannte „Neue Welt".

Wasserbestattung

Dass die nordamerikanischen Indianer jemals diese Art der Bestattung durchführten, ist weder durch Brauchtum noch Zeremonien belegt. Dennoch wurden gelegentlich Tote bestattet, indem man sie in Quellen und Fließgewässern versenkte, ins Meer warf oder in Kanus forttreiben ließ. Unter den Völkern der Antike hingegen war diese Praxis nicht ungewöhnlich. So berichtet uns Ptolemaios[268], dass die Fischesser[269], die am Persischen Golf lebten, ihre Toten grundsätzlich dem Meer überantworteten, um ihre Schuld gegenüber dessen Bewohnern zu begleichen. ... Die Itzas[270] in Gua-

---

268) Ptolemaios I. Soter, auch Ptolemäus oder Ptolemaeus (367-283 v.u.Z.), einstiger Gefährte und Mitstreiter Alexander des Großen, später Begründer der griechischen Ptolemäer-Dynastie im Alten Ägypten.

Er veranlasste den Bau der berühmten Bibliothek sowie des Leuchtturms von Alexandria, eines der „Sieben Weltwunder" der Antike. Zudem hinterließ er ein fragmentarisch erhaltenes Geschichtswerk über Alexander, in dem er auch die Völker beschreibt, auf die sie während des Feldzuges stießen..

269) Die Ichthyophagen lebten an dem Küstenstreifen, an dem sich heute das nördlichste Emirat Ra's al-Khaimah befindet, etwa 80 km von Dubai entfernt.

270) Itzá („Volk"), Eigenbezeichnung der Maya, die sich ca. 2.000 v.u.Z. in Mittelamerika ansiedelten. Die Itzá von Petén-Itzá bildeten Ende des 15. Jahrhunderts bei Ankunft der Spanier die eigenständige Hochlandkultur der Quiché-Maya. Sie waren sesshaft, bauten Mais und Gemüse an, fischten und hielten Meerschweinchen als Fleischlieferanten.

Die Maya waren berühmt für ihre Mathematik, ihren sehr genauen Kalender und ihre komplexen Bildsymbole, die die einzige Schrift Altamerikas darstellten. Auch die Malerei sowie die Bearbeitung von Stein, Keramik, Holz, Textilien und Metallen waren hoch entwickelt. In ihren Städten errichtete man bis zu 65 Meter hohe Stufenpyramiden, Paläste für den Adel, Observatorien und Ballspielplätze. Den Spaniern setzten die Maya erbitterten Widerstand entgegen; ihre Eroberung gelang weniger durch Schlachten als vielmehr durch die Verbreitung von Epidemien und die nachfolgende Entvölkerung ganzer Landstriche. In dem Bemühen, die Maya zu christianisieren, erreichte der Mönch Diego de Landa traurige Berühmtheit, als er 1561 alles in Maya Geschriebene sowie alle religiösen Symbole, deren er habhaft werden konnte, verbrennen ließ, so dass uns heute nur sehr wenig aus vorspanischer Zeit überliefert geblieben ist.

temala, die auf einer Insel im Petén-See[271] leben, sollen laut Bancroft ihre Toten aus Platzmangel in den See geworfen haben. Die Indianer am Nootka Sound[272] und die Chinook entledigten sich auf dieselbe Weise ihrer toten Sklaven, und gemäß Timberlake „bestatten die Cherokee in Tennessee ihre Toten nur selten, sondern werfen sie in den Fluß."

Die Alibaman[273], wie Bossu[274] sie nennt, verweigern Selbstmördern die Bestattung. Sie werden als Feiglinge eingestuft und ihre Leichname in den Fluss geworfen. Reverend J. G. Wood berichtet, die afrikanischen Obongo trügen den Leichnam zu einem Fließgewässer, dessen Lauf zuvor umgeleitet wurde. Im Bachbett wird ein tiefes Grab ausgehoben, der Leichnam hineingelegt und sorgfältig bedeckt. Zuletzt leitet man den Bach wieder in sein ursprüngliches Bett zurück, so dass alle Spuren des Grabes schon bald verschwunden sind.

Die Karague[275] entledigen sich ihrer Toten ohne Rang ebenfalls, indem sie die Leichname einfach im See versenken.

---

271) Der Petén-Itzá-See liegt in der guatemaltekischen Provinz El Petén, wo sich auch die berühmten Maya-Ruinen von Tikal befinden. Die Inseln und das Umland des Sees wurden und werden vor allem von den Nachfahren der Maya bewohnt und landwirtschaftlich genutzt. Hinzu kommen reiche Fischgründe und Handel über den See als wichtigstem Transportweg.

272) Die Nuu-chah-nulth, Nuucaanul oder veraltet Nootka leben bis auf die nordamerikanischen Makah ausschließlich auf Vancouver Island vor der Westküste Kanadas. Sie sprechen Süd-Wakash und bestehen aus 15 Stammesgruppen. Am Nootka Sound siedeln die Mowachaht-Muchalaht seit mindestens 2.300 v.u.Z.
Die Mowachaht lebten in einer stark strukturierten Gesellschaft, in der die Häuptlinge und ihre Familien Adelshäuser bildeten, die über die einfachen Stammesmitglieder und Sklaven herrschten. Sie betrieben Tauschhandel mit Seeotterfellen, Wal- und Fischfang und traten als erste Nuu-chah-nulth mit Weißen in Kontakt. Der lukrative Pelzhandel lockte viele Pelzhändler, so dass am Sommeraufenthaltsort Yuquot 1785 das erste Pelzhandelszentrum an der Westküste entstand, das aber bereits 1792 nach Auseinandersetzungen zwischen Spanien und Briten wieder abgerissen wurde. 1817 hatte sich das Pelzhandelszentrum verlagert und der Stamm verarmte.
Ab 1820 grassierten schwere Epidemien, so dass 1872 nur noch 600 Mowachaht überlebt hatten. Nach Umzug in das 1881 eingerichtete Reservat um Yuquot war die Bevölkerung weiter auf etwa 300 Personen gesunken, so dass sich die letzten beiden Stämme zusammenschlossen.

273) Die Alabama oder Alibamu sind ein Indianer-Stamm der Muskogee-Sprachfamilie. Bei ihren ersten Kontakten mit Weißen lebten sie am Oberlauf des Alabama River, in einem Gebiet, das sich heute über die Bundesstaaten Alabama, Florida, Louisiana und Oklahoma zieht. Sie vermischten sich zwischen 1799 und 1814 mit dem verwandten Stamm der Pawokti und einem Teil der einstmals in Florida lebenden Tawasa (Toasi, *Tawáha*), die zur Timucua Taíno-Sprachgruppe gehörten.
Konflikte mit den Creek führten die Stämme zusammen. Alle Stammesgruppen dieser Waldlandindianer lebten sesshaft vom Ackerbau, dem Fischfang und der Jagd. Sie freundeten sich mit den französischen Einwanderern an, erlaubten ihnen sogar die Erbauung von Fort Toulouse auf ihrem Land.
Ab 1763 zogen viele Indianer allerdings lieber weiter nach Westen, da sie sich durch zu viele Weiße und feindliche Creek bedrängt fühlten. Die Zurückgebliebenen kämpften mit den Muskogee gegen die amerikanische Armee, verloren daraufhin 1784 ihr gesamtes Land und begleiteten die Muskogee nach Oklahoma, wo die meisten ihrer Nachkommen noch heute leben.

274) Der französische Marinekapitän F. Bossu (1720-1792) unternahm im Auftrag seiner Regierung zwischen 1751 und 1762 drei Reisen nach Louisiana, das er als einer der ersten erforschte. In seinen anschließend veröffentlichten Büchern beschrieb er die Indianer des Mississippi-Tals und der Südstaaten, die Region Louisiana und die Insel Haiti.

275) Die Wahuma oder Wahinda („Leute des Nordens"), sind ein afrikanischer Volksstamm, der den Galla oder Massai angehörte und sich am Westufer des Viktoriasees niederließ, das Karagwé oder Kara-

(Abb. 42) Trauer-Tragewiege

Die Geschichtsschreiber berichten, dass Alarichs[276] Begräbnis den Sitten der Obongo ähnelte, denn 410 lenkten die Goten bei der Stadt Cosenca in Kalabrien den Lauf des Vasento um, hoben in der Mitte des Flussbettes ein Grab aus und betteten ihren König zusammen mit einem gewaltigen Schatz zur letzten Ruhe. Danach wurde der Fluss in sein altes Bett zurückgeleitet und alle getötet, die mit dieser romantischen Grablegung zu tun gehabt hatten.

---

gué genannt wurde.

Obwohl nur aus wenigen Familien bestehend, herrschten sie über die alteingesessenen Wanyambo, ein ca. 30.000 Menschen zählendes Bantuvolk. Diese Bantu wurden im See bestattet, während den Wahuma-Angehörigen große Begräbnisse zuteil wurden.

276) Alarich I., lat. Alaricus, („Edler Herrscher", geb. um 370, gestorben 410 bei Cosenza), war der erste sicher belegte König der Visigoten (Westgoten), ein genialer Feldherr mit wechselndem Schlachtenglück und der erste Germane, der Rom niederzwang. Zeitgenössische Quellen wie Orosius bestätigen seinen Tod bei Cosenza, die Bestattung im Bett des Busento aber erscheint erst 300 Jahre später bei Paulus Diaconus und ist wohl ins Reich der Fantasie zu verweisen.

Ein späteres Beispiel einer Wasserbestattung erhalten wir mit dem Begräbnis De Sotos[277]. Nach seinem Tod im Jahre 1542 wurden seine sterblichen Überreste in eine Holzkiste gebettet, diese entsprechend beschwert und den trüben, tosenden Wassern des Mississippi überantwortet.

Eine sorgfältige Suche nach gut belegten Fällen für aquatische oder semiaquatische Bestattungen unter den nordamerikanischen Indianern erbrachte lediglich zwei Beispiele, die hier wiedergegeben werden. Der erste Bericht bezieht sich auf die Gosh-Ute[278] und stammt von Captain J.H. Simpson[279]:

„Heute durchquerten wir Skull Valley, einen Teil der Great Salt Lake-Wüste. Mr. George W. Bean, mein Führer auf dieser Route seit letztem Herbst, berichtete mir, der Name leite sich von den Schädeln ab, die dort gefunden wurden. Diese stammten von den Gosh-Ute, die ihre Toten ihren Bräuchen gemäß in Quellen begrüben, indem sie sie mit Steinen beschweren oder mit Stöcken niederhalten. Er gab an, selbst gese-

---

277) Hernando de Soto, um 1500 in der armen spanischen Provinz Extremadura geboren, war Seefahrer und Konquistador. Er beteiligte sich an der Eroberung Panamas und Nicaraguas, nahm mit Francisco Pizarro Peru ein und kehrte als reicher und geachteter Mann nach Spanien zurück, wo er durch seine Heirat enge Kontakte zum Königshaus knüpfte. Von Karl V. als Adelantado von La Florida eingesetzt, unternahm er 1538 bis 1542 die größte Expedition des 16. und 17. Jahrhunderts durch den Südosten des nordamerikanischen Kontinents, wobei die Spanier auf der Suche nach Gold raubten, plünderten, brandschatzten und vergewaltigten. 1542 starb er am Mississippi an einem Fieber. Da er den Einheimischen weisgemacht hatte, Christen seien unsterblich, sahen sich seine Männer gezwungen, seinen Tod zu verheimlichen und ihn mit Sand beschwert und in Decken gewickelt im Fluss zu versenken. Hätten die Indianer seinen Tod bemerkt, wäre ihr Leben keinen Pfifferling mehr wert gewesen.

278) Die Goshute (*Gutsipupiutsi* = Wüstenvolk) gehören zu den Shoshoni und damit zur uto-aztekischen Sprachgruppe und leben auf dem kargen, sandig-trockenen Hochplateau des Großen Beckens. Sie besaßen keinen Mais und lebten nomadisch, da die Familiengruppen innerhalb weniger Tage alles Essbare der Umgebung verzehrt hatten. Sie ernährten sich von Wildsamen, Wurzeln, dem Mehl der Pinonbäume, Heuschrecken, der Jagd auf Präriehunde, Erdhörnchen, Kaninchen, Mäuse und Vögel und der alljährlichen Antilopentreibjagd.
In den Mythen spielen mächtige Tiergeister die Hauptrolle, der wichtigste ist der Koyote, der die Indianer alles lehrte. Schamanismus und Visionen spielen eine große Rolle im rituellen Leben. Aufgrund des kargen Lebensraumes gab es kein Kunsthandwerk bis auf wundervoll geflochtene Gegenstände aus Pflanzenfasern und Gräsern. Vom Volk der Goshute ging auch die spirituelle „Geistertanz"-Bewegung aus, die den Indianern im Kampf gegen die Weißen noch einmal Mut machte und anfangs sogar große Erfolge brachte. Mit den Weißen kamen sie erst 1847 in Kontakt, als sich mormonische Siedler im Salt Lake Valley Utahs niederließen. Nach den Mormonen kamen allerdings weitere Siedler, Regierungsagenten, der Pony-Express, die Überland-Kutschenlinie und die transkontinentale Telegraphenleitung. Die wenigen Wasserstellen wurden besetzt, das Vieh überweidete den kargen Boden.
Die Goshute, die sich heftig gegen die Nahrungskonkurrenz wehrten, wurden ab 1863 in zwei Reservate zu Füßen des Deep Creek Mountain und im Skull Valley gezwungen, wo sie ihre traditionelle Lebensweise zum größten Teil aufgeben mussten.

279) Simpson, James Harvey, Report of Explorations across the Great Basin of the Territory of Utah, 1859, S. 48.
J. H. Simpson (1813-1883) graduierte 1832 an der Militärakademie in New Jersey, wurde der Artillerie zugeteilt und nahm an den Kriegshandlungen in Florida teil. Ab 1838 arbeitete er im topographischen Ingenieurkorps und erforschte die nördlichen Seen und westlichen Prärien. 1853 wurde er zum Captain und zum Leiter des Korps ernannt. 1859 suchte er nach einer neuen Route von Salt Lake City zur Pazifikküste. Mit Ausbruch des Bürgerkrieges schloss er sich den New Jersey-Freiwilligen an, war in mehrere Kämpfe verwickelt, gefangen genommen, ausgetauscht und zunächst zum Major, dann zum Colonel befördert worden. Nach 1863 war er als leitender Ingenieur für Befestigungen und Eisenbahnen zuständig.

(Abb. 43) Aussetzen des Totenkanus

hen zu haben, wie sie ihre Toten nahe Provo, der Stadt, in der er lebte, auf diese Weise bestatteten."[280]

Bestätigt wird dieser Bericht durch Captain Simpson, der in seinem Buch erwähnt, eines Abends an einer Wasserquelle angekommen zu sein, aus der sie zunächst ein indianisches Skelett aus dem Schlamm heben mussten, bevor sie das Wasser nutzen konnten.

Diese höchst seltsame Bestattungsart ist, soweit wir wissen, absolut einzigartig. Wäre die Redlichkeit des Berichterstatters nicht ohne Makel, so könnte man ihn wohl in Frage stellen, zumal wir hier von einer Gegend sprechen, in der Wasser ausgesprochen rar ist und die Indianer höchste Sorgfalt walten lassen, um die Bäche oder Quellen, an denen sie leben, nicht zu verschmutzen. Spekulationen darüber, warum sie sich auf diese Weise ihrer Toten entledigen, sind müßig; es sei denn, wir schreiben sie der angeborenen Trägheit der Wilden zu oder dem Wunsch, die Quellen für Weiße zu verderben.

Das zweite Beispiel stammt von George Catlin[281] und bezieht sich auf die Chinook:

„... Diese kleine Trage besitzt einen Riemen, den sich die Frau über die Stirn legt, während die Wiege auf ihrem Rücken ruht. Stirbt das Kind, während es dieser unnachgiebigen Behandlung ausgesetzt ist, so wird die Wiege zu seinem Sarg. Sie wird zu einem kleinen Kanu, in dem es auf dem Wasser eines heiligen Teiches treibt, an dessen Ufer sie auch die Kanus anbinden, in welchen sich die Leichname der Alten und Jungen befinden. Häufig jedoch setzen sie diese in die Äste der Bäume, wo sie die Körper zurücklassen, damit sie unter den vielen sie umhüllenden Häuten verwesen und ihre Knochen austrocknen. So ruhen sie in ihren Kanus, mit Paddeln, um vorwärts zu kommen; Kellen, um das Wasser heraus zu schöpfen; mit Wegzehrung und Pfeifen, um die ‚lange Reise zu den ewigen Jagdgründen‘ zu bewältigen, von der ihr Volk glaubt, dass sie diese in ihren Kanus zurücklegen."

Abbildung 42 zeigt laut Catlin eine Trauerwiege. In *Abbildung 43* vertraut eine trauernde Mutter den Leichnam ihres toten Kindes der Gnade der Elemente an.

---

280) Da sauberes Wasser überlebensnotwendig ist und Leichname dieses verderben, ist kaum davon auszugehen, dass die Goshute sich tatsächlich auf diese Weise um das wenige Wasser gebracht haben, das ihnen in der Wüste zur Verfügung stand. Dass hingegen die Skelette oder Knochen und Schädel auf diese Weise bestattet werden, ist schon eher denkbar.

281) Catlin, George, History of North American Indians, 1844, Band ii, S. 141.

Offene Bestattungen

Der gelehrte Monsieur Pierre Muret bezeichnet diese merkwürdigerweise als *lebende Grabstätten*[282], um den Verzehr der Toten durch Tiere oder die zurückgebliebenen Freunde und Verwandten zu beschreiben. Wie die Toten Tieren zugänglich gemacht werden, wurde bereits an anderer Stelle erwähnt. Da in dieser Hinsicht aber jeder Beweis fehlt, ist davon auszugehen, dass die nordamerikanischen Indianer diesem Brauch nicht anhingen, auch wenn Kannibalismus in begrenztem Maße auftrat. Wahr ist, dass einige diesbezügliche Berichte existieren. Allerdings werden diese stark in Zweifel gezogen, und daher führe ich lediglich einen an, um zu zeigen, wie leichtgläubig die ersten Autoren waren, die über die amerikanischen Ureinwohner schrieben.

Dass diese Art der Bestattung unüblich war, ist bemerkenswert, wenn man bedenkt, wie viele Übereinstimmungen sich beim Vergleich der Bestattungssitten der Alten und der Neuen Welt finden, und auch die Berichte von Bruhier, Lafitau, Maret und anderen geben uns viele Beispiele für diese besondere Bestattungsart.

So aßen die Tataren zu gewissen Gelegenheiten ihre Toten, ebenso die Massageten[283], die Padaei[284], die Derbicer[285] und die Effeder[286]. Sie strangulierten die Alten und vermischten ihr Fleisch mit dem eines Schafes[287]. Horaz und Tertullian bestätigten beide, dass die Iren und die Briten alter Zeiten die Toten verzehrten; und Lafitau[288] gibt an, dass manche Stämme Südamerikas ebenso verfahren würden, da sie

---

282) Auch Himmels- oder Luftbestattungen genannt, in denen der Leichnam als Ganzes oder zerteilt den Elementen und Aasfressern zugänglich gemacht wird. Je schneller das Fleisch verzehrt ist und die Knochen bloßliegen, desto reiner der Lebenswandel auf Erden und die unsterbliche Seele.

283) Die Massageten waren ein indoeuropäisches Reitervolk, das im 7. Jahrhundert v.u.Z. zwischen dem Kaspischen Meer und dem Aralsee lebte.
Herodot berichtete in seinen Historien, dass dieses Volk von Königinnen beherrscht wurde und Kriegerinnen gleichberechtigt neben den Männern kämpften. Ihre direkten Nachbarn waren die Skythen, Saken und Issedonen. Später verschmolzen sie mit den Sarmaten, deren von den Römern in Dienst gezwungene Reiter vielleicht einst König Arthurs Tafelrunde bildeten.

284) Auch diese werden bei Herodot erwähnt. Es soll sich um eine indische Stammesgemeinschaft gehandelt haben, die ihre Angehörigen beim kleinsten Anzeichen einer Krankheit oder eines Siechtums durch einen gleichgeschlechtlichen Verwandten töten ließen, um sie danach sofort in einem entsprechenden Festrahmen zu verzehren. Bis heute ist ihre wahre Identität umstritten, da diverse indigene Völker und Stämme Indiens und des Pazifiks in Frage kommen.

285) Zoroastrisches Reitervolk Persiens, das seine Toten nicht verzehrte, sondern in Himmelstürmen bestattete, damit Aasfresser diese Aufgabe übernahmen, so dass die heilige Erde und das heilige Feuer nicht verunreinigt würden. Berichte über ihren Kannibalismus sind in Zweifel zu ziehen.

286) Persischer Stamm, der ebenfalls dem Zoroastrismus huldigte, die Toten also von Aasfressern verzehren ließ und sie eher nicht selbst zu sich nahm.

287) Laut Herodots Historien. Andere Belege gibt es nicht.

288) Joseph Lafitau (1681-1746) war ein französischer Jesuitenmissionar und Ethnograph. In Bordeaux geboren, lebte er von 1712-1717 unter den Irokesen, über deren Lebensweise er ein Buch veröffentlichte, wobei er eine für die Zeit ungewöhnliche Objektivität an den Tag legte und sich später, wenn auch

dies für ehrenhafter erachteten als das Verrotten und Gefressenwerden durch Würmer.

J.G. Wood merkte in seinem bereits zitierten Werk an, dass die afrikanischen Fan[289] ihre Toten verzehren würden, diese Bestattungsart aber nur auf die niederen Stammesangehörigen zuträfe, während die Könige und Häuptlinge mit dem entsprechenden Pomp zu Grabe getragen würden.

Zu Ehren unserer eigenen Wilden sei vermerkt, dass diese barbarische und abstoßende Praxis nie zu ihren Bestattungssitten zählte.

---

nur bedingt erfolgreich, für deren bessere Lebensumstände einsetzte. Südamerika hingegen bereiste er nie.

289) Häufiger Fang genannt, afrikanischer Bantustamm, der zur Gruppe der Pangwe (auch Mpangwe, Pahouin) gehört. Ihre Sprache wird in der ganzen Nordhälfte Gabuns, in Äquatorialguinea und Südkamerun gesprochen. Sie wanderten ab dem 16. Jahrhundert, vor allem aber im 18. und 19. Jahrhundert von den Savannen Südkameruns südwestwärts bis an die Küstenzonen Gabuns, wo sie sich 1870 niederließen. Auf ihrem Zug zur Küste Kameruns wurden sie 1895 durch die deutsche Kolonialmacht aufgehalten. Ihr Vordringen in andere Gebiete war einerseits auf die Nährstoffverarmung der Regenwaldböden durch Brandrodung und Wanderfeldbau zurückzuführen, andererseits von den Wanderungen der Elefantenherden abhängig, deren Elfenbein ihr wichtigstes Handelsgut darstellte. Für beide Geschlechter spielten Geheimgesellschaften mit eigenen Riten, Zeremonien und Liedern eine große Rolle. Besonders in vorkolonialer Zeit waren sie für ihre Holzskulpturen und -masken sowie ihre Elfenbeinschnitzereien und ihr Schmiedehandwerk berühmt. Sie besitzen bis heute einen großen Reichtum an Liedern, mündlich überlieferten Geschichten, Märchen und Ursprungslegenden.

Mit Begräbnissen verbundene Zeremonien

Die folgenden Themen sind eng mit der Bestattung verbunden, und einige wurden hier bereits angesprochen. Dennoch erscheint es von Vorteil, auf einige Beispiele noch einmal gesondert einzugehen.

Trauer

Eine der am detailreichsten beschriebenen Trauerszenen anlässlich des Todes eines Crow-Häuptlings findet sich in der Autobiographie von Beckwourth[290], der viele Jahre bei diesem Volk lebte und als großer Krieger hohes Ansehen genoss:

„Ich sandte einen Boten ins Dorf, um sie vom Ableben des Oberhäuptlings in Kenntnis zu setzen. Nachdem wir ihn gemäß seiner Anweisungen bestattet hatten, begaben wir uns langsam auf den Heimweg. Meine Seele fühlte sich krank bei der Vorstellung, welche Szene uns bei meiner Rückkehr erwartete. Als wir in Sichtweite des Dorfes kamen, hatten sich die Bewohner mit dem Gesicht nach unten auf den Boden geworfen. Wir betraten das Dorf, während um uns herum Schreie, Geheule und Kreischen tobten. Blut strömte bei allen, die alt genug waren, den Verlust zutiefst zu fühlen, an jedem erdenklichen Körperteil herab. Hunderte von Fingern wurden verstümmelt; ausgerissene Haare lagen in Hülle und Fülle auf den Wegen; von überall her drangen Wehgeschrei und Jammern an unsere Ohren, wo nur wenige Stunden zuvor noch ungehemmte Freude geherrscht hatte. Diese erschreckenden Trauerbekundungen hielten noch bis zum Abend des nächsten Tages an ...

Ein Bote wurde zu den anderen Dörfern geschickt, um ihnen den Tod des Oberhäuptlings mitzuteilen, ihre Anwesenheit am Rose Bud zu erbitten und sich mit den Bewohnern einer Zeit der gemeinsamen Trauer hinzugeben. Daraufhin versammelten sich mehr als zehntausend Crow am angegebenen Treffpunkt. Ein Bild solch zügelloser, lautstarker Trauer vermag keine Vorstellungskraft heraufzubeschwören noch der Zeichenstift festzuhalten. Long Hair schnitt eine lange, dicke Strähne seines Haares ab, etwas, das er noch nie zuvor getan hatte. Das Schlitzen und Hacken menschlichen Fleisches überstieg alle meine bisherigen Erfahrungen; Finger wurden abgehackt, als wären es Zweige, und Blut wurde vergossen wie Wasser. Viele der Krieger schlitzten sich fast den gesamten Arm auf. Danach trennten sie an einem Ende die Haut vom Fleisch und rissen sie mit der anderen Hand bis zur Schulter auf. Andere schnitten sich Muster in Brust und Schultern und hoben die Haut ab, um nach

---

290) Thomas D. Bonner, The Life and Adventures of James P. Beckwourth, Mountaineer, Scout, and Pioneer, and Chief of the Crow Nation of Indians, Autobiographie, 1850, S. 269.

Anm. d. amerikanischen Herausgebers: Beckwourth lebte nicht nur einige Jahre mit den Crow, er war auch ihr Kriegshäuptling und ist darüber hinaus einer der wenigen Schwarzen aus der Pelzhandelsära, über den wir eine detaillierte Berichterstattung besitzen. Dennoch sollte Beckwourth, wie im Text bereits angedeutet, mit entsprechender Skepsis gelesen werden.

Anm. d. deutschen Übersetzers: James Pierson Beckworth (1798 - ca. 1867) wurde als Sohn eines Weißen und einer Sklavin geboren. Mit achtzehn wurde er zu einem Schmied in die Lehre gegeben. Von dort lief er weg und lernte Jagen, Fischen und Fallenstellen von den Indianern, die entlang des Mississippi lebten. 1823 schloss er sich General William H. Ashleys Rocky-Mountains-Fur-Company-Expedition an und wurde durch seine überragenden Fähigkeiten als „Mann der Berge" zur Legende. Sowohl die Blackfeet als auch Crow nahmen ihn in ihren Stamm auf. Er lebte fünf Jahre bei den Crow, die ihn sogar zum Häuptling wählten. Er entdeckte den nach ihm benannten Beckwourth Pass durch die Sierra Nevada, der Goldsuchern und Siedlern den Weg nach Kalifornien sehr erleichterte. Seine Abenteuer führten ihn die Everglades Floridas bis zum Pazifik und von Südkanada bis Nordmexiko. 1854 diktierte er dem Wanderfriedensrichter Thomas D. Bonner seine Memoiren.

Heilung der Wunden entsprechende Narben vorweisen zu können. Einige der Verstümmelungen waren so schauderhaft, dass mir bei ihrem Anblick das Herz wehtat. Sie aber schienen keinerlei Schmerz zu spüren."

Es sollte an dieser Stelle nicht übersehen werden, dass viele von Beckwourths Beschreibungen *cum grano salis*[291] gewertet werden sollten.

Von I.L. Mahan, dem offiziellen Indianeragenten für die Chippewa des Lake Superior am Red Cliff in Wisconsin kam folgender detaillierter Bericht über Trauerriten:

„Es gibt wahrscheinlich kein anderes Volk, das mehr Kummer und Trauer angesichts seiner Toten offenbart als dieses. Die junge Witwe betrauert den Verlust ihres Ehemannes. Tag und Nacht vernimmt man ihr leises Schluchzen, unablässig sucht sie seine letzte Ruhestätte auf, und nur widerwillig schließt sie sich den anderen an. Freunde und Verwandte der jungen Trauernden ersinnen unablässig Gelegenheiten, um sie von den Gedanken an ihren toten Ehemann abzulenken. Sie verweigert jegliche Nahrung, aber mit fortschreitender Erschöpfung dringt man in sie, doch etwas zu sich zu nehmen. Die Verpflegung ist knapp, dennoch wird zu jeder Gelegenheit die beste und größte Portion auf dem Grab des Ehemannes abgestellt. In der Zwischenzeit haben die weiblichen Verwandten, dem Brauch entsprechend, aus verschiedenen Stoffen ein Paket gewickelt und dieses mit Perlenstickerei und Adlerfedern verziert. Dieses muss die Witwe als Erinnerung an ihren Witwenstand an ihrer Seite belassen – dem Platz, der durch das Verscheiden ihres Ehemannes verwaist ist. Über zwölf Monde hinweg ist es ihr weder gestattet, sich aufzuputzen, noch darf sie ihr Haar ölen und kämmen, um keine unerwünschte Aufmerksamkeit zu erregen. Von Zeit zu Zeit sucht eine Verwandte des Verstorbenen, die angesichts des Schmerzes und Kummers Mitleid verspürt, die Witwe auf und bietet ihr an, das vernachlässigte und verfilzte Haar auszukämmen. Mit Argusaugen wird ihr Verhalten während der Trauerzeit überwacht; und dennoch ist es ihr gestattet, zu jedem Zeitpunkt ihres Witwenstandes einen unverheirateten Bruder oder Cousin ihres verstorbenen Ehemannes oder auch eine Person aus dessen *Dodem*[292] (Familienclan) zu ehelichen.

Hat sie im Ablauf ihrer Trauerzeit alle Bräuche getreulich befolgt, so versammeln sich die weiblichen Verwandten des Verstorbenen und begrüßen die Witwe dem Anlass entsprechend. Ihr wird das Gesicht gewaschen, das Haar gekämmt und neue Kleidung überreicht. Auf diese Weise wird sie aus ihrem Gelöbnis und allen Einschränkungen entlassen. Dennoch hat sie nicht ihre völlige Freiheit zurückgewonnen. Weigert sie sich immer noch, einen Verwandten des Verstorbenen zu ehelichen, und besteht darauf, einen anderen zu wählen, so muss sie sich mit bestimmten Gütern loskaufen, die sie zum Teil bereits während ihres Witwenstandes herstellte. Dennoch

---

291) Die lateinische Redewendung *cum grano salis* geht wahrscheinlich auf Plinius den Älteren zurück und bedeutet „mit einem Körnchen Salz", also nicht alles „für bare Münze nehmen".

292) *Dodem* entstammt der Sprache der Ojibway und umfasst das Totem oder heilige Symbol sowie dessen Clan, Familie oder soziale Gruppe, die gemeinsame Vorfahren oder Verbindungen besitzen. Mitglieder desselben *dodem* durften im Allgemeinen nicht heiraten, aber Witwer und Witwen wurden angeleitet, sich einen neuen Partner im selben dodem zu wählen, dem zuvor die Ehefrau oder der Ehemann angehörten. So blieben Familienbande nicht nur stabil, sondern wurden sogar noch verstärkt.

kommt es vor, dass das Gelöbnis während der Witwenschaft missachtet wird und die Frau sich einer Neigung zum Flirten, einer Ermutigung des anderen Geschlechtes oder einer möglichen Neuvermählung außerhalb des Verwandtenkreises des Mannes öffnet. Finden die weiblichen Verwandten dies heraus, so fallen sie über die Witwe her, scheren ihr geöltes und geflochtenes Haar bis zum Nacken hoch ab und reißen ihr die Kleider und allen Schmuck vom Leib. Diese Auseinandersetzungen fordern manchmal auf beiden Seiten Opfer."

In Thomas L. McKennys[293] Beschreibung stellt sich das Los einer Chippewa-Witwe ein wenig anders dar:

„Mir fielen mehrere Frauen auf, die Kleiderrollen mit sich herumtrugen. Auf meine Frage, welche Bedeutung ihnen beizumessen sei, erfuhr ich, dass diese von Witwen mitgeführt wurden und Kennzeichen ihrer Trauer seien. Verliert eine Frau der Chippeway ihren Ehemann, so ist es unerlässlich, dass sie ihre beste Kleidung – und diese ist nicht einmal einen Dollar wert – aufrollt und mit Hilfe der Schärpen ihres Mannes zusammenhält. Besaß er Zierrat, so wurde dieser an der Außenseite der Rolle befestigt und um all dieses ein weiteres Stück Stoff gewickelt. Dieses Bündel wird als ihr Ehemann bezeichnet, und es wird erwartet, dass sie sich niemals ohne dieses zeigt. Geht sie hinaus, so trägt sie es bei sich; sitzt sie in ihrer Wohnstätte, so ruht es neben ihr. Dieses Kennzeichen der Witwenschaft und der Trauer muss die Witwe solange mit sich herumtragen, bis die Familie des Verstorbenen sie anspricht und es ihr abnimmt. Dies geschieht, wenn sie der Auffassung sind, das der Trauer Genüge getan wurde, was im Allgemeinen nach einem Jahr eintritt. Zu diesem Zeitpunkt, und keinesfalls vorher, wird sie aus der Trauer entlassen und darf erneut den Bund der Ehe eingehen. Es ist ihr Vorrecht, den vormaligen ‚Ehemann‘ zur Familie des Verstorbenen zu tragen und ihn dort zu belassen. Allerdings wird diese Handlung als unziemlich empfunden und ist daher eher selten. Manchmal nimmt der Bruder des Verstorbenen die Witwe an dessen Grab zur Frau. Dies geschieht während einer Zeremonie, in der sie über das Grab schreitet. Ihm steht das Recht zu, dies zu tun. In diesem Fall wird die ehemalige Witwe von den Trauerpflichten entbunden. Entscheidet sie selbst, so hat sie das *Recht*, zu ihm zu gehen, und ihm obliegt die *Pflicht*, sich ihrer anzunehmen.

Heute besuchte ich eine Wohnstätte, wo ich eines dieser Andenken sah. Die Größe ist abhängig von der Menge der Kleidung, die die Witwe ihr eigen nannte. Von ihr wird erwartet, das Beste aufzurollen und das am meisten Verschlissene zu tragen. Der ‚Ehemann‘, den ich zu Gesicht bekam, maß in der Höhe einen Meter und im Durchmesser fünfzig Zentimeter.

Der Übersetzer teilte mir mit, dass ihm eine Frau bekannt sei, die jahrelang auf diese Weise trauern musste, da niemand von der Familie ihres Ehemannes das Zeichen ihrer Trauer einforderte. Irgendwann berichtete ihr jemand, dass einige seiner Familienmitglieder in der Nähe vorbeikämen, und man riet ihr, das Problem mit ihnen zu besprechen. Dies tat sie und setzte ihnen auseinander, dass sie lange genug getrauert hätte und sehr arm sei. Sie besaß nichts, um sich neue Kleidung zu kaufen.

---

293) McKenney, Thomas Lorraine, Sketches of a Tour to the Lakes, 1827, S. 292.

(Abb. 44) Chippewa-Witwe

All ihre bisherigen Sachen standen ihr nicht zur Verfügung, denn sie waren in ihrem Trauerbündel gebunden und somit heilig. Sie verlieh ihrer Hoffnung Ausdruck, dass ihre Bitte nicht als Heiratswunsch gewertet würde, sondern sie allein in die Lage versetze, neuer Kleidung habhaft zu werden. Sie antworteten ihr, dass ‚sie nach Mackinac gingen und darüber nachzudenken gedachten'. Und so ließen sie sie in dieser Unsicherheit zurück. Als sie bei ihrer Rückkehr feststellten, dass sie immer noch treulich die Bräuche befolgte, nahmen sie ihr ihren ‚Ehemann' ab und schenkten ihr neue Kleider. Auf diese Weise wurde sie für ihre Standhaftigkeit belohnt und angenehm ausgestattet.

Die Witwen der Choctaw zeigen ihren Kummer, indem sie während der Trauerzeit, die gewöhnlich ein Jahr dauert, nicht ein einziges Mal ihre Haare kämmen. Zum Zeichen der Trauer färben die Chippeway-Männer ihre Gesichter schwarz.

Ich vergaß zu erwähnen, dass beim Austausch von Geschenken der ‚Ehemann', das Kennzeichen der Trauer, im gleichen Maße bedacht wird, als wäre er eine lebende Person.

Eine Chippewa-Mutter, die ihr Kind verlor, fertigt nach bestem Können ein Abbild von diesem an, kleidet es genauso wie ihr lebendes Kind und setzt es in die Trage, von der ich bereits berichtete. Sie hegt und pflegt es, als wäre es lebendig, indem sie kleine Nahrungshäppchen zu seinem Mund führt und ihm alles gibt, was auch dem lebenden Kind zustand. Dieser Brauch wird ebenfalls ein Jahr lang eingehalten."

Abbildung 43 zeigt eine Chippewa-Witwe, die den Ersatz für ihren toten Ehemann in den Armen hält.

Die aus Lumpen, Fellen und anderen Materialien hergestellte, „greifbar" gemachte Erinnerung an den toten Ehemann ist nicht auf die Chippewa beschränkt. Auch andere Stämme folgen diesem Brauch. Bei manchen obliegt den Witwen die Pflicht, für eine Zeitlang stets ein Bündel mit den Knochen des verstorbenen Gatten bei sich zu tragen.

Ähnliche Bräuche befolgen laut Bancroft[294] auch manche Indianerstämme Mittelamerikas. Die der Sambo[295] und Mosquitos werden wie folgt beschrieben:

„Die Witwe war verpflichtet, die Grabstätte ihres Ehemannes ein Jahr lang zu versorgen. Danach sammelte sie die Knochen ein und trug diese ein weiteres Jahr stets bei sich. Zuletzt legte sie diese auf dem Dach ihrer Wohnstätte ab. Danach durfte sie erneut heiraten."

---

294) Bancroft, George, Native Races of the Pacific States of North America, 1874, Band I, S. 731, 744.

295) Die Sambo sind einer von zwei Stämmen der Miskitu-Indianer an der atlantischen Küste Nicaraguas, die vor allem im Gebiet des Sambo Creek leben. Dieser Stamm unterscheidet sich von den überwiegend indigenen Tawira Miskitu oder Wangki („die Glatthaarigen") durch eine starke afro-kreolische Vermischung. Diese ist auf ein Sklavenschiff zurückzuführen, das an der Küste strandete. Die überlebenden Afrikaner vermischten sich mit dem Indianerstamm und bildeten die Sambo oder Zambo (eine abfällige Bezeichnung der Spanier für afro-indianische Mischlinge). Dieser Stamm wurde zum Traum und Fluchtziel vieler weiterer Sklaven. Da die Spanier eine strenge Abstammungshierarchie aufstellten, die Briten die Sambo aber als Verbündete anständig behandelten, kämpfte dieser Stamm während des gesamten britischen Protektorates auf deren Seite und wehrte sich später vehement gegen spanische Herrschaftsansprüche.

Benson [296] schrieb den folgenden Bericht über die Riten der Choctaw, der die Bestattung des Leichnams, den Leichenschmaus und –tanz abhandelt:

„Die Bestattung wird von ihnen als ‚der letzte Schrei' gestaltet.

Wenn der Ehemann stirbt, versammeln sich seine Freunde, bereiten die Grabstätte vor, legen den Leichnam dort ab, verfüllen sie aber noch nicht. Das Gewehr, der Bogen und die Pfeile, das Kriegsbeil und das Messer sind Grabbeigaben. Am Kopf und an den Füßen stellt man Pfähle auf, an denen Fahnen befestigt werden. Danach wird das Grab von einem Pfahlzaun eingeschlossen. Nun beginnen die Bestattungsriten, bei denen die Witwe als Haupttrauernde erscheint. In der Nacht und am Morgen begibt sie sich zum Grab und stößt das Mitleid erregendste Geschrei und Geheule aus. Ob weitere Familienmitglieder aktiv an diesem ‚Schrei' teilnehmen, ist eher nebensächlich, wiewohl sie sich natürlich beteiligen.

Während die Witwe sich nach dem Tode ihres Mannes einen ganzen Mond lang jeden Tag zur Grabstätte begibt, vernachlässigt sie jegliche Körperpflege. Am Abend des letzten Tages dieses Monats versammeln sich alle Freunde in der Hütte der untröstlichen Witwe und bringen Speisen für ein üppiges Festmahl. Dieses besteht aus Mais und getrocknetem Fleisch, die zusammen in einem Kessel gekocht werden. Während der Vorbereitungen für das Abendessen begibt sich die Witwe zum Grab und ergibt sich ihrem ungewöhnlich heftigen und bitteren Jammern und Wehklagen. Ist das Essen ausreichend gekocht, nimmt man den Kessel vom Feuer und stellt ihn in der Mitte der Hütte ab. Die Freunde versammeln sich darum und reichen einen Löffel aus Büffelhorn von Hand zu Hand und Mund zu Mund, bis alle mehr als gesättigt sind. Während das Abendessen bereitgestellt wird, ziehen sich zwei der ältesten Männer leise zurück, begeben sich zum Grab, füllen es auf und nehmen die Fahnen ab. Danach versammeln sich alle zum Tanz, der häufig bis zum Morgen andauert. Auch die Witwe säumt nicht in ihrer Pflicht, daran teilzunehmen und ihren Teil zum Fest beizutragen. Dies ist ‚der letzte Schrei', mit dem die Tage der Trauer enden und der Witwe gestattet wird, sich neu zu vermählen. Die Riten sind absolut identisch, wenn ein Mann seine Frau verliert, und sie weichen nur gering von diesen ab, wenn andere Familienmitglieder sterben. Sklaven werden ohne jedwede Riten begraben."

---

296) Benson, Henry C., Life Among the Choctaw Indians And Sketches of the Southwest, 1860, S. 294. Henry C. Benson (1815-?) wurde 1842 Methodisten-Pfarrer. 1852 siedelte er nach Kalifornien, später nach Oregon um, wo er den „Pacific Christian Advocate" herausgab. Zudem verbrachte er mehrere Jahre als Missionar bei den Choctaw.

Opferungen

Beispiele für Menschenopfer wurden hier bereits im Zusammenhang mit anderen Schwerpunkten behandelt, einige weitere dürften jedoch durchaus von Interesse sein. Das erste bezieht sich auf die Natchez[297] in Louisiana[298]:

„Wenn ihr Herrscher starb, begleiten ihn seine Frauen und mehrere seiner Untergebenen zur Grabstätte. Die niederen Sonnen achteten darauf, demselben Brauch zu folgen. Das Gesetz sah zudem vor, dass jeder Natchez, der ein Mädchen vom Geblüt der Sonne zur Frau nahm, bei ihrem Tod ebenfalls zum Sterben verdammt war. An dieser Stelle muss ich Ihnen die Geschichte eines Indianers erzählen, der nicht bereit war, sich diesem Gesetz zu unterwerfen. Sein Name war Elteacteal. Er ging mit seiner Eheschließung eine Allianz mit den Sonnen ein. Allerdings erwies sich diese Ehre als eher unglücklich. Seine Frau wurde schwer krank. Als er sah, dass sie dem Tode nahe war, floh er, schiffte sich auf einer *piraqua*[299] auf dem Mississippi ein und landete in New Orleans. Er stellte sich unter den Schutz von Monsieur de Bienville, dem damaligen Gouverneur, und bot sich diesem als Jagdhüter an. Der Gouverneur nahm ihn in seine Dienste, interessierte sich seinetwegen für die Natchez und teilte ihm sodann mit, dass er nichts mehr zu fürchten habe, da die Zeremonie abgeschlossen sei und er daher nicht länger von Gesetzes wegen gesucht werde.

Auf diese Weise abgesichert, wagte sich Elteacteal in die Heimat zurück. Er ließ sich dort nicht mehr nieder, unternahm aber mehrere Reisen dorthin. Er befand sich just vor Ort, als Stung Serpent, der Bruder der Großen Sonne, verstarb. Dieser war ein Verwandter von Elteacteals verstorbener Frau, woraufhin man dort beschloss, ihn in seine Pflicht zu nehmen. Monsieur de Bienville war nach Frankreich zurückberufen worden, und der Herrscher der Natchez leitete daraus ab, dass die Abwesenheit seines Mentors den Schutzstatus Elteacteals aufhebe. Daher ließ er ihn gefangen setzen. Sobald sich der arme Kerl zusammen mit den anderen zukünftigen Opfern von Stung Serpent in der Hütte des obersten Kriegshäuptlings wiederfand, ergab er sich haltlos seinem Kummer. Die Lieblingsfrau der verstorbenen Sonne, die ebenfalls als Opfer vorgesehen war und den Vorbereitungen für ihren Tod gefasst entgegensah, ja sogar ungeduldig darauf wartete, wieder mit ihrem Mann vereint zu sein, hörte Elteacteals Klagen und Seufzen und fragte ihn: ‚Bist du denn kein Krieger?‘ Er antwortete: ‚Doch, ich bin einer.‘ ‚Und doch‘, fuhr sie fort, ‚klagst du, als sei das Leben dir teuer. Sollte dies der Fall sein, so ist es nicht gut, dass du uns, die Frauen, begleitest.‘ Elteacteal erwiderte: ‚Das ist wahr, das Leben ist mir teuer. Es wäre besser, ich würde weiter über die Erde schreiten bis zum Tod der Großen Sonne und mit ihr sterben.‘ ‚So

---

297) Der oberste Herrscher der Natchez hieß „Die große Sonne". Alle Angehörigen, hohen Adeligen und Unterkönige waren „Kleine Sonnen".

298) Bossu, F., Nouveaux voyages aux Indies occidentals, Paris 1768, Übersetzung: Travels Through That Part of North America Formerly Called Louisiana. Kurztitel: Bossu's Travels (Übers. J. Foster), 1771, S. 38.

299) „Einbaum"

(Abb. 45) Bestattungszeremonie der Natchez
Feierliche Bestattungszeremonie für Tatoo Serpent, einen Kriegshäuptling der Natchez.
Frühes 18. Jahrhundert. Mississippi.
„Die Natchez behielten bis ins frühe 18. Jahrhundert eine Bestattungszeremonie bei, die
auf die Mississippikultur zurückgeht. Über die Bestattung von Tatoo Serpent berichtete
der Franzose Le Page du Pratz in seinen Memoiren. Die Abbildung zeigt, wie der Leich-
nam des Häuptlings zu dem Tempel auf der Spitze einer oben abgeplatteten Erdpyramide
empor getragen wird. Seine Ehefrauen und Gefolgsleute werden getötet, wenn der Leich-
nam an ihnen vorbeikommt, damit sie ihn ins Land der Toten begleiten können.“

gehe denn', erklärte die Favoritin, ‚denn es ist nicht gut, dass du mit uns gehst, dein Herz sich aber an die Erde klammert. So gehe jetzt und komme mir nie mehr unter die Augen.'

Elteacteal wartete nicht auf eine erneute Aufforderung. Er verschwand wie der Blitz. Drei alte Frauen, von denen zwei zu seinen Verwandten gehörten, boten an, seine Pflicht zu übernehmen. Ihr Alter und ihre Hinfälligkeit widerten sie an und machten sie des Lebens müde. Beide waren schon eine ganze Weile nicht mehr in der Lage, sich ihrer Beine zu bedienen. Im Haar jener beiden, die mit Elteacteal verwandt waren, zeigte sich nicht mehr Grau als bei französischen Frauen von fünfundfünfzig Jahren. Die dritte alte Frau war hundertzwanzig Jahre alt und hatte weißes Haar, was unter den Indianern sehr ungewöhnlich ist. Keine der drei hatte stark faltige Haut. Sie wurden am Abend getötet; eine vor der Tür von Stung Serpent und die anderen beiden auf dem Tempelvorplatz. ... Eine Schlinge mit einem Slipknoten[300] wurde um ihren Hals gelegt, und acht mit ihnen verwandte Männer erwürgten sie, indem vier die Schlinge in die eine und vier in die andere Richtung zuzogen. So viele sind wahrlich übertrieben, aber durch diese Opferung steigen sie in den Adel auf, und so stehen immer mehr zur Verfügung, als benötigt werden. Die Strangulierung dauerte nur einen Augenblick. Die großzügige Hingabe dieser Frauen gab Elteacteal das Leben zurück und stellte seine Ehre wieder her, die durch seine Furcht vor dem Tod besudelt war. Danach verhielt er sich unauffällig. Später nutzte er das Wissen, das er sich bei den Franzosen angeeignet hatte, wurde Zauberkünstler und führte seine Landsleute mit seinen Tricks hinters Licht.

Am Morgen nach dieser Opferung bereiteten sich alle auf das letzte Geleit vor, und als die rechte Stunde anbrach, erschien der oberste Zeremonienmeister, dem großen Anlass gemäß ausstaffiert, an der Tür der Hütte. Die Opfer, die den verstorbenen Prinzen in das Haus der Geister begleiten sollten, traten vor: Die Lieblingsfrau des Verstorbenen, seine zweite Frau, sein Kanzler, sein Arzt, sein Leibdiener und einige der alten Frauen.[301]

Die Favoritin begab sich an die Seite der Großen Sonne, bei der sich schon einige Franzosen aufhielten, um sich von ihm zu verabschieden. Sie ordnete das Erscheinen jener Sonnen beider Geschlechter an, die ihre Kinder waren und sprach wie folgt zu ihnen:

‚Kinder, dies ist der Tag, an dem ich mich aus euren Armen reiße, um eurem Vater zu folgen, der im Land der Geister auf mich wartet. Gäbe ich euren Tränen nach, so würde ich meiner Liebe unrecht tun und an meiner Pflicht Verrat begehen. Ich habe euch gegenüber alles getan, indem ich euch unter meinem Herzen trug und euch an meiner Brust nährte. Ihr, die ihr von meinem Blut abstammt und von meiner Milch trankt, warum solltet ihr jetzt Tränen vergießen? Seid lieber freudig stolz darauf, dass ihr Sonnen und Krieger seid. Ihr seid dazu bestimmt, der gesamten Nation ein Vor-

---

300) Schlingknoten, der sich bei Zug schließt.

301) *Anm. d. amerikanischen Herausgebers.*: Der Autor und die meisten anderen, die hier ihre Beobachtungen beisteuerten, sind von Beruf Arzt. Sollte der entsprechende Bericht wahr sein, so mag dieser Umstand erklären, warum diese Autoritätspersonen ein Volk kaum als „zivilisiert" bezeichnen, wenn sie den Leibarzt eines Herrschers zwingen, diesem in den Tod zu folgen, nur weil sein Können nicht ausreichte.

bild an Standhaftigkeit und Mut zu sein. Geht, meine Kinder, denn ich habe allen euren Bedürfnissen Genüge getan, indem ich euch Freunde schuf. Meine Freunde und die eures Vaters sind auch eure Freunde. Ich lasse euch in ihrer Mitte zurück. Sie sind Franzosen, gesegnet mit zärtlichem Herzen und Großzügigkeit. Erweist euch ihrer Wertschätzung würdig, indem ihr euch nicht von eurer Rasse abkehrt oder ihr Schande bereitet. Geht immer offen und ehrlich mit ihnen um und behandelt sie nie herablassend.

Und euch Franzosen empfehle ich meine verwaisten Kinder an. Sie werden keine anderen Väter kennen als euch. Es ist eure Pflicht, sie zu beschützen.'

Danach erhob sie sich und begab sich, gefolgt von ihrem Geleit, erstaunlich gefasst zurück zur Hütte ihres Ehemannes.

Eine adelige Frau, die sich Stung Serpent in besonderer Freundschaft verbunden fühlte, schloss sich aus eigenem Willen der Gruppe der Opferwilligen an, um ihm in die jenseitige Welt zu folgen. Die Europäer bezeichneten sie aufgrund ihrer königlichen Haltung und stolzen Art als hochmütige Dame. Auch gab sie sich nur mit Franzosen von höchstem Rang ab. Sie bedauerten ihren Weggang sehr, denn sie besaß Heilwissen, mit dem sie vielen unserer Kranken das Leben rettete. Der bewegende Anblick erfüllte unsere Leute mit Trauer und Abscheu. Die Lieblingsfrau des Verstorbenen erhob sich und sprach sie mit einem Lächeln an: ,Ich sterbe ohne Angst und ohne Kummer, der mir die letzten Stunden verbittern könnte. Ich empfehle euch noblen Franzosen meine Kinder an, wann immer ihr sie antrefft. Erinnert euch daran, dass ihr ihren Vater liebtet und er bis zur Stunde seines Todes ein treuer und wahrer Freund eurer Nation war, die er mehr als sich selbst liebte. Der Herr über das Leben entschied, ihn zu sich zu rufen, und auch ich werde schon bald gehen und an seine Seite treten. Ich werde ihm berichten, wie sehr der Anblick seines Leichnams euch ans Herz ging. Trauert nicht, denn wir werden im Land der Geister sehr viel länger Freunde sein als hier, da der Tod uns dort nicht heimsucht.'[302]

Bei diesen Worten stiegen allen Franzosen die Tränen in die Augen. Sie sahen sich genötigt, die Große Sonne mit aller Macht davon abzuhalten, Selbstmord zu begehen, denn er war außer sich vor Kummer über den Tod seines Bruders. Er war es gewohnt, die Last der Regierung diesem zu überlassen, denn er selbst war oberster Kriegshäuptling der Natchez, also der oberste General ihrer Armeen. Dieser Prinz kämpfte wütend gegen den Widerstand der anderen. Er umklammerte den Lauf seines Gewehrs, und die Sonne, sein voraussichtlicher Erbe, hielt es am Bügelschloss und ließ das Pulver aus der Pfanne rieseln. Die Hütte war voller Sonnen, Adeliger und hochgestellter Personen, die alle zitterten und bebten. Die Franzosen aber beruhigten sie, indem sie alle Waffen ihres Herrschers verbargen und den Lauf seines Gewehrs mit Wasser füllten, so dass es für die nächste Zeit unbrauchbar war.[303]

---

302) *Anm. d. amerikanischen Herausgebers*: Laut Aussage einiger zeitgenössischer Autoritäten ließ man die Opfer zur festgelegten Stunde kleine Tabakpillen schlucken, damit sie benommen und die Schmerzen weniger spüren würden. Danach wurden sie stranguliert und auf Matten ausgelegt. Die Lieblingsfrau lag zur Rechten, die andere zur Linken, alle weiteren gemäß ihrem Rang.

303) Die traditionsgemäße Einteilung bei diesen Indianern war wie folgt: Die Sonnen, nächste Verwandte der Großen Sonne, nahmen den höchsten Status ein. Als nächstes folgten die Adeligen, darauf

Sobald die Sonnen erkannten, dass das Leben ihres Herrschers sicher war, dankten sie den Franzosen und drückten ihnen die Hände, ohne dabei allerdings auch nur ein Wort zu äußern. Es herrschte eine tiefgreifende Stille, da Kummer und Ehrfurcht die anwesende Menge im Bann hielten.

Die Ehefrau der Großen Sonne wurde während der Geschehnisse von großer Furcht ergriffen. Man fragte sie, ob sie krank sei, und sie antwortete hörbar: ‚Ja, so ist es‘, und fügte leiser hinzu: ‚Sollten die Franzosen dieses Haus verlassen, so wird mein Ehemann und mit ihm alle Natchez sterben. Bleibt also, ihr tapferen Franzosen, denn eure Worte sind machtvoll wie Pfeile. Und wer sonst hätte denselben Mut bewiesen? Ihr seid seine wahren Freunde und auch die seines Bruders.‘ Ihre Gesetze verlangen, dass die Ehefrau der Großen Sonne diesem ins Grab folgt. Ohne Zweifel war dies die Quelle ihrer Furcht. Ihre Dankbarkeit gegenüber den Franzosen, die sich dafür einsetzten, sein Leben zu bewahren, veranlasste sie also, auf die oben beschriebene Weise das Wort zu ergreifen.

Die Große Sonne reichte den Offizieren die Hand und richtete das Wort an sie: ‚Meine Freunde, mein Herz ist so überwältigt vom Kummer, dass ich nicht bemerkte, dass ihr all diese Zeit gestanden habt, obwohl meine Augen doch offen standen. Genauso wenig bat ich euch, Platz zu nehmen. Bitte entschuldigt das übergroße Ausmaß meiner Qual.‘

Die Franzosen versicherten ihm, dass Entschuldigungen unnötig seien und dass sie ihn allein lassen würden; ja dass sie nicht länger seine Freunde seien, sofern er nicht den Befehl gäbe, die Feuer erneut zu entzünden, sein eigenes als aller erstes. Sie würden ihn sodann erst verlassen, wenn sein Bruder im Grabe läge.[304]

Er ergriff die Hand jedes einzelnen Franzosen und versicherte ihnen: ‚Da alle Häuptlinge und adeligen Offiziere meinen Verbleib auf dieser Erde wünschen, so will ich dem entsprechen. Ich werde mich nicht selbst töten. Lasst umgehend die Feuer entzünden und ich werde warten, bis der Tod mich mit meinem Bruder vereint. Ich bin bereits alt, und bis ich sterbe, werde ich meinen Weg zusammen mit den Franzosen gehen, denn wären sie nicht gewesen, so wäre ich meinem Bruder gefolgt, und alle Straßen wären übersät mit den Körpern der Toten.‘‘

So unglaublich sich dieser Bericht auch anhören mag, so wurde er doch von den weisesten und sorgfältigsten ethnologischen Autoren gestützt. Die scheinbare Romantisierung verschwindet, wenn wir uns ähnlicher Zeremonien bei den Völkern der Alten Welt erinnern.

---

die Ehrenwerten und zuletzt das gemeine Volk, das sehr verachtet wurde. Da der Adelsstand über die Frauen weitergegeben wurde, wuchs dieser ständig an.

304) Die Große Sonne ordnete an, alle Feuer zu löschen, was nur anlässlich des Todes eines Herrschers geschieht.

Ein offensichtlich verbürgter Fall von versuchten Opferungen am Grab stammt von Miss J.J. Allen[305] und bezieht sich auf die Wascopums[306] in Oregon:

„Schließlich und endlich, eher übermittelt durch bedeutungsvolle Blicke und Gesten, stellte sich heraus, dass der Häuptling beschlossen hatte, den besten Freund des verstorbenen Jungen, der mit ihm Kaninchen jagte, Fasane fing und in den Flüssen fischte, mit auf die Reise in die Geisterwelt zu schicken. Sein Sohn sollte sich nicht ohne seinen Gefährten in einer fremden Welt wiederfinden. Dieser Gefährte sollte durch die Hand des eigenen Vaters sterben und mit dem Sohn zusammen ins Totenhaus gebracht werden. Dieses Gebäude hatte man auf einem langen, schwarzen Felsen in der Mitte des Columbia-Flusses errichtet. Da dieser sich nahe dem Wasserfall befand, war die Strömung um ihn herum sehr stark. Das Totenhaus maß knapp zehn Meter in der Länge und etwa die Hälfte in der Breite. Es war vom Wasser umschlossen und bis auf ein Ende vollkommen überflutet. Dort befand sich eine enge Öffnung, die gerade ausreichte, um einen Leichnam hineinzutragen. Der Rat überstimmte den Häuptling, und der kleine George wurde nicht getötet, sondern stattdessen bei Sonnenuntergang in das Totenhaus gebracht. Auf beiden Seiten stapelten sich die Toten, nur in der Mitte verblieb ein schmaler Korridor. Auf einem dieser Haufen ruhte der tote Junge. Fest gebunden, so dass das violett angelaufene Fleisch um die starken Rindenriemen herum anschwoll und er schnell sterben möge, wurde der lebende Junge an seine Seite gelegt. Das Gesicht wurde diesem so nahe gebracht, dass die Lippen sich berührten. Man streckte ihn aus, bis jedes Glied und jeder Fuß aneinander lagen.

---

305) Allen, A. J., Ten Years in Oregon. Travels and adventures of Dr. E. White and a lady, west of the Rocky Mountains; with incidents of two sea voyages via Sandwich Islands around Cape Horn, containing, also, a brief history of the missions and settlement of the country, description of the soil, production and climate, 1850, S. 261.

A.J. Allen ist eine Frau, deren offensichtlicher Abenteuergeist und vor allem dessen Umsetzung für die damalige Zeit trotz aller Pioniersfrauen doch recht ungewöhnlich ist. Mehr ließ sich über sie leider nicht herausfinden.

306) Die Wasco, abgeleitet von *wacqó* (Becher oder kleine Schale aus Horn), sind ein Volksstamm der Penuti-Chinook-Sprachgruppe, der seit 10.000 Jahren im Tal des Columbia-Flusses im heutigen Oregon sesshaft war.

Ihr Name *Galasqó* („Jene die den Becher besitzen/Jene die *wacqó* gehören") leitet sich von einem becherförmigen Felsen ab, der sich in der Nähe ihrer Hauptsiedlung erhob. Sie ernährten sich hauptsächlich vom Lachsfang, fingen aber auch Störe und andere Fische. Hinzu kamen Wurzeln und Beeren. Die Jagd spielte nur eine geringe Nebenrolle. Sie waren bekannt für ihre praktische wie religiöse Schnitzkunst, die von Löffeln und Schüsseln bis zu Figuren reichte, sowie das Flechten von Taschen und Körben. Sie wohnten im Winter in Grubenhäusern mit Dächern aus Zedernholzschindeln und im Sommer in Ständerhäusern mit Rindenwänden, in denen mehrere Familien lebten. Die Gesellschaft bestand aus der erblichen Häuptlingsfolge, den gewöhnlichen Stammesmitgliedern und den Sklaven. Auffällig war die Abflachung der Stirn, die in frühester Kindheit vorgenommen wurde, sowie das fünffache Durchstechen der Ohrläppchen. Mitglieder des Stammes, die diese Merkmale nicht aufwiesen, waren nicht besser als Sklaven angesehen.

Die Wasco nutzten zur körperlichen wie spirituellen Reinigung Schwitzhütten. Wichtige Zeremonien waren immer von bestimmten Tänzen und Gesängen begleitet. Spirituellen Schutz erhielt nur der einzelne durch ganz persönliche Krafttiere, Clan- oder Stammestotems existierten nicht. Lediglich der Coyote als göttlicher Lehrer ist eine übergeordnete Figur von herausragender Bedeutung für alle. Die Wasco waren mit den Wishram-Stämmen Tlakluit und Echeloot so eng verwandt, dass ihre Sprache und Kultur identisch waren. Dennoch wurden sie getrennt und in verschiedene Reservate geschickt.

1822 zählte man 900 Wasco, 1855 lebten in der Warm Springs Reservation gerade noch 200.

Sie schmiegten ihn tief in die verrottenden Leiber, um seine Atmung soweit wie möglich zu unterbinden und sein Weinen zu dämpfen."

Bancroft[307] führt an, „dass die Sklaven, die an den Gräbern der Azteken und Tarasco[308] geopfert wurden, aus verschiedenen Berufen ausgewählt wurden. Sie nahmen auch die von den Meistern am höchsten geschätzten Artikel und Werkzeuge mit, um deren Bedürfnisse zu befriedigen."

Bei gewissen mittelamerikanischen Stämmen war der Gang in den Tod freiwillig, und Ehefrauen, Diener, Sklaven, Freunde und Verwandte opferten sich, indem sie eine giftige Pflanze zu sich nahmen.

Dem Wilden ist die Vorstellung völlig fremd, Selbstmord könne durch Brauchtum oder Gesetz verboten sein. Daher sieht er auch keinen Grund, warum er nicht seinem geliebten Häuptling, Herrn oder Freund in die „schöne Anderswelt" folgen sollte, wenn ihm der Wunsch danach steht. Rufen wir uns diese Haltung ins Gedächtnis, so erstaunt es uns auch nicht länger, wenn wir Berichte lesen, in denen von vielfachem Selbstmord die Rede ist. Es ist durchaus wahrscheinlich, dass unser eigenes Volk ähnliche Bräuche entwickelt hätte, würden Gesetze und Gesellschaft dies nicht unterbinden. Dennoch hören wir gelegentlich, dass im Anschluss an den Tod eines geliebten Menschen Selbstmorde vorkommen.[309]

---

307) Bancroft, George, Native Races of the Pacific States of North America, 1874, Band I, S. 731, 744.

308) Auch Tarasca, Taraskonen, *P'urhépecha, P'orhépecha* (Eigennamen) oder *Nahuatl Michhuàquê* („Jene, die Fisch besitzen").

Zentralmexikanisches Indianervolk, das von den Spaniern fälschlicherweise Tarasco genannt wurde (diese Bezeichnung leitet sich von *tarascue* = „Schwiegervater/-sohn" ab). Sie leben seit 2.500 v.u.Z. auf den vulkanischen Hochebenen im heutigen Bundesstaat Michoacán und bildeten zur Zeit der spanischen *Conquista* das zweitgrößte Reich Mexikos, das in ihrer eigenen Sprache *Iréchecua Tzintzuntzáni* („Land der Tzintzuntzan") hieß und vom Hochkönig, dem *Caconzi*, regiert wurde. Ihre Gesellschaft bestand aus Adeligen, Gemeinen und Sklaven. Kurz nach der Gründung des Reiches im 15. Jahrhundert wurden die Völker der Nahua, Otomi, Matlatzinca und Chichimeken assimiliert.

Die Tarasca blockierten erfolgreich den weiteren Vormarsch der Azteken und waren daher deren erklärte Feinde. Ihre Dörfer und Städte bauten sie vornehmlich auf Binnenseeinseln. Die Hauptstadt Tzintzuntzan (mex. Huitzitzillan) hingegen lag am Ufer des Pátzcuaro-Sees. Im Gegensatz zu anderen süd- und mittelamerikanischen Völkern errichteten sie auf einer viereckigen Plattform runde Tempelpyramiden (Yácatas).

Die Tarasca verehrten viele Gottheiten, denen besondere heilige Farben, Tiere und Kalendertage zugeordnet waren. Ihr wichtigster Gott war *Curicaueri*, der Schöpfer und Feuergott. Sie schufen einzigartige Tongefäße, vor allem aufwändig gefertigte Urnen, und waren die erste mittelamerikanische Kultur, die für Werkzeuge und Kunstgegenstände bereits Metalle verwendete. Aufgrund dieser Tatsache und der Verwandtschaft ihrer Sprache mit Quechua geht man von einem südamerikanischen Ursprung aus.

Zu den Grabbeigaben zählten je nach Stand Miniaturgefäße und langstielige Pfeifen aus Ton; Glocken, Nadeln, Pinzetten und Beile aus Bronze; Lippenpiercings, Ohrschmuck und Messer aus Obsidian, kunstvolle Urnen und Nahrungsbehälter sowie Gold.

1522 kamen die Spanier in das Reich, deren Herrscher Tangáxuan sich kampflos ergab, was dem Volk relativen Frieden schenkte. Purépecha ist bis heute eine isolierte indigene Sprache, die in viele Hochlanddialekte zerfällt und von ca. 136.000 Menschen gesprochen wird.

309) *Anm. d. amerikanischen Herausgebers:* Obwohl sich der Autor an dieser Stelle mit Menschenopfern beschäftigt, ist doch offensichtlich, dass der nordamerikanische Indianer persönliche Opfer dieser Art bei Totenzeremonien vermied. Es existieren unzählige Beispiele für diese Zurückhaltung:

Feste

Bei Beltrami[310] findet sich ein Bericht über die Bestattungsriten eines der westlichen Stämme, einschließlich eines Festes, das vor der endgültigen Bestattung abgehalten wurde:

„Ich war Zuschauer bei der Bestattungszeremonie, die zu Ehren von Cloudy Weathers Schwiegersohn abgehalten wurde. Sein Leichnam war bei den Sioux verblieben, und man nahm an, er sei Teil einer ihrer Mahlzeiten geworden. Reichlich exzentrisch, ja direkt grotesk wirkte bei dieser Bestattungsfarce der Kontrast zwischen den fürchterlichen Klagen und Schreien eines Teils der Gesellschaft und den durchdringenden Gesängen und Tänzen, die der andere Teil aufführte.

Bei einer anderen Bestattungszeremonie für ein Mitglied der *Großen Medizin*[311], der ich als Mann aus einer anderen Welt beiwohnen durfte, folgte man dem gleichen Brauch. Auf dem anschließenden Fest wurde dem Toten von allem ebenfalls etwas vorgesetzt. Die anderen schlugen, verwundeten und quälten sich derweil. Ihr Blut floss in Strömen, sowohl über den Toten als auch sein Festmahl. Vielleicht dachten sie, dies sei für den Verstorbenen das schmackhafteste Gewürz, das sie zu bieten hätten. Seine Frau machte ihm ihre Haare und Fetzen zum Geschenk. Diese legten sie zu ihm, zusammen mit seinen Waffen, seinem Zierrat und seinem Medizinbeutel, und wickelten alles in die Lederhaut, die er zu Lebzeiten als letztes trug. Dann umwickelten sie ihn mit der Rinde eines besonderen Baumes, aus dem sie auch Taue und

---

Das Töten eines Pferdes anlässlich des Todes eines Kriegers konnte Auswirkungen auf die Lebensumstände des gesamten Stammes haben. Dasselbe gilt auch für wertvolle Metallgegenstände. Das Opfern eines Fingergliedes führte oft zu Infektionen und zum Tod der Betroffenen. Selbst wenn die Konsequenzen milder ausfielen, hätte ein solcher Verlust in jener technologielosen Gesellschaft den Betroffenen für immer beeinträchtigt. Die von den Familienmitgliedern des verstorbenen Kriegers erbrachten Opfer führten immer in den zumindest zeitweisen Ruin und oftmals zu weiteren Todesfällen. Es mag möglich sein, die praktische Notwendigkeit solchen Handelns bei einer Kultur zu verstehen, deren Angehörige oftmals um das nackte Überleben kämpften. Dennoch fällt es sehr schwer, ein derart fundamentales und bedeutungsschweres Konzept der Selbstopferung zu begreifen.

310) Beltrami, Giacomo, A Pilgrimage in Europe and America, 1828, Band ii, S. 443.
Giacomo Constantino Beltrami (1779-1855); italienischer Jurist, Autor und Forscher, 16. von 17 Kindern, wurde 1791 Soldat, Freimaurer und Angehöriger der Regierung Napoleons. 1820 begann er zunächst in Europa herumzureisen. 1822 schiffte er sich in Liverpool nach Amerika ein. Er begleitete Long und Taliaferro auf ihren Forschungsreisen, wo er mit den Ureinwohnern in Kontakt kam. 1823, alleine unterwegs, war er der Ansicht, den Oberlauf des Mississippi River gefunden zu haben. Diese Annahme erwies sich später als falsch. Nach seiner Ankunft in New Orleans begann er sein erstes Buch zu schreiben und machte sich sodann nach Mexiko auf, wo er aztekische Artefakte sammelte sowie Tiere und Pflanzen katalogisierte. Nach weiteren Reisen nach Haiti, Santo Domingo und anderen Inseln erreichte er 1826 London, zog nach Paris und wurde dort aufgrund seiner naturwissenschaftlichen Bücher Mitglied mehrerer entsprechender Gesellschaften.
Er starb 1855 in Italien in seinem Garten.

311) Irokese, der einem Medizinbund angehörte, der wiederum Teil der Langhaus-Religion war und ist. Medizinbünde wirkten schamanisch als Vermittler zwischen der Geisterwelt und den Menschen wie auch als Heiler. Ab 1815 waren die Bünde einige Jahrzehnte verboten, bestanden aber im Geheimen weiter. Heutzutage sind sie wieder ganz offen Teil der Traditionspflege.

Stricke von großer Festigkeit und feiner Machart herstellen (und es sind die einzigen, über die sie verfügen). Anstatt ihn in der Erde zu begraben, hingen sie ihn danach in eine große Eiche. Dies taten sie, weil der Adler sein besonderer Manitu war und sein Geist auf diese Weise leichter mit diesem Vogel ins Paradies fliegen könne."

Hind[312] berichtet über ein bei DeBrébeuf[313] erwähntes Totenfest der Huronen[314] von New York:

„Der jesuitische Missionar De Brébeuf, der vor der Diaspora der Huronen im Dorf Ossosane ein ‚Totenfest' mit betreute, berichtete, dass bei dieser Zeremonie 2.000 Indianer anwesend waren, die als Zeichen ihrer Trauer 1.200 Geschenke vor dem Gemeinschaftsgrab ablegten. Die Bewohner der fünf großen Dörfer sammelten die Knochen ihrer Toten in einem riesigen Leichentuch, das aus achtundvierzig Fellabschnitten bestand. Jeder dieser Abschnitte wurde aus zehn Biberpelzen zusammengenäht. Nachdem man die Knochen sorgfältig in dieses Leichentuch gewickelt hatte, legte man sie zwischen Moos und Rinde ab. Danach wurden Steinwälle um dieses

---

312) Hind, Henry Youle, Narrative of the Canadian Red River Exploring Expedition, 1860, Band ii, S. 164.

Henry Youle Hind (1823 in Nottingham, England - 1908 in Kanada) emigrierte 1846 nach Toronto, Ontario, wo er zunächst Chemie und Geologie am Trinity College lehrte. 1857 und 1858 betraute man ihn mit der Erforschung der kanadischen Prärien, den sogenannten Red-River- und Assiniboine-und-Saskatchewan-Forschungsexpeditionen. 1861 leitete er eine Expedition zur Erforschung Labradors und 1864 die geologische Erfassung von New Brunswick.

313) Jean de Brébeuf (1593 in Condé-sur-Vire, Normandie - 1649 St. Ignace, Kanada), französischer Jesuit, der 1625 im kanadischen Québec eintraf, um das Evangelium zu verkünden.

Er lebte bei den Wyandot am Huronsee. Seine langen Berichte über deren Leben machten ihn zum ersten französischen Ethnologen auf dem nordamerikanischen Kontinent. Auf ihn gehen detaillierte Beschreibungen der Sprache und Gebräuche zurück, einschließlich der berühmten Begrüßungsformel „Howgh". Er starb am Marterpfahl, nachdem die Irokesen die Wyandot und die Missionsstation überfallen hatten. Dabei zeigte er so viel Tapferkeit, dass sich viele Irokesen hinterher taufen ließen.

Sein in Huronisch verfasstes Lied *Jesous Ahatonia* („Jesus ist geboren") gilt als erstes kanadisches Weihnachtslied. Gott wird darin als *Gitchi Manitou* bezeichnet (ein Begriff, der aus dem Algonkin stammt), das Jesuskind liegt in einem Stück Birkenrinde und in Windeln aus Hasenfell, statt Schäfern sind Jäger auf dem Felde, und die Heiligen aus dem Morgenland sind durch Häuptlinge von Nachbargebieten ersetzt, die ihm als Geschenke Pelze von Fuchs und Biber darbringen. 1930 heilig gesprochen, ist er der Schutzpatron Kanadas.

314) Die *Wyandot* (Eigenname), Wendat oder Huronen siedelten ursprünglich am Huronsee, der im Grenzgebiet zwischen den USA und Kanada liegt. Die Bezeichnung Huronen geht auf die Franzosen zurück, die der Irokesenhaarschnitt der Wyandot an „La Hure", den Mittelkamm eines Wildschweins, erinnerte.

Die Wyandot waren Teil des irokesischen Volkes, trennten sich aber von diesem und schlossen sich mit den Algonkin-Völkern zusammen. Sie lebten wie die Irokesen und Algonkin in Langhäusern von zwanzig bis zweihundert Personen in stark befestigten Großdörfern und betrieben Landwirtschaft und Jagd. Mit Ankunft der Franzosen erlangten sie die Machtstellung im Fellhandel, was bald zu kriegerischen Auseinandersetzungen mit den Irokesen führte, die wiederum mit den Engländern verbündet waren. 1648-1649 wurden sie durch Kämpfe mit den westlichen Mohawk und eingeschleppte Seuchen stark dezimiert. Um 1650 siedelte sich ein Stamm bei Québec an, wo sie bis heute die autonome Nation Wendake bilden. Ein weiteres Reservat befindet sich in Oklahoma, andere Überlebende gingen im Volk der Seneca auf. Berühmt wurden die Huronen wie die Mohawk oder Mohikaner durch James Fenimore Coopers Lederstrumpf-Erzählungen, obwohl seine Geschichten im 18. Jahrhundert spielen, als die Wyandot längst in Reservaten lebten.

riesige Beinhaus errichtet, um es vor Entweihung zu schützen. Bevor man die Knochen mit Erde bedeckte, streuten die Frauen zunächst Maiskörner auf die heiligen Relikte. Den abergläubischen Vorstellungen der Huronen gemäß verbleiben die Seelen der Toten bis zum ‚Totenfest' in der Nähe der Leichname. Erst nach dieser Zeremonie sind sie frei und können sich ungehindert in das Land der Geister aufmachen, welches sich in Richtung der untergehenden Sonne befindet."

Nicht nur die Nationen der Wilden verwenden Beinhäuser. Die Sitte, die Knochen der Toten nach einer bestimmten Zeit zu exhumieren und angemessen unterzubringen, ist auch in Italien, der Schweiz und Frankreich bekannt. Der Autor sah 1857 im Kirchhof des schweizerischen Zug [315] einen eingezäunten Pferch, in dem sich die Überreste Hunderter Personen befanden. Diese waren im Friedhof ausgegraben und in dieser Form erhalten worden. Die Katakomben von Neapel und Paris sind weitere Beispiele für Beinhäuser.

---

315) Der genannte Pferch, der eine Schindelüberdachung besaß, wurde nur wenig später durch das gemauerte Beinhaus unserer lieben Frau ersetzt.

Totenfeste
und der sie umgebende Aberglaube

Der folgende Bericht stammt von Dr. S. G. Wright, dem zuständigen Arzt des Leech-Lake-Indianerbüros[316] in Minnesota:

„Heidnische Indianer oder solche, die den christlichen Glauben nicht angenommen haben, folgen immer noch dem Brauch, am Grab verstorbener Freunde ein Totenfest abzuhalten. Sie feiern mit den Toten, da sie glauben, dass alles, was sie verzehren, auch eine spirituelle Essenz besitzt, die der Geist des Toten zu sich nimmt. Seit ältester Zeit war es Sitte, den Toten die verschiedensten Gegenstände mit ins Grab zu geben, vor allem jene, die sie als Lebende besonders wertschätzten. Sie glauben daran, dass den greifbaren Gegenständen ein Geisterabbild innewohnt. Die Kriegskeule enthält also eine Geisterkeule, die Pfeife eine Geisterpfeife – und diese konnte der Verstorbene im Jenseits weiter nutzen. Diese Geistergegenstände mussten die Seele unbedingt begleiten, um ihm schon auf dem Weg zur letzten Ruhestätte zur Verfügung zu stehen. Diese Sitte ist erloschen."

---

316) Dieses Büro wurde 1874 eingerichtet, 1879 geschlossen und 1899 erneut geöffnet. In der Umgebung lebten die Leech Lake Pillager-, die Cass Pillager-, Winnibigshish Pillager-, White Oak Point- und Red Lake-Sippen der Chippewa.

Speisen

Diese Thematik wurde an anderer Stelle im Zusammenhang mit anderen Themen ausreichend abgehandelt und muss hier nicht wiederholt werden. Im gesamten Land war es ein fast durchgängiger Brauch, Speisen in oder nahe den Grabstätten abzustellen.

(Abb. 46) Friedhof der Yurok

Tänze

Tänze, oder hochtrabend so benannte turnerische Übungen, waren bei vielen Stämmen Bestandteil der Toten- oder Bestattungsriten. Entsprechend werden sie bei Morgan[317] beschrieben:

„Eine gelegentliche und außergewöhnliche Darbietung wurde als „Totentanz" oder *O-he-wa*[318] bezeichnet, den nur die Frauen aufführten. Die musikalische Untermalung erfolgte ausschließlich durch Gesang. Die ausgewählten Sänger standen dabei in der Mitte des Raumes. In den Totengesang, den sie anstimmten, fielen die Tänzer ein. Es klang schwermütig und klagend. Dieser Tanz wurde zu keiner anderen Gelegenheit aufgeführt und war der einzige bei diesen Anlässen. Er begann in der Abenddämmerung oder kurz danach und hielt bis zum Morgengrauen an, wenn die Schatten und mit ihnen die anwesenden und mittanzenden Toten verschwanden. Der Tanz wurde jedes Mal abgehalten, wenn die Familie eines Verstorbenen darum bat, was ungefähr ein Jahr nach dem Tod der Fall war. Im Frühling und im Herbst wurde er oftmals für alle Verstorbenen abgehalten, von denen sie glaubten, dass sie die Erde besuchten und sich in den Tanz einfügten."

Der folgende interessante Bericht stammt von Stephen Powers[319] und bezieht sich auf die Yo-Kai[320] Kaliforniens. Er beinhaltet auch weitere wichtige Beobachtungen im Zusammenhang mit Bestattungen:

---

317) Morgan, Lewis Henry, League of the Ho-dé-no-sau-nee, or Iroquois,, 1851, S. 287.

Anm. d. amerikanischen Herausgebers: Wie bei vielen anderen Berichten in dieser Sammlung ist die Wahrnehmung des Beobachters derart durch seine Sozialisation getrübt, ist er so stark kulturgebunden, dass er unfähig ist, das Beobachtete wertzuschätzen. In der Gesellschaft, in der er sich sonst bewegt, ist „Tanz" eine gesellschaftliche Aktivität. Im Allgemeinen durchlaufen ein Mann und eine Frau festgelegte Bewegungen und Schrittfolgen unter Begleitung melodischer Saiteninstrumente. Wen wundert es da, dass er das in der fremden Kultur beobachtete missdeutet und als „turnerische Übungen" abtut. Tatsächlich ist „Tanz" in den Kulturen der nordamerikanischen Indianer eine religiöse Erfahrung und von zeremonieller Natur.

Selbst jene Tänze, die eine „soziale" Funktion erfüllen, wie der Tanz des Grünen Mais u.a., besitzen religiöse Bedeutung.

318) Bestattungstanz der Irokesen.

319) Powers, Steven, in: Contributions to North American Ethnology, 1878, Band iii, S. 164.

320) Die Yuki, Ukiah oder *Ukomno'm* („Volk des Tales") waren ein Stamm der Hokan-Gruppe und gehörten zur Sioux-Sprachfamilie. Die Bezeichnung Yuki stammt von den Wintu und bedeutet „Feind".

Sie lebten im Norden Kaliforniens am Sacramento River. Ihre Nachbarn waren die Yokut, mit denen sie aufgrund der sehr engen Verwandtschaft oft gleichgesetzt wurden, sowie die Maidu und Pomo. Sie lebten vor allem von der Jagd, Eichelmehl und der Ernte von Pilzen, Wurzeln, Beeren und anderen Wildfrüchten. Im Gegensatz zu ihren friedfertigen Nachbarn bekriegten sie sich als einziger Stamm Kaliforniens immer wieder mit anderen. Sogenannte Vergeltungsmaßnahmen und Versklavung dezimierten sie ab 1850 und trieben sie aus ihrem Stammesland.

1856 wurden sie in das Nome Cult Farm-Reservat gezwungen, das später in *Round Valley Indian Reservation* umbenannt wurde. Dort waren die Bedingungen so schlecht, dass viele Yuki starben, was 1859 zum Mendocino-Krieg führte, der in weiteren Indianermassakern mündete. Heute leben noch ca. 100 Yuki, und etwa ein Dutzend von diesen sind noch ihrer Sprache mächtig.

„Ich besuchte ihr Lager etwa vier Meilen unterhalb von Ukiah und stieß dort auf ein einzigartiges Versammlungshaus. Ich äußerte den Wunsch, in dieses einzutreten und es zu untersuchen, erhielt die Erlaubnis dazu aber erst, nachdem ich mittels einiger freundlicher Worte und der Unterstützung eines halben Silberdollars das Vertrauen des Priesters errungen hatte. Die Grube maß etwa siebzehn Meter im Durchmesser, war ungefähr zwei Meter tief und derart schwer mit Erde abgedeckt, dass der Innenraum so feucht und düster anmutete wie eine Gruft. Es sah aus wie ein niedriges Hügelgrab, in das ein tunnelähnlicher Gang von drei Metern Länge und einem Meter zehn Höhe hineinführte. Er endete ebenerdig mit dem Boden der Grube. Der Eingang des Tunnels war mit Gestrüpp verschlossen, welches der ehrenwerte Priester erst entfernte, nachdem er mehrmals andächtig davor hin und her geschritten war. Als ich eintrat, bemerkte ich, dass das mächtige Dach von einer ganzen Anzahl geschälter Stämme getragen wurde. Diese waren weiß gestrichen, schwarz umringt und mit groben Zeichnungen geschmückt. Der Boden war dicht und grün mit keimendem Weizen bedeckt, den man verstreut hatte, um den Geist des kürzlich verstorbenen Anführers zu nähren. Kurze Zeit später traf eine Abordnung der Senel ein, um die Yo-Kai-a in ihrer Trauer zu unterstützen und einen Tanz, oder vielmehr eine ganze Reihe von Tänzen abzuhalten, die drei Tage währten. Während dieser Zeit waren die Senel selbstverständlich Gäste der Yo-Kai-a, was letzteren einiges an Aufwand und Ausgaben abverlangte. Andere Verpflichtungen verhinderten meine Teilnahme, und daher muss ich mich auf die Beobachtungen von Mr. John Tenney verlassen, einen anderen Augenzeugen, dessen Bericht hier mit einigen kleinen Abwandlungen wiedergegeben ist:

Vier Männer achten auf das Gebäude; sie wurden wohl ausgewählt, um die Ordnung aufrechtzuerhalten und Eindringlinge zurückzuweisen. Sie unterstützen ihren Häuptling. Derjenige, der mir die Einladung zukommen ließ, gewährte mir auch Eintritt. Diese vier trugen schwarze, mit schmückenden Ornamenten aus rotem Flanell und Muscheln verzierte Westen. Der Häuptling hatte bei dieser Gelegenheit keinen besonderen Auftritt. Zusätzlich zu diesen Vier, die über die Versammlungshalle wachten, gab es einen alten Mann und eine junge Frau, die Priester und Priesterin zu sein schienen. Die Kleidung der jungen Frau unterschied sich sehr von jener der anderen, die lediglich schlichte Kleider aus Kaliko trugen. Ihr weißes Kleid war mit roten, sorgfältig ausgeschnittenen Flanellornamenten und Muscheln verziert. Es sah prachtvoll aus und war mit einem bestimmten Amt verbunden, dessen Name sich mir aber nicht erschloss. Bevor die Geladenen eintraten, saßen die älteren Männer des Stammes bequem um das Feuer versammelt, rauchten und redeten. Als der Beginn der Bräuche unmittelbar bevorstand, wurden der alte Mann und die junge Frau herbeigerufen. Sie stellten sich auf der dem Eingang gegenüberliegenden Seite auf und eröffneten die Tänze mit einer kurzen, heiligen Zeremonie, in der das Gebäude wohl den kommenden Tänzen geweiht wurde. Nachdem beide ein paar Worte gesprochen und zusammen ein Lied gesungen hatten, wurde das Haus für die geladenen Gäste geöffnet. Die Beiden blieben auf ihrem Posten, bis die Besucher eingetreten waren und auf einer Seite des Raumes Platz nahmen. Nachdem die Besucher und alle anderen, etwa 200 Menschen, sich gesetzt hatten, verblieb in der Mitte immer noch reichlich Raum für die Tänze.

Bevor die Tänze begannen, hielt der Häuptling der Besucher noch eine kurze Rede, in der er sich zweifelsohne auf den Tod des Häuptlings der Yo-Kai-a bezog und alle der Anteilnahme seines Stammes zu diesem Verlust versicherte. Während er sprach, konnten einige Frauen ihre Aufschreie kaum zurückhalten und unterdrückten mit Mühe ihre Schluchzer. Ich nehme an, er bat um einige Momente der Besinnung und Trauer, denn als er verstummte, brach die Versammlung geschlossen in bitteres Wehklagen aus. Einige schrien sogar, als litten sie die größten Schmerzen. Es entstand ein solcher Lärm, dass ich mir die Ohren zuhalten musste. Die Luft wurde von ihren Schreien schier zerrissen. Dieses Klagen und Weinen hielt vielleicht drei oder vier Minuten an, wenngleich es mir viel länger vorkam. Nach entsprechender Aufforderung verstummten sie, trockneten sich die Augen und beruhigten sich.

Danach begannen die Vorbereitungen für den Tanz. Ein Ende des Raumes diente als Garderobe. Bei den Hauptakteuren handelte es sich um fünf muskulöse, flinke Männer. Sie wurden reichlich mit Farbe und Federn ausgestattet; weiße und dunkle Streifen zierten ihre Körper. Um ihre Mitte wurden sie mit leuchtenden Stoffstreifen gegürtet, manchmal auch mit bunten Schals. Ein Federmantel, der ihnen bis zu den Knien reichte, wurde ihnen über die Schultern gelegt, Muschelketten umgehängt und Adlerfedern aufgesetzt. Während des Tanzes hatten sie Trillerpfeifen im Mund. Sie schwangen die Köpfe hin und her, beugten ihre Körper und wirbelten herum. Jeder Muskel schien einbezogen, und der Federschmuck zitterte im Feuerschein. Sie wirkten wendig und anmutig, als sie sich geschmeidig im Tanze wiegten.

Den fünf Männern zur Seite stand ein Halbkreis aus zwanzig Frauen, die durch Fußstampfen den Takt vorgaben. Sie nahmen ihren Platz als Erste ein und verschwanden auch als Erste, während die Männer würdevoll, einer nach dem anderen, eintraten. Die Gewänder der Frauen entsprachen dem Anlass. Sie waren weiß und an den Säumen reich mit schwarzem Samt besetzt. Die Streifen waren etwa acht Zentimeter breit, manche schmucklos, andere mit Sägezahnmustern verziert. Dies war ein Zeichen ihrer Trauer um den toten Häuptling, zu dessen Ehren dieser Tanz stattfand. Ketten aus Abalone- und Kaurimuscheln schmückten ihre Hälse, und um die Hüften trugen sie reich mit solchen besetzte Gürtel. Auch ihr Kopfschmuck war sehr viel aufwändiger gestaltet als jener der Männer. Sie trugen Stirnbänder aus Otter- oder Biberpelz, an denen sich kurze Metalldrähte befanden, die in alle Richtungen abstanden. Auf diesen waren Glas- oder Muschelperlen aufgefädelt und die Enden mit kleinen Federn und Wachteldaunen verziert. Darüber erhob sich ein Büschel aus schwarzen, grauen und scharlachroten Federn, das bei den meisten von leuchtend scharlachroten Federn überragt wurde, welche sehr schön im Takt mitschwangen. All dies ließ ihre Köpfe bunt glitzern und leuchten. Am ersten Tag blieb der Tanz zu Ehren des vor kurzem gestorbenen Häuptlings der Yo-kai-a langsam und ernst. Die Melodie war klagend und schlicht, ein monotoner Gesang aus nur zwei Tönen, begleitet vom Klacken gespaltener Stöcke und dem Stampfen auf einen hohlen Holzklotz. Am zweiten Tag gestaltete sich der Tanz auf Seiten der Männer schon lebhafter, die Musik war besser und von den Tönen her variantenreicher gestaltet. Auch die Frauen stimmten nun in den Chor mit ein. Sie waren schlicht in Kaliko gekleidet. Am dritten Tag fielen die Tänze noch lebhafter und die Zeremonien sehr viel fröhlicher aus, gerade so, wie die Heimkehr von einem christlichen Begräbnis von einem leichteren Herzen geprägt ist als das Hingehen.

Die Trauer einer Yo-kai-a-Witwe wirkt sehr eigentümlich. Zusätzlich zu den üblichen Zeichen des Kummers vermischt sie die Asche ihres toten Ehemannes mit Harz und knetet alles zu einer weißen Paste. Diese trägt sie in einem etwa fünf Zentimeter breiten Streifen um ihren Scheitel herum auf dem Haar auf (das zuvor sehr kurz geschnitten wurde). Von weitem gesehen wirkt dies, als trüge sie einen weißen Kranz auf dem Kopf.

Es ist auch ihr Brauch, ein Jahr lang die ,Geister der Toten zu nähren'. Sie begeben sich täglich zu Orten, an denen sich die Toten im Leben gerne aufhielten, und verstreuen dort *pinole*[321] auf dem Boden. Eine Yo-kai-a-Mutter, die ihr Kleinkind verlor, geht ein Jahr lang jeden Tag zu einem Ort, an dem das Kleine gerne spielte oder an die Stelle, wo es verbrannt wurde. Dort entleert sie ihre Brüste. Dabei trauert und weint sie wehklagend und ruft herzzerreißend nach ihrem Kind. Manchmal singt sie mit heiserer Stimme ein melancholisches Lied und wiegt dabei ihren Körper hin und her."

---

321) Mehl aus zerstoßenem, geröstetem Mais und Mesquite-Bohnen, den Früchten des Süßhülsenstrauches.

Lieder

Fast überall besteht der Brauch, nicht nur bei der Bestattung selbst, sondern auch noch danach über unterschiedlich lange Zeiträume zu singen. Diese Lieder waren einst zweifelsohne schlichte Klagelaute. Ein Autor beschreibt dies wie folgt:

„Bei fast allen Bestattungen erhebt sich ein unregelmäßiger, wehklagender Singsang ohne jegliche instrumentelle Begleitung. Auch singen nicht alle dieselbe Melodie zum selben Zeitpunkt. Einige singen vielleicht dasselbe Lied gemeinsam, aber jeder beginnt oder beendet es, wann immer er oder sie es möchte. Oft sitzt Wochen oder gar Monate, nachdem ein geliebter Freund verstarb, jemand, zumeist eine Frau, neben der Wohnstätte und singt oder klagt eine Stunde. Auch singen sie für eine Weile, wenn sie die Grabstätte besuchen oder einen hochgeschätzten Freund treffen, den sie seit der Bestattung nicht mehr gesehen haben. Bei den Bestattungen singen sowohl Männer wie Frauen. Die Worte sind schlichter Ausdruck ihres Kummers, ungefähr wie unser ‚oh weh'. Aber sie verwenden auch andere Worte oder manchmal sogar nur Silben."

Einige Seiten zuvor wird eine eigentümliche Totenklage zitiert, die laut Mr. Powers die kalifornischen Senel anstimmten.

Mr. John Campbell aus dem kanadischen Montreal lenkte die Aufmerksamkeit des Autors auf die Totenlieder der spanischen Basken[322], die große Ähnlichkeit mit den hiesigen aufweisen.

Ein Autor, der sich mit der Lebensweise und den Bräuchen der Creek beschäftigt, beschrieb ein besonderes Halleluja, das er hörte. Es veranlasste ihn zu der These, dass die amerikanischen Indianer die Nachkommen der verlorenen Stämme Israels seien.

---

322) Die Basken, *Euskaldunak* oder *Euskal Herritar* (Eigenbezeichnung), span. vascos und franz. basques, bilden eine nationale und ethnische Minderheit. Die Bezeichnung Basken stammt vom Namen *vascones*, der einst auch für alle keltiberischen Gruppierungen galt.

Die Herkunft der Basken ist ungeklärt, ihre Sprache ist die älteste Europas und eine der ältesten der Welt, die bisher mit keiner anderen existierenden Sprache gesichert in Verbindung gebracht werden kann. Wahrscheinlich ist sie eine Weiterentwicklung der Verständigungslaute der Cromagnon-Menschen, die vor 20.000 Jahren lebten, da es im heutigen Baskenland die größte Ansammlung von Funden aus dieser Zeit gibt. Heute beherrscht von ca. 1.000.000 Basken nur noch ein Drittel Euskera.

Das Territorium der Basken erstreckt sich über die spanischen Provinzen Biskaya (Bizkaia), Guipuzcoa und Alava bis zur Region Navarra und über Teile des französischen Départements Pyrenées-Atlantiques. Im 10. Jahrhundert bildete dieses das Königreich Navarra, in dem die Basken relative Autonomie besaßen, die bis Mitte des 19. Jahrhunderts anhielt.

Mourning Song for a Brother
TLINGIT

'adjushi kine 'aya: my little brother | shikayeya: where are you? | mayu: why did I do it? | matai 'a:? | nitle 'a: come back to me(?) |
(Note: These words are not in Tlingit but in the language of the neighboring Ahtena tribe, where the song is believed to have
originated.)

(Abb. 47) „Tlingit"
Übertragen aus Archive of Folk Song 11,937A3 LWO 3707R4 (Library of Congress).
Die Wiederholungen werden mit diversen Variationen versehen, die hier nicht erfasst
sind. Vgl. de Laguna, op. cit., pt. 3, pp. 1156, 1183.*

Mourning Song for a Chief
TSIMSHIAN

hano: meaningless word used in Northwest Coast mourning songs | *hi ye etc.*: meaningless | *takòk*: the first, or the head (chief) | *suwòde*: they call him

(Abb. 48) Tsimshian:
Marius Barbeau, op. cit., song no. 69.
Die Melodie des zweiten Verses wurde mit leichten Variationen gesungen,
die hier nicht vermerkt, aber auf eine Oktave höher transponiert sind.*

*Die Lieder der Abbildungen 46 und 47 stammen aus: John Bierhorst: A Cry from the Earth. Music of the North American Indians. Ancient City Press, Santa Fe, New Mexico, 1992

(Abb. 49) Das Geisterglücksspiel

Spiele

Ich will hier nicht Beispiele jener athletischen und turnerischen Darbietungen auflisten, die nach dem Tod einer Person aufgeführt werden und genauer bei Lafitau[323] beschrieben sind, sondern lediglich auf einen Brauch hinweisen, der eher am Rande einer Bestattung stattfindet und darin besteht, um die Besitztümer des Verstorbenen zu spielen. Dr. Charles E. McChesney von der United States Army war einige Zeit bei den Wahpeton und den Sisseton Sioux stationiert. Er legte einen detaillierten und interessanten Bericht über das sogenannte „Geisterglücksspiel" vor. Die Spielsteine bestehen aus den markierten Kernen der wilden Pflaume. Soweit bekannt, existiert dieses Spiel nur bei den Sioux. *Abbildung 48* zeigt, wie es ablief.

„Nach dem Tode eines wohlhabenden Indianers nehmen die nahen Verwandten seine Besitztümer in ihre Obhut und teilen sie zu einem bestimmten Zeitpunkt in kleine Haufen. Dies findet gewöhnlich statt, wenn das erste Fest zu Ehren des Bündels mit der Haarlocke abgehalten wird, und ermöglicht allen eingeladenen teilnehmenden Indianern die Chance auf einen Gewinn. Ein Indianer wird ausgewählt, um den Geist und Gegenspieler aller anderen darzustellen. Diese müssen keine Einsätze wagen, sondern sind einfach nur eingeladen, an der Zeremonie teilzunehmen, die gewöhnlich in der Wohnstätte der verstorbenen Person stattfindet, in der sich auch das Bündel mit der Haarlocke befindet. Sollte der Geist selbst nicht wohlhabend sein, so steuern seine reichen Freunde etwas zu den Gewinnen bei – sofern er denn welche hat. Die Spieler werden einzeln gerufen und spielen allein gegen den ‚Geist'. In den vergangenen Jahren wurden dazu immer häufiger Karten verwendet. Gelingt es dem Spieler, den Geist zu besiegen, so nimmt er sich einen der ausgelegten Haufen und geht hinaus. Danach folgt der nächste und so weiter und so fort, bis alle Gegenstände verteilt sind. Ist ein Mann gestorben, so spielen nur Männer, war es eine Frau, nehmen ausschließlich Frauen an der Zeremonie teil.

Bevor der weiße Mann zu den Indianern kam und sie viele seiner schlimmeren Laster lehrte, wurde dieses Spiel mit den markierten Pflaumenkernen gespielt, wie in *Abbildung 49* dargestellt."

Dr. McChesney sieht sich tief in der Schuld von Dr. C. C. Millar, dem Arzt der Sisseton Indian Agency[324], der ihm bei der Erstellung dieses Berichts von unschätzbarer Hilfe war.

---

323) Joseph-Francois Lafitau (1681-1740) war französischer Jesuit und Missionar in Canada, der von 1711 an in der Mission Sault Saint-Louis (Caughnawaga) begann, die Irokesen zu studieren. 1724 veröffentlichte er das berühmte anthropologische Pionierwerk *Moeurs des sauvages américain comparées aux moeurs des premiers temps* über Sitten und Gebräuche der Indianer. Darin zeichnete er ein für die damalige Zeit erstaunlich positives Bild des „amerikanischen Wilden" und bemüht sich, die Idee einer alle verbindenden Menschlichkeit zu vermitteln, indem er Parallelen zwischen ihren religiösen Vorstellungen, Bräuchen und Gesellschaftsformen und jenen klassischer europäischer Völker zieht.

324) Die Sisseton Indian Agency wurde 1867 am Lake Traverse eingerichtet und gehörte zur Lake Traverse sowie zur Devil's Lake Reservation. Letztere wurde 1871 abgespalten. Beide liegen in Roberts County in South Dakota.

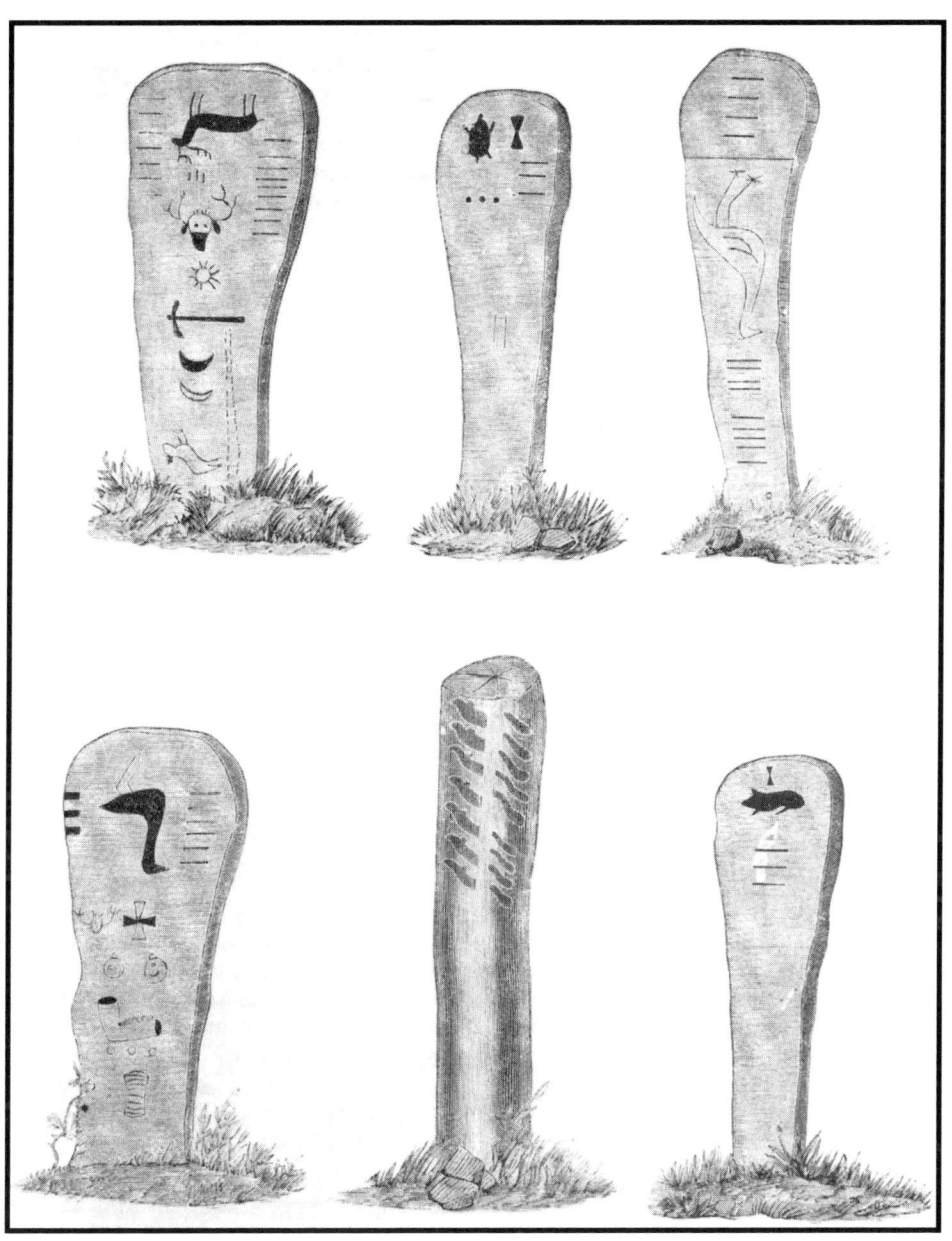

(Abb. 50) Grabstelen

Stelen

Diese[325] werden am Kopf- oder Fußende oder auch an beiden Enden eines Grabes aufgestellt. Auf ihnen ist die Geschichte des Verstorbenen oder seiner Familie verzeichnet, gewisse Totemzeichen oder, laut Schoolcraft, weniger die Ruhmestaten des Toten als vielmehr die jener Krieger, die bei der Bestattung assistierten und tanzten. Die Stämme des Nordwestens und auch andere stellten oftmals in der Nähe der Grabstätten Pfosten auf, an denen Stofffetzen, Flaggen, Pferdeschweife und ähnliches flattern. Dieser Brauch lässt sich bei den heutigen Indianern nicht mehr nachweisen. Beltrami[326] beschreibt ihn wie folgt:

„Hier entdeckte ich eine einzigartige Verbindung. Auf einem der Gräber erhob sich ein Kreuz, während man in der Nähe eines anderen einen hohlen Stamm errichtet hatte, dessen Zeichen die Anzahl der durch den Verstorbenen und seine ihn schützenden Manitous[327] getöteten Feinde verkündeten."

Der folgende Auszug aus Schoolcraft[328] bezieht sich auf die Grabstelen der Sioux und Chippewa. *Abbildung 50* entspricht dem Bild, das der Autor zusammen mit dem zitierten Bericht erhielt:

„Nachdem der Tote mit seiner besten Kleidung und seinem Zierrat ausgestattet wurde, wird er bei den Sioux und westlichen Chippewa auf einem Gerüst oder in einer Baumkrone abgelegt, bis das Fleisch gänzlich verwest ist. Danach werden die Knochen bestattet und die Grabstelen aufgestellt. Am Kopfende des Grabes wird sodann ein Pfosten aus Zedern- oder anderem Holz errichtet, den sie *adjedatig* nennen. Diese Grabstele enthält symbolische oder repräsentative Zeichen, die im Falle eines Kriegers sein Totem[329] benennen, also das Symbol oder den Nachnamen seiner Fami-

---

325) Stelen bestehen in Nordamerika überwiegend aus Holzpfosten oder –planken, auf oder in die verschiedene Details aus dem Leben der Verstorbenen gemalt bzw. geschnitzt werden. Dabei wird fast immer der Totemname und nicht der Rufname angegeben, in Ausnahmefällen beide.

326) Beltrami, Giacomo Costantino, A Pilgrimage in Europe and America, 1828, Band ii, S. 308.

327) Manitu bezeichnet in der Sprache der Algonkin-Indianer und ihrer Nachbarn eine außerordentlich wirksame Kraft, die allen Wesen, Dingen, Orten, Tätigkeiten und Erscheinungen innewohnt. Diese Kräfte können Gestalt in Form von Avataren oder Totemtieren annehmen, in Träumen erscheinen, speziellen Schutz, Kräfte oder Fähigkeiten gewähren. Sie sind und beleben Landschaft, Flora und Fauna und senden Omen in Gestalt von Tieren, Naturereignissen oder -gewalten.
Ein Krieger ermittelt seine Manitus, die er entsprechend achtet und verehrt, durch eine persönliche Visionssuche. Die Indianermissionen übernahmen von den östlichen Cree den Begriff *Kitchi-Manitu* für das höchste spirituelle Wesen, um ihrem christlichen Gott einen Namen zu verleihen und ihre Religion zu erklären. Damit breitete sich die Bezeichnung weit über das ursprüngliche Herkunftsgebiet aus. Unsere Vorstellung von Manitu als zentraler Obergottheit aller Indianer Nordamerikas verdanken wir allerdings den Romanen von Karl May.

328) Schoolcraft, Henry: History of the Indian Tribes of the U.S., 1851, Teil I, S. 356.

329) Der Begriff Totem entstammt der Algonkin-Sprache des südlichen Kanada und umfasst Schöpfungsgottheiten, Naturerscheinungen wie Berge, Steine, Flüsse etc., spirituelle und greifbare Verwandtschaftsbeziehungen mit Menschen, Orten, Pflanzen und Tieren, Clan- und Familienabzeichen, persönliche Schutzgeister und Krafttiere – also ein breites Spektrum an Bedeutungen und Inhalten.

lie und arithmetische oder andere Angaben, die aufzeigen, wie oft der Verstorbene an Kriegszügen teilnahm und wie viele Skalpe er dabei dem Feind abnahm – zwei Gegebenheiten, die den Ruhm eines Kriegers bestimmen. Selten nur finden sich Angaben, die darüber hinausgehen. Häufig hingegen flattert an der Standarte herausragender Häuptlinge deren Kriegsfahne, oder in heutigen, modernen Zeiten, eine amerikanische Flagge, bis die Elemente sie völlig zerschlissen haben. Die Skalpe ihrer Feinde, Federn des Einsiedler- oder Weißkopfseeadlers, des Präriefalken oder eines anderen Raubvogels werden bei diesen Anlässen ebenfalls am *adjedatig* befestigt. Andere Gaben verschiedenster Art hängen an einem weiteren Pfosten. Bei letzteren handelt es sich häufig um Ergänzungen religiöser Art. Das Abbrennen von Totenfeuern auf den Gräbern gehört ebenfalls zu den Riten, die Bestandteil ihrer religiösen Vorstellungen sind."

Für das Totem müssen ein Stamm, die Familienverbände und Einzelpersonen bestimmte Tabus respektieren. So durfte innerhalb gleicher Clans nicht geheiratet werden, die Totemtiere nicht oder nur zu bestimmten, sehr heiligen Begebenheiten gejagt und verzehrt werden. Das erste Totem eines Säuglings ist das des Stammes und daraufhin das seines Clans oder seiner Familie.

Später, während der Initiationsriten oder der Visionssuche, kommt noch ein persönliches Totem hinzu. Totems sind eng mit den Manitus verbunden und von ihnen durchdrungen.

Feuer

Es lässt sich nur schwerlich ergründen, welchen Beweggründen die Sitte entsprang, auf oder nahe der Grabstätte ein Feuer zu entzünden. Manche Autoren führen an, dass die Seele auf diese Weise eine Reinigung durchlief, andere, dass dadurch Dämonen vertrieben würden, und wieder andere, dass den wandernden Seelen auf ihrer Reise in das Land der Geister Licht gespendet werden sollte. Ein Autor vermerkt dazu:

„Die Algonkin[330] glaubten daran, dass die nächtlich auf den Gräbern entzündeten Feuer den Geistern auf ihrer Reise den Weg wiesen. Es mag Zufall sein oder im Zusammenhang mit der universellen Heiligkeit dieser Zahl stehen, aber sowohl die Algonkin als auch die Mexikaner unterhielten diese Feuer vier aufeinanderfolgende Nächte lang. In den traditionellen Erzählungen ersterer kehrte einer ihrer Vorfahren aus dem Land der Geister zurück und berichtete ihrem Stamm, dass die Reise ins Jenseits vier Tage dauere, das allabendliche Sammeln des Feuerholzes die Seele aber sehr ermüden würde, obwohl ihr dieses erspart werden könne."

Es scheint also, als ob der Glaube vorherrschte, dass diese Feuer den Geistern auch die Zubereitung des abendlichen Mahls erleichtern würden.

---

330) Die Algonkin oder Algonquin (fälschlicherweise von dem Maliseet-Wort *allegonka* = „sie tanzen gut" abgeleitet) bestehen aus zwei Hauptstämmen, zu denen auch die Huronen zählen, die ausschließlich auf dem Gebiet des heutigen Kanada lebten und leben und nicht mit der Gesamtheit der Algonkin-Sprachfamilie gleichgesetzt werden dürfen. Sie selbst bezeichneten sich genau wie die mit ihnen verwandten Ojibwa, Ottawa und Potawatomi als *Anishinabe* oder *Anishnabek*, unterschieden dabei aber zwischen den sesshaften *Nopimig daje Inini* („den Inländern") im Ottawa-Tal und den halbnomadischen Sippen, die im Sommer zum Sankt-Lorenz-Strom wanderten.

Nomadische wie sesshafte Stämme lebten von der Jagd, dem Sammeln von Beeren, Früchten, Wurzeln und Samen, dem Fischfang und dem Anbau von Bohnen und Mais. Die benachbarten Irokesen nannten sie abfällig *Adirondack*, „die, die Bäume essen", da sie in harten Wintern auch Moos und Baumrinde in ihre Ernährung mit einbezogen. Im Sommer verwendeten sie für Jagd und Handel Kanus aus Birkenrinde, im Winter Schlitten und Schneeschuhe. Sie lebten in Wigwams, deren Stangengerüst mit Birkenrinde abgedeckt wurde.

In ihrer Stammesreligion nehmen nicht nur Manitus eine wichtige Rolle ein, sondern auch Totems und Traumdeutung.

Ihr ursprüngliches Herkunftsgebiet ist unbekannt. 1534 lebten im Ottawa-Tal und am Sankt Lorenz lediglich Irokesen. Bereits 1603 trafen die Franzosen im Ottawa-Tal erstmalig auf Algonkin, die sie als *La Nation de l'Isle* bezeichneten, da ihr Dorf auf einer Insel mitten im Fluss lag. Was mit den Irokesen dieser Region geschah, ist nicht bekannt. Da die Algonkin gute Beziehungen mit den Franzosen pflegten, wurden beide zu Erzfeinden der Irokesen. Nachdem 1783 die Briten im amerikanischen Unabhängigkeitskrieg verloren hatten, zogen viele Königstreue in das Gebiet der Algonkin, das daraufhin und durch entsprechende Verträge und Repressalien immer mehr schrumpfte, bis nur die heutigen Reservatsgebiete übrig blieben.

Beim ersten Kontakt mit den Franzosen zählten die Algonkin etwa 6.000 Menschen. Heute leben um die 8.000 von ihnen in Kanada in zehn verschiedenen Stämmen, neun davon in Québec, einer in Ontario. Sie pflegen ihre kulturelle Identität und geben ihre Sprache an ihre Kinder weiter.

(Abb. 51) Grabfeuer

Stephen Powers berichtet im Zusammenhang mit Feuern über eine Tradition der kalifornischen Yukon[331]:

„Nach dem Tode unterhalten sie in bestimmten Nächten in der Nähe der Grabstätte ein Feuer. Sie glauben fest daran, zumindest die ‚wichtigen Indianer‘[332], dass die Geister der Verstorbenen gezwungen sind, eine dünne, eingefettete Planke zu überqueren, die eine Brücke über den Abgrund zu dem fraglichen Land bildet, und dieses Feuer ihnen auf dieser dunklen Reise den Weg weist. Eine rechtschaffene Seele überquert diese Planke schneller als eine niederträchtige. Entsprechend dem Charakter und der Neigung zum Guten oder Bösen, welche die verstorbene Person in dieser Welt besaß, bestimmen sie die Anzahl der Nächte, in denen sie ein Licht entzünden.“

Dr. Emil Bessels[333] von der Polaris-Expedition[334] informierte den Autor darüber, dass ein ähnlicher Glaube auch bei den Eskimo zu beobachten sei.

Abbildung 50 zeigt ein Grabfeuer und auch eine der Grabstelen, die in einem vorangehenden Abschnitt beschrieben wurden.

---

331) Gemeint sind die Yuki, ein Stamm der Hokan-Gruppe, der zur Sioux-Sprachfamilie gehörte und oft mit den eng verwandten Yorak gleichgesetzt wird. Er lebte im Norden Kaliforniens am Sacramento River. Wie ihre Nachbarn, die Maidu und Pomo, lebten sie zwar sesshaft, aber dennoch von der Jagd, dem Sammeln von Beeren, Wildfrüchten, Blättern und Wurzeln sowie Mehl, das sie aus Eicheln gewannen. Sie lebten in Planken- oder Kuppelhütten, deren Wände und Dächer aus Gras-, Rinden- oder Binsenmatten bestanden.

Vor den europäischen Siedlern lebten etwa 12.000 Yuki in der Region. Die Pockenepidemie von 1838 traf den Stamm sehr hart, Scharmützel und weitere Krankheiten reduzierten sie bis 1860 auf 600 Personen, 1900 gab es noch 100. 1870 wurde ihr Stammesgebiet, das Round Valley im nordkalifornischen Mendocino County, zum Reservat erklärt. Alle weißen Siedler mussten das Tal verlassen, neue durften es nicht dauerhaft betreten. Allerdings wurden auch andere Stämme in diese Gegend umgesiedelt, wie die Pomo oder Lassik, mit denen sie teilweise keinerlei Kulturmerkmale oder Sprache teilten oder zuvor verfeindet waren.

332) Gemeint sind die Schamanen, die bei den Yuki eine wichtige Rolle spielten.

333) Contributions to North American Ethnology, 1877, Band ii, S. 58.

334) Dr. Emil Bessels (1847-1888) war ein deutscher Naturforscher und Nordpolfahrer. Er studierte Naturwissenschaft und Medizin und wurde nach seiner ersten Eismeerfahrt auf dem Dampfer „Albert“ 1871 in die Vereinigten Staaten berufen, um die wissenschaftliche Leitung der Nordpolexpedition unter Charles Francis Hall zu übernehmen. 1871-1873 drang man weiter vor als jedes Schiff zuvor, dennoch scheiterte die Polaris-Expedition.

Sir Francis Hall (1821-1871) war ein erfahrener Polarforscher, doch sein Führungsstil hatte immer wieder Unruhen und Aufruhr zur Folge. Er selbst starb nach dem Aufenthalt in Grönland an einer ungeklärten Arsen-Vergiftung. Die meisten Mitglieder seiner Crew verstarben ebenfalls auf der Rückreise, als das Schiff eine riesige Eisscholle rammte und die gesamte wissenschaftliche Sammlung mit in die Tiefe riss. Bessels überlebte und arbeitete fortan als Generalsekretär des Smithsonian Institute in Washington, D. C., das sich auch für dieses Werk verantwortlich zeichnet.

Aberglauben

Über die abergläubischen Vorstellungen der Indianer bezüglich Tod und Bestattung ließe sich ein ganzer Band füllen. Verschiedenste Autoren haben diese Thematik gründlich untersucht und diskutiert; dennoch bleibt noch vieles zu beobachten und zu kommentieren. Dieses Werk aber ist nur als erster Schritt angelegt, und der Autor hegt die Hoffnung, dass es zukünftige Bemühungen dieser Art inspirieren wird. Daher sollen hier auch lediglich einige Berichte wiedergegeben werden. Der erste stammt von Dr. W. Mathews von der U.S.Army [335] und bezieht sich auf die Hidatsa[336]:

„Wenn ein Hidatsa stirbt, so verweilt sein Schatten noch vier Nächte bei dem Lager oder Dorf, in dem er verstarb. Danach begibt er sich zur Wohnstätte seiner vorangegangenen Verwandten in das ,Dorf der Toten'. Bei seiner Ankunft wird er aufgrund seiner Tapferkeit, seiner Kasteiung und Heldentaten auf Erden belohnt und dort in ebensolchen Ehren gehalten. Denn hier wie dort wird der mutige Mann respektiert und der Feigling verachtet. Manche sagen, dass die Geister der Selbstmörder einen eigenen Teil des Dorfes bewohnen, dass ihre Behandlung sich aber ansonsten nicht von jener der anderen unterscheidet. In der nächsten Welt leben die Schatten mit den Schatten der Büffel und anderer Tiere, die starben und die sie erneut jagen. Auch dort gibt es vier Jahreszeiten, aber sie laufen entgegengesetzt zu den irdischen ab. Während der vier Nächte, in denen der Geist sich noch in der Nähe seiner ehemaligen Wohnstätte aufhält, sengen jene, die den Toten nicht mochten oder ihn fürchteten, mit glühenden Kohlen ein Paar Mokassins an und stellen es neben die Tür des Erdhauses. Auf diese Weise ist dem Schatten der Besuch verwehrt, denn der Geruch des verbrannten Leders hält nach ihrem Glauben die Geister fern. Die wahren Freunde des Verstorbenen sehen natürlich keinen Anlass für derartige Vorsichtsmaßnahmen."

Aus diesem Bericht lässt sich ableiten, dass die Hidatsa, wie auch die Algonkin und die Mexikaner, daran glaubten, dass es vier Tage dauerte, bevor der Tote die Erde auf

---

335) Mathews, W., Ethnology and Philology of the Hidatsa Indians, US Geological Survey of the Territory, 1877, S. 409.

336) Auch Minitari oder Gros Ventre of the Missouri genannt. Sie gehören zur Sioux-Sprachfamilie und lebten am oberen Missouri River zwischen Heart River und Little Missouri River in semipermanenten Dörfern aus runden Erdgrubenhäusern mit erdbedeckten Dächern. Auf kleinen Feldern pflanzten sie die drei „heiligen Schwestern" an: Mais, an dem die Bohnen hochranken konnten, und Kürbis, dessen Blätter den Boden beschatteten. Diese Tätigkeiten, wie auch die Töpferei, wurden von den Frauen verrichtet.
Die Männer jagten Großwild an den Waldrändern oder zogen ins Grasland auf Büffeljagd. Sie bauten auch das Handelsgut Tabak an. Die Männer und Jungen gehörten altersabhängigen Kriegerbünden an, in die man sich mit einem *potlatch* einkaufen konnte. Die Zugehörigkeit zum Clan wiederum vererbte sich über die mütterliche Linie. Zu ihren wichtigsten Zeremonien gehörte der Sonnentanz. Die Pockenepidemie von 1837 und die Auseinandersetzungen mit den Dakota zwangen sie zur Umsiedlung nach Fort Berthold, wo sie mit den Mandan und den Arikara 1868 die „drei vereinigten Stämme" bildeten. Diese *Three Affiliated Tribes Nation* besteht bis heute.

ewig hinter sich ließ. Warum der Gestank verbrannten Leders die Geister beleidigen soll, gehört hingegen in den Bereich fruchtloser Spekulation.

Der nächste Bericht von Keating[337] handelt von den Chippewa und weist etwas Ähnlichkeit mit der Tradition der eingefetteten Planke auf, auf die bereits hingewiesen wurde:

„Die Chippewa glauben daran, dass sich in jedem Menschen eine Essenz befindet, die sich vom Körper unterscheidet. Sie nennen diese *Ochechag* und es scheint, als verbänden sie mit dieser alle Qualitäten, die für uns die Seele ausmachen. Sie glauben auch daran, dass diese den Körper im Moment des Todes verlässt und sich nach *Checkechekchekawe* begibt. Diese Region befindet sich nach ihrer Vorstellung im Süden an der Küste des großen Ozeans. Bevor sie dort angelangen, treffen sie auf einen Fluss, den sie mittels einer großen Schlange überqueren müssen, die als Brücke dient. Jene, die ertranken, scheitern bei der Überquerung des Flusses. Sie werden hineingestoßen und müssen für immer dort verbleiben. Einige Seelen kommen zum Fluss, werden aber von der Schlange an dessen Überquerung gehindert, indem sie droht, sie zu verschlingen. Dies waren Personen, die in Lethargie[338] oder Trance versanken. Da ihnen der Übertritt verwehrt bleibt, kehren sie zu ihren Körpern zurück und hauchen ihnen erneut Bewusstsein ein. Sie glauben daran, dass auch Tiere Seelen besitzen, ja sogar anorganische Gegenstände, wie Kessel und andere Gegenstände.

Im Land der Seelen werden alle entsprechend ihren Verdiensten behandelt. Jene, die gute Männer waren, sind frei von Schmerzen. Ihnen obliegen keine Pflichten, und sie verbringen ihre Zeit mit tanzen, singen und dem Verzehr von Pilzen, die dort reichlich wachsen[339]. Die Seelen schlechter Menschen werden von den Phantomen jener Personen oder Dinge verfolgt, die sie verletzten. Hat also ein Mann viel Besitz zerstört, so behindern ihn die Überreste dieses Besitzes, wohin auch immer er sich wendet. War er grausam zu seinen Hunden oder Pferden, so quälen ihn diese jetzt im Jenseits. Die Geister aller, denen er Unrecht tat, dürfen dort Rache üben. Hat die Seele den Strom überquert, so kann sie nach ihrem Glauben nicht mehr in den Körper zurückkehren. Dennoch glauben sie an Erscheinungen und halten an der Vorstellung fest, dass die Geister der Dahingegangenen von Zeit zu Zeit den Wohnsitz ihrer Freunde aufsuchen, um sie in die andere Welt einzuladen, sie aber auch vor ihrer bevorstehenden Auflösung zu warnen."

---

337) Keating, William Hypolitus, Long's Expedition to the Source of St. Peter's River, Lake of the Woods, etc, 1824, Band ii, S. 158.

338) Lethargie umfasste in der ärztlichen Vorstellung des 17., 18. und sogar noch 19. Jahrhunderts unfallbedingte oder drogeninduzierte Teilnahmslosigkeit oder starke Benommenheit, aber auch Bewusstlosigkeit bis hin zum Koma.

339) Bei diesen handelt es sich um sogenannte Zauberpilze, also psylocybinhaltige Pilze, die bewusstseinsverändernd wirken und vor allem im rituellen und schamanischen Kontext verwendet wurden und werden, den Kriegern aber manchmal auch auf Festen zur Verfügung standen.

Stephen Powers, dessen unverzichtbares Werk so oft zitiert wurde, sammelte eine Anzahl von Beispielen, die den mit dem Tod verbundenen Aberglauben aufzeigen. Das folgende bezieht sich auf die kalifornischen Karok[340]:

„Wie umfassend und wahrhaftig die Karok die Erinnerung an ihre Verstorbenen ehren, zeigt sich im *pet-chi-é-ri*: Das schwerste Verbrechen, das jemand begehen kann, ist das bloße Aussprechen des Namens eines verstorbenen Verwandten. Dies kommt einer tödlichen Beleidigung der Hinterbliebenen gleich und lässt sich nur sühnen, indem die gleiche Summe an Blutgeld gezahlt wird, die auch für einen Mord aufzubringen wäre. Sollte dieser Verpflichtung nicht nachgekommen werden, so fließt das Blut des Tabubrechers. ... Bei der Nennung seines Namens windet sich das Skelett in seinem Grab und stöhnt. Sie dulden es nicht einmal, wenn Nachzügler an das Grab treten. ... Sie glauben daran, dass die Seele eines guten Karok sich in die ,glücklichen Lande des Westens' aufmacht, jenseits des großen Ozeans. Dass sie fest an die Unsterblichkeit der Seele glauben, zeigt sich nicht zuletzt in ihrem wunderschönen poetischen Brauch, den Toten eine Botschaft ins Ohr zu flüstern. ... (Darüber hinaus) glauben sie, dass ihr Tanz die Seele eines Verwandten aus den Banden des Todes zu befreien vermag, sodass er wieder auf der Erde wandeln kann."

Demselben Autor zufolge fliegt ein kleiner Vogel mit der Seele des Verstorbenen davon, wenn ein *Kelta*[341] stirbt. War er von schlechtem Charakter, so schlägt ein Falke den kleinen Vogel und verzehrt ihn samt seiner Seele und den Federn. Handelt es

---

340) Karok oder Karuk bedeutet „stromauf", und entsprechend lebten diese zur Sprachgruppe der Hoka gehörenden Ureinwohner am Klamath und Salmon River der pazifischen Nordwestküste. Ihre nächsten Nachbarn waren die Yurok, „die stromabwärts Lebenden". Lachse bildeten den Großteil der Nahrungsgrundlage, ergänzt durch die Jagd auf Kleinwild oder Hirsche und das Sammeln von Eicheln, Früchten, Wurzeln und essbaren Pflanzen. Ihre Kleidung bestand aus verziertem Hirschleder.

Sie lebten in festen Dörfern mit einem bis drei Lang- oder Plankenhäusern aus Zedernpfosten und Zedernschalbrettern, in denen jeweils etwa 15 Familien mit Töchtern, Söhnen, Schwiegertöchtern, Enkelkindern, verwaisten Verwandten und Sklaven lebten.

Die Karok glaubten, dass die Erde vor den Menschen von übernatürlichen weiblichen Wesen bewohnt war, für die man nicht nur während der Zeremonien, sondern auch während mancher alltäglichen Handlung ein Gebet sprach oder eine kleine heilige Handlung vollbrachte. Ihre wichtigsten Zeremonien waren der Springtanz und der Tanz des weißen Hirschfells. Beide schützten das Stammesland, das Jagdglück und die Ernte.

Im 18. Jahrhundert zählten die Karok etwa 1.500 Mitglieder. Heute bilden sie trotz geringen Landbesitzes mit 4.500 Stammesangehörigen einen der größten Stämme Kaliforniens. Sie leben heute noch an Flussgabelungen, vor allem in der Salmon-Region Kaliforniens und im südlichen Oregon.

341) Kelta ist die europäische Verballhornung für das Dorf °le:ldin (der kleine Kreis steht für einen Klicklaut, den Europäer nur schlecht aussprechen können, deswegen wurde kelta draus), das am Südarm des Trinity River lag und dessen Bewohner zu den South Fork Hupa gehörten. Diese wiederum waren Teil der Hoopa, Hupa, Tsnungwe, *tsa-nung-hwah* oder *tse:ningxwe*, einem Stamm, der zur Sprachfamilie der Na-Dené im Nordwesten Kaliforniens gehört.

Sie waren Jäger und Fischer und ihre wichtigsten Nahrungsmittel der Lachs und das aus Eicheln gewonnene Mehl. Darüber hinaus jagten sie Elch und Hirsch und stellten Fallen. Die auf diese Weise gewonnen Kleintierfelle dienten oft als Handelsgut. Bekannt waren sie für ihre Flechtkunst. Ihre Körbe bestanden aus den Fasern von Wurzeln, Blättern, Stängeln und Schösslingen. Sie lebten sesshaft ohne Landwirtschaft in Langhäusern. Als Zahlungsmittel galten vor allem dentalium, Zahnschneckengehäuse, die auch den Wohlstand der einzelnen Familien ausmachten und damit ihre Stellung innerhalb des Stammes bestimmten.

sich um eine gute Seele, so erreicht sie das Land der Geister. Mr. Powers berichtet außerdem:

„Die Tolowa[342] folgen hinsichtlich der Erinnerung an ihre Toten denselben abergläubischen Sitten wie alle Stämme Nordkaliforniens. Als ich Häuptling Tahhokolli bat, mir die indianischen Worte für ‚Vater‘, ‚Mutter‘ und weitere Begriffe zu nennen, schüttelte er nur traurig den Kopf und erwiderte: ‚Alle tot, alle tot, nicht gut‘. Es ist ihnen verboten, die Namen der Toten zu nennen, da dies gegenüber den Verwandten eine tödliche Beleidigung darstellt ... Die Mat-toal[343] glauben, dass die guten Seelen in einer glücklichen Region Aufnahme finden, die irgendwo südwärts im großen Ozean liegt. Die Seele eines schlechten Indianers aber geht in den Körper eines Grizzlybärs über, den sie von allen Tieren für den direkten Cousin der Sünde halten.“

Derselbe so häufig zitierte Autor schrieb auch über eine der abergläubischen Sitten und Vorstellungen der Modoc[344]:

In religiöser Hinsicht waren ihnen die Schwitzhütten der Männer und die Menstruationshütten der Frauen wichtig, in denen entsprechende Zeremonien stattfanden. 1849 wurde in ihrem Lebensraum leider Gold gefunden, und die Hupa hatten sehr unter dem nachfolgenden Goldrausch zu leiden. 1864 wurde das Hoopa-Valley-Reservat eingerichtet, das im Gegensatz zu vielen anderen Reservationen fast den ganzen ursprünglichen Lebensraum dieser Stammesgemeinschaft umfasst.

342) Die Tolowa gehören zur Athapaska-Sprachfamilie. Ihr Dialekt wird *Hawuwut* genannt. Einstmals im Smith-River-Becken beheimatet, siedelten sie auch in dessen Umfeld, also im Nordwesten Kaliforniens und Südwesten Oregons.

Als angesehene Zwischenhändler beherrschten sie den Handel mit dentalium-Muscheln, die als allgemeines Zahlungsmittel und Zeichen des Wohlstandes dienten. Sie waren geschickte Bootsführer, flochten Seile, Schnüre und Körbe aus Fasern und Blättern und waren berühmt für ihre zeremoniellen Rasseln.

Sie lebten vor allem vom Fischfang, aber auch von der Jagd und ergänzenden Wurzeln, Früchten und essbaren Pflanzen. Die Yurok und Karok waren ihre engsten Nachbarn. Sie leben noch immer in ihren angestammten Territorien.

343) Die Mattole lebten in Nordkalifornien entlang der Mattole und Bear Rivers nahe Kap Mendocino und gehörten zur Athapaskan-Sprachfamilie. Die Athapaskan siedelten am Eel River in unmittelbarer Nachbarschaft.

Sie ernährten sich hauptsächlich von Eichelmehl und Lachs. Darüber hinaus jagten sie Seelöwen, sammelten Muscheln und essbare Pflanzen und fischten im Meer. Sie wohnten mit ein bis zwei Familien in runden Erdgrubenhäusern mit einem Walmdach und einem zentralen Stützpfeiler in der Mitte. Flüsse und Meer befuhren sie in Kanus, erstere auch mit Flößen.

Der Bear River-Stamm lebt heute in der Rohnerville Ranchería, wo er ein Kasino betreibt.

344) Die Modoc waren im Grenzgebiet Oregons zu Kalifornien beheimatet. Ihr Name ist abgeleitet von *Maotokni* („Die Südlichen“). Sie gehören zur Penuti-Sprachfamilie und sind eng mit den Klamath verwandt.

Die Modoc lebten als Jäger, Fischer, Sammler und Korbflechter und waren der einzige Stamm, der auch die Samen der Wasserlilie aß. Sie wohnten ursprünglich in Grubenhäusern, bei denen nur die runden Dächer über den Boden ragten. Später übernahmen sie das Tipi.

1852 wurden sie von Goldgräbern überfallen und flohen in die Lava Beds. In den darauffolgenden Jahren kam es immer wieder zu Vergeltungsmaßnahmen von Seiten der Indianer wie der Weißen. 1864 mussten sie in das Reservat der Klamath umsiedeln, die ihnen aber weder Fischerei- noch Holzrechte zubilligten. Sie kehrten daraufhin 1870 in ihre angestammten Jagdgründe zurück, wurden aber 1873 nach fünfmonatiger Belagerung in das Indianerterritorium Oklahoma nahe der *Quapaw Agency* gezwungen. 1909 durften die letzten 51 Stammesangehörigen zurück in ihre Heimat in ein Reservat in Oregon, wo ihre Nachkommen heute noch leben.

„Es war immer der leidenschaftlichste Wunsch aller Modoc wie auch ihrer Nachbarn, der Shastika[345], an dem Ort zu leben, zu sterben und begraben zu werden, an dem sie geboren wurden. Einige ihrer Bräuche im Zusammenhang mit den Toten und ihrer Bestattung lassen sich aus einer Begebenheit im Jahre 1873 erkennen, die ein Augenzeuge beschrieb. Die Gefangenen befanden sich damals gerade auf dem Weg von den Lava Beds zum Fort Klamath. Curly headed Jack[346], ein bekannter Krieger, beging mit einer Pistole Selbstmord. Seine Mutter und befreundete Frauen sammelten sich um ihn und stimmten einen düsteren Klagegesang an. Sie beschmierten sich mit seinem Blut und versuchten ihn mittels anderer indianischer Zeremonien wieder ins Leben zurückzurufen. Die Mutter legte seinen Kopf in ihren Schoß und fing das Blut aus seinem Ohr auf. Eine andere alte Frau legte ihre Hand über sein Herz, und eine dritte blies ihm ins Gesicht. Der Anblick dieser Gruppe von armen alten Frauen in ihrer tiefen Trauer und der sterbende Mann waren schrecklich. Vor dem Zelt standen Bogus Charley, Huka Jim, Shacknasty Jim, Steamboat Frank, Curly-headed Doctor und andere Freunde, die den Sterbenden seit Kindertagen kannten. Sie alle weinten. Als er in sein Grab gelegt wurde und bevor die Soldaten ihn mit Erde bedeckten, sah man Huka Jim aufgeregt durch das Lager laufen. Er versuchte, einen Zwei-Dollar-Schein in Silbermünzen zu wechseln. Er schuldete dem toten Krieger diese Summe, hegte aber tiefe Zweifel, ob die Banknote ihm in der anderen Welt von Nutzen wäre. Welch trauriger Tag für unsere Währung! Nachdem einer der Soldaten ihm ausgeholfen hatte, warf er die Münzen ins Grab und schien überaus erleichtert. Alle anderen Besitztümer des Toten, die Kleidung, der Zierrat und ein halber Dollar, wurden mit ihm begraben, zusammen mit etwas Wurzelmehlproviant für seine Reise ins Land der Geister."

Die abergläubische Furcht der Indianer vor den Toten oder deren Geistern wird im folgenden Bericht von Swan[347] über die Ureinwohner des Washington-Territoriums deutlich:

„Meine Meinung über die verlassenen Dörfer ist folgende: Es ist ein allgemeiner Brauch bei allen Indianern, niemals dort wohnen zu bleiben, wo jemand zu Tode kam. Stirbt eine wichtige Person, so wird die Wohnstätte gewöhnlich den Flammen übergeben, niedergerissen oder an einen anderen Teil der Bucht versetzt. Im Fall

---

345) Die Shasta lebten im kalifornischen Siskyou County nördlich des Shasta Moutain sowie in den Counties Jackson und Klamath in Oregon. Ursprünglich kamen sie vielleicht nach 1840 aus der Gegend um Yreka, und ihr Eigenname lautete wohl *Susti'ka*. Sprachlich gehören sie zur Hokan-Gruppe, die wiederum zu den Sioux-Sprachen gehört.

Sie ernährten sich von Lachs, Muscheln, Hirsch und Kleinwild, Gänsen, Eicheln und Beeren. Fisch wurde oft getrocknet, um ihn länger haltbar zu machen. Handel trieben sie mit Obsidian, Dentaliummuscheln, Salz, Eicheln und Körben, gelegentlich auch Kanus. Wie die meisten kalifornischen Stämme kannten sie keine Clans, sondern nur Dorfverbände. Ihrer Religion nach war der Bär der Vater aller Menschen.

Im 18. Jahrhundert zählte man etwa 3.000 Shasta, heute leben noch 100 in der Quartz-Valley-Reservation von Siskyou County und einige noch in Yreka.

346) Der krausköpfige Jack.

347) Swan, James Gilchrist, The Northwest Coast, 1875, S. 212.

der Palux-Indianer[348], die sich den Chehalis[349] anschlossen, ist deutlich erkennbar, dass ihre Verwandten, wie zuvor schon beschrieben, sofort an einen anderen Ort zogen. Diese ausgeprägte Abneigung, in einer Wohnstätte zu verbleiben, in der jemand starb, führt unausweichlich dazu, dass sie ihre kranken Sklaven in die Wälder hinaustragen, wo sie sich entweder erholen oder sterben. Es lässt sich allerdings auch nicht abstreiten, dass bei diesen Völkern eine erschreckend hohe Sterberate aufgetreten war und sie gerade noch eine Handvoll zählen.

Die große, abergläubische Furcht dieser Indianer vor Toten und ihr Abscheu davor, einen Leichnam zu berühren, wirft oft die schwierige Frage auf, wer die Bestattungszeremonien durchführen soll. Jede Person, die einen Leichnam berührte oder vorbereitete, durfte dreißig Tage lang weder Lachs noch Stör essen. In Fällen von Pockenerkrankungen ist es vorgekommen, dass sie den Leichnam in seiner Behausung belassen und alle anderen auszogen. Nach meinen Kenntnissen mussten in zwei Fällen Weiße die Blockhäuser mit den Leichen darin niederbrennen, um eine Ausbreitung der Infektion zu verhindern.

Begruben wir die Indianer, so sahen wir in den von mir zuvor genannten Beispielen keine Verwandten oder Freunde von ihnen. Sie alle blieben in den Häusern, sangen und trommelten, um die Geister der Verstorbenen fernzuhalten."

Nach Bancroft glaubten die Tlascaltecs[350], dass die gewöhnlichen Untertanen sich nach ihrem Tod in Käfer oder ähnlich abstoßendes Getier verwandelten, während die Adeligen zu Sternen oder wunderschönen Vögeln wurden.

Die Mosquito-Indianer Zentralamerikas vermeiden es abergläubisch und sorgfältig, die Namen der Verstorbenen auszusprechen. Darin ähneln sie den Völkern unseres Landes.

---

348) Die Palouse, Pelouse, Pelus oder Palus gehören zu den Salish, genauer zu den sich *Atsmitl* nennenden Stammesgruppen der Unteren Chesalis oder Chinook. Die Yakima nannten sie *Waptai'lmln*, das „Volk des engen Flusses".

Sie siedelten ursprünglich in einem Dorf an der Shoalwater Bay entlang des Kpelko und Palux River in Zedernblockhäusern für mehrere Familien und lebten vor allem vom Lachs, Muscheln- und Austernsammeln sowie von Wildfrüchten. Später schlossen sie sich mit anderen Chinook-Stämmen zusammen.

Es besteht keine klare Aussage darüber, ob sie für die ersten Palouse- oder Appaloosa-Pferde verantwortlich sind und die benachbarten Nez Percé die Zucht dieser bei ihnen sehr begehrten Pferde weiter ausbauten.

349) Die Unteren und Oberen Chehalis bezeichneten sich selbst als *Kwaiyaiilhlk*, ihre Nachbarn nannten sie *Cht'átsmihlch*, „die Bewohner der abgeschlossenen Bucht".

Sie waren ein Stamm der Salish-Sprachfamilie im Westen des heutigen Bundesstaates Washington, lebten in Zedernlanghäusern und ernährten sich von Fisch, Muscheln, Kleinwild und Wildfrüchten. Ihr Reservat liegt auf der Olympic Peninsula.

Bei ihnen leben die Nachkommen der Chinook, die die Epidemie von 1829 überlebten.

350) Auch Tlaxcallan oder Tlascala genanntes Volk der Nahuatl-Sprachfamilie, das von den Aculhuaque oder Acolhuans abstammte.

Sie lebten in vier Städten oder Pueblos, Tepeticpac, Ocatelolco, Quiahuiztlan und Tizitlan, sowie 28 Dörfern und zählten vor der Conquista eine gute halbe Million Menschen. Andere Hochkulturen überfielen sie oft, um Opfer für ihre Götter zu fangen. Diese ständige Bedrängnis bildete eine gefürchtete Kriegerkaste heraus, die sich an der Seite von Cortez später blutig rächte. Zuvor aber spalteten sie sich auf, ein Teil wanderte nach Norden bis zur Tierra Caliente, der andere Teil ließ sich im Südosten am Popocatepetl nieder, wo sie zuvor die Ulmeken unterwarfen.

Der Autor geht davon aus, dass diese Beispiele ausreichen dürften, um dem interessierten Leser den Umfang eines abschließenden Werkes über die Totenriten der nordamerikanischen Indianer vor Augen zu führen. Aus dem vorliegenden Material hätte natürlich noch viel mehr hier einfließen können, doch zum gegebenen Zeitpunkt halte ich es nicht für ratsam, in meinen Ausführungen noch weiter zu gehen. Dem Leser wird auffallen, dass der wissenschaftliche Disput hier fehlt, da er mit der mit diesem Werk bezweckten Absicht nicht vereinbar ist. Wie bereits ausgeführt, ist diese, weitere Untersuchungen und Beiträge von sorgfältigen und gewissenhaften Beobachtern zu inspirieren.

3. Auflage!

4. Auflage!

Neu seit Januar '10!

Annie Pazzogna

Totem

Praxishandbuch der indianischen
Krafttiere und Schutzpflanzen

Die franz. Erfolgsautorin Annie Pazzogna erläutert eingehend die tiefe Symbolik der 37 Totemtiere der Lakota.

In der Welt der Indianer nehmen Tierfabeln seit jeher einen besonderen Stellenwert ein. Sie sollen die Kinder (und die Erwachsenen) Verantwortung und Achtung allen Dingen gegenüber lehren. Aber auch die Pflanze kann uns zum Spiegel der Seele werden. Sie ermöglicht uns, in die Tiefen unseres Herzens vorzudringen.

Im Anhang werden verschiedene universelle wie traditionelle Techniken vorgestellt, wie Sie sich auf die Suche nach Ihrem eigenen Totemtier machen können.

240 Seiten, 70 Abb.,
A5, Broschur
ISBN 978-3-935581-07-3
€ 18,00 / 31,50 SFR

Annie Pazzogna

Inipi

Das Lied der Erde
Die indianische Schwitzhütte

Die sieben Riten der Heiligen Pfeife sind das religiöse Fundament der Lakota-Tradition. Wir erfahren die alten Lehren von der weißen Bisonsfrau, von den 16 großen Mysterien und den sieben Ratsfeuern. Die heiligen 7 Zeremonien werden ausführlich erklärt.

Besonderen Wert legt Pazzogna dabei auf die Schwitzhütte: Wie ist das Ritual entstanden? Wie baut man eine Schwitzhütte? Welche Lieder werden gesungen, welche Kräuter zu welchem Zweck verbrannt, wie ist der zeremonielle Ablauf?

288 Seiten, 66 s/w-Abb.,
A5, Broschur,
ISBN 978-3-935581-67-7
€ 18,00 / 31,50 SFR

Gerhard Popfinger

Die Schwitzhütte

Herkunft, Bau und Ritual

Die Zeremonie der Schwitzhütte wird immer populärer. Der erfahrene Schwitzhüttenleiter Popfinger beschreibt, was man über den Ursprung, den Bau und die Durchführung einer Schwitzhüttenzeremonie wissen muss, ohne dabei einer bestimmten Tradition den Vorzug zu geben. Die authentischen Berichte von Schwitzhüttenleitern und von Teilnehmern zeigen ein breites Spektrum von möglichen Erfahrungen.

Aus dem Inhalt:
• Geschichte, Mythen & Ursprung
• Bekannte Traditionen
• Erfahrungsberichte
• Bau einer Schwitzhütte
• Durchführung von Zeremonien
• Lieder
• Anhang

320 Seiten, 55 s/w-Abb, 54 vierfarbige Abb., 17,0 x 24,0 cm, Broschur
ISBN 978-3-86663-035-2
€ 19,95 / 34,50 SFR

Unser aktuelles Programm, Vorankündigungen von Neuerscheinungen und Nachauflagen, Adressen von Visionssucheseminaren, Termine mit unseren Autoren, Leseproben, Inhaltsverzeichnisse, Textauszüge, Titelabbildungen und noch vieles mehr finden Sie auf unserer Homepage. Von dort aus gelangen Sie auch direkt zu unserem Onlineshop, wo Sie unter anderem eine große Anzahl von Sonderangeboten vorfinden.

www.arun-verlag.de